DER XIV.

DALAI LAMA

LOGIK DER LIEBE

Aus den Lehren des Tibetischen Buddhismus für den Westen

Aus dem Englischen übertragen und eingeleitet
von Michael von Brück

GOLDMANN VERLAG

Die Originalausgabe erschien unter dem Titel
»Kindness – Clarity – Insight«
bei Snow Lion Publications, Inc., Ithaca, NY, USA

Deutsche Erstausgabe

Umwelthinweis
Alle bedruckten Materialien dieses Taschenbuches
sind chlorfrei und umweltschonend.
Das Papier enthält Recycling-Anteile

Der Goldmann Verlag
ist ein Unternehmen der Verlagsgruppe Bertelsmann

Deutsche Erstausgabe Dezember 1991

Umschlaggestaltung: Design Team München
Umschlagfoto: Nicholas Vreeland
Druck: Presse-Druck Augsburg
Verlagsnummer: 12360
Ba · Herstellung: Stefan Hansen/sc
Made in Germany
ISBN 3-442-12360-7

7 9 10 8 6

Inhalt

Einleitung

BUDDHISTISCHE PHILOSOPHIE ist Begründung von Praxis. Praxis – von den alltäglichen Arbeiten im Haushalt bis zur Meditation über die Leere der Erscheinungen der Wirklichkeit – ist der Weg zur Verwirklichung des Menschseins. Dieser Weg gipfelt im Erwachen zur wahren Natur des Geistes. Philosophie begründet den Zusammenhang all dieser Aspekte, um Mut zur Praxis zu machen. Sie beschreibt die Logik, die der Erfahrung der Leere aller Erscheinungen nachdenkt: daß alles, was ist, nur ist, weil es mit allem kommuniziert. Nichts ist an sich selbst, ein jedes hat seine Existenz im anderen. Das ist die *Logik der Liebe*, die nichts anderes als die Kehrseite der buddhistischen Nicht-Selbst-Erfahrung oder Daseinsanalyse der fundamentalen Vergänglichkeit alles Existierenden ist.

Wir haben uns weitgehend daran gewöhnt, Belange des Herzens und Urteile des Verstandes voneinander zu trennen. In den alltäglichen Entscheidungen, die uns das Leben und Überleben abverlangt, ist oft das, was als »vernünftig« gilt, herzlos; und ein Mensch mit gutem Herzen mag als »Idealist« bewundert, vielleicht aber auch als Phantast bemitleidet werden – in jedem Fall erwartet man, daß er den kürzeren zieht, weil die Härte des egoistischen Durchsetzungsvermögens als notwendig erachtet wird. Auch die von den christlichen Kirchen vertretene Ethik hat sich weitgehend mit dem egozentrischen Menschen abgefunden: So ist die Welt nun einmal. Die Radikalität der Bergpredigt wird so gedeutet, daß sie nicht für den gesellschaftlichen Alltag Anwendung finden kann. Vielleicht liegt in diesem Realismus sehr viel Weisheit, zumindest gründet er auf zweitausendjähriger Erfahrung, aber vielleicht ist er auch die Wurzel für das Auseinanderklaffen von religiösem Anspruch des Christentums und einer Gesellschaft, die sich zwar noch christlich nennt, in ihrer Orientierung und Kultur aber ganz anderen Werten folgt. Wie dem auch sei, wir befinden uns in einem Dilemma, das jeden Christen – mehr noch: jeden abendländischen Menschen (und wohl auch den orientalischen) unmittelbar angeht. Die Frage heißt nicht nur: Welche Werte sollen verbindlich sein, wenn wir unsere Kultur weiter pflegen wollen?, sondern: Welchen Werten müssen wir individuell wie kollektiv folgen, damit diese Kultur nicht in Selbstzerstörung endet? Dabei ist deutlich, daß es trotz gebotener Differenzierung nicht verschiedene Wertwelten für den individuellen und den gesellschaftlichen Lebensbereich geben kann, weil beide einander immer tiefer durchdringen.

Ein Leben in Wahrhaftigkeit zu führen, haben viele versucht. Gandhis Methode des Festhaltens an der Wahrheit *(satyagraha)* ist ein Beispiel für die Einheit von Realismus und Liebe auf dem Hintergrund des Ideals der Gewaltlosigkeit, wie sie Jesus in der Bergpredigt lehrt. Der buddhistische Mönch Tenzin Gyatso, der XIV. Dalai Lama, ist ein anderer Zeitzeuge für die Einheit von Logik und Liebe, die sich in Gesellschaft, Politik und den alltäglichen Entscheidungen zu bewähren hat. Für diese gewaltfreie Wahrhaftigkeit wurde ihm der Friedensnobelpreis zugesprochen. Der Dalai Lama ist Tibeter, ganz und gar in dieser faszinierenden, für Europäer zunächst sehr fremden Kultur verwurzelt. Und doch leuchtet in seiner Persönlichkeit das Licht der universalen Menschenwürde auf, die in ihrer Haltung der Mitmenschlichkeit alle Grenzen und Schranken überwindet.

1. Der Dalai Lama

Am 6. Juli 1935 wurde einer armen Bauernfamilie im Dorf Takster in der tibetischen Provinz Amdo der Knabe Lhamo Dhondrub geboren. Zwei Jahre zuvor war der XIII. Dalai Lama gestorben. Man erwartete seine Wiedergeburt, nachdem schon Zeichen bei seinem Tode angezeigt hatten, daß der künftige Herrscher Tibets aus dem Nordosten kommen würde. Im Frühjahr 1935 hatte der Interimsregent Tibets, Reting Rinpoche, eine Vision am heiligen See Lhamo Lhatso: Drei Buchstaben des tibetischen Alphabets schwebten auf dem Wasser, Ah, Ka und Ma. Dann erschien das Bild eines großen Klosters, von dem eine Straße zu einer kleinen, von Hügeln umgebenen Hütte führte, mit einem braun-weiß gefleckten Hund im Hof. Später zeigten sich dem Regenten in Träumen weitere Einzelheiten des bäuerlichen Anwesens. Man sandte drei Suchexpeditionen nach Osttibet, jeweils in verschiedene Gegenden. Eine Gruppe gelangte nach Kumbum, Tibets östlichster Stadt an der chinesischen Grenze, wo man auf ein Kloster stieß, das dem in der See-Vision geschauten auffallend ähnlich war. So suchte man die Gegend nach außergewöhnlichen Knaben ab und kam schließlich – auf einen Wink vom VII. Panchen Lama – nach Takster. Kewtsang Rinpoche vom Sera-Kloster und zwei Gehilfen verkleideten sich, um nicht erkannt zu werden. Sie fanden das Haus, das der Regent im Traum geschaut hatte, und ein braun-weiß gefleckter Hund bellte sie im Hof an. Der Knabe bat den Sera-Lama, ihm den Rosenkranz auszuhändigen, der um seinen Hals hing und aus dem Besitz des XIII. Dalai Lama stammte, denn er gehöre doch ihm. Er identifizierte den als Händler verkleideten Mann als Sera-Lama und nannte ihn bei seinem richtigen Namen, den das Kind zuvor nie gehört hatte. Um sicherzugehen, wurde der Knabe am folgenden Tag den vorgeschriebenen Tests unterzogen: Gegenstände, die dem vorigen Dalai Lama gehört hatten, wie eine Brille, ein Stift, eine Eßschale, ein schwarzer und ein gelber Rosenkranz, zwei Spazierstöcke und eine kleine Elfenbeintrommel, wurden mit anderen, ganz ähnlich aussehenden Gegenständen vermengt und dem Kind zur Auswahl angeboten. Er wählte fehlerfrei die richtigen Dinge, und nach weiteren Prüfungen war klar: Dieses Kind ist der XIV. Dalai Lama, weltliches und geistliches Oberhaupt Tibets. Und deuteten nicht die drei im See Lhamo Lhatso geschauten Silben auf genau diese Umgebung? Ah bedeutete Amdo, Ka stand für Kumbum, während

Ka und Ma zusammen den ersten Teil des Namens des nächstgelegenen Klosters ausmachten.

Unter abenteuerlichen Umständen wurde der Dalai Lama nach der Hauptstadt Lhasa gebracht, wo er am 6. Oktober 1939 endlich ankam. Nachdem er ins Noviziat eingeführt worden war und den Mönchsnamen Tenzin Gyatso angenommen hatte, wurde der kaum Fünfjährige offiziell als Dalai Lama ausgerufen. Jahre des Lernens und der Meditation unter den bedeutendsten Meistern Tibets begannen, bis am Neujahrstag des Jahres 1950 die Meldung über Radio Peking kam, die chinesische Volksbefreiungsarmee würde nun bald Taiwan, Hainan und Tibet »befreien«. Tibet unterhielt keine starke Armee, sondern nur verstreute Grenztruppen. Am 7. Oktober desselben Jahres brach die Invasion los.

Unter dem Druck der Ereignisse wurde dem erst Fünfzehnjährigen die volle Staatsgewalt am 17. November 1950 übertragen. Der Dalai Lama ließ 1951 in Peking endlose Verhandlungen führen, bis schließlich die tibetische Delegation zur Unterschrift unter einen Vertrag genötigt wurde, mit dem die Tibeter unter der Oberhoheit der maoistischen Truppen kulturell-religiös relativ autonom leben sollten. Am 9. September 1951 marschierte die chinesische Armee in Lhasa ein. Formal hatte man religiöse Freiheit gewährt, die Repressionen nahmen aber von Jahr zu Jahr, von Monat zu Monat zu. Um die Lage zu verbessern, ging der Dalai Lama 1954 selbst nach Peking. Kraft seiner unbestrittenen Autorität hielt der Dalai Lama seine Landsleute immer wieder von Gegengewalt zurück, bis am 10. März 1959 schließlich doch der offene Aufstand losbrach, nachdem das chinesische Oberkommando den Dalai Lama aus seiner Residenz hatte herauslocken wollen, um ihn möglicherweise zu entführen. Die Kämpfe dauerten mehrere Tage. Chinesische Truppen richteten ein entsetzliches Blutbad in Lhasa, aber auch in den benachbarten Klosteruniversitäten Sera, Drepung und Gaden an. Am 17. März floh der Dalai Lama über die Pässe Richtung Süden. Man verfolgte ihn, Flugzeuge bombardierten alle Flüchtlingstrecks, viele starben in Schnee und Eis. Anfangs war den Chinesen die Flucht des Dalai Lama unbemerkt geblieben. Sie glaubten, er sei noch in seinem Sommerpalast Norbulingka, und legten das Gebäude in der Nacht zum 20. März in Schutt und Asche. Man zählte Hunderte von Toten, die von chinesischen Offizieren untersucht wurden, um herauszufinden, ob der Dalai Lama dabei sei... Am 31. März 1959 erreichte der XIV. Dalai Lama die Grenze nach Indien. Seitdem residiert er dort, um etwa hunderttausend tibetischen Flüchtlingen Identität und Beistand zu geben und Zeichen der Hoffnung für die sechs Millionen unter chinesischer Herrschaft lebenden Tibeter zu sein – sie mußten erleben, wie während der Kulturrevolution in China ihre Kultur systematisch zerstört und unzählige Tibeter ermordet wurden. Die indische Regierung behandelt den Dalai Lama inoffiziell als Staatsoberhaupt, hält sich aber offiziell in der Tibet-Frage zurück. Mit indischer und ausländischer Hilfe sowie unter großen Entbehrungen bewahren die Tibeter ihre kulturell-religiöse Identität im Exil. Der Dalai Lama hat viele Reisen nach Europa und Amerika, Japan und anderen Ländern unternommen, um die Botschaft von Liebe, Frieden und Toleranz zu verkünden. Auch für Hindus, Christen und Nichtglaubende ist er zum Symbol geworden für echte Menschlichkeit und interreligiöse Verständigung auf der Grundlage einer Weisheit, die wohl nur tief erlebte Spiritualität schenken kann.

Wer ihm begegnet ist, redet fast immer enthusiastisch von der Ausstrahlung seiner Persönlichkeit. Er ist Bettelmönch, der zugleich Staatsoberhaupt ist, Meditationsmeister, der im Exil eine geschickte Politik betreibt, damit sein Volk langfristig erneut eine der eigenen Kultur gemäße Lebenschance erhält, Realpolitiker also, der den Mächtigen gegenüber, die ihn ins Exil und sein Volk in unvorstellbares Leid getrieben haben, keinen Haß empfindet. Sein tiefer Glaube an unbedingte Gewaltlosigkeit verleiht ihm auch in Indien zunehmend moralisches Gewicht. Für die Buddhisten ist er die Verkörperung Avalokiteśvaras, des Bodhisattvas der Barmherzigkeit, und damit die lebende Gestalt eines Aspekts des universalen Buddha-Geistes.

Man fragt sich: Wie ist es möglich, daß ein Mensch, der solch schwere Schicksalsschläge erleiden mußte, der die Verantwortung für Millionen unterdrückter Menschen trägt, so humorvoll, gütig, tief religiös und darum wohl optimistisch die Situation des Menschen darstellt, interpretiert, ja verkörpert? Er ist durch und durch Buddhist, meditierender Mönch – aber seine Zuwendung zum Mitmenschen, zur Welt und auch zur Technik überrascht. Kein Wort von Zivilisationsmüdigkeit, die bei uns dort in Mode zu kommen scheint, wo man den Innenraum des Geistes entdeckt, sondern rationale Ausleuchtung eben jener Innerlichkeit. Keine hohen ethischen Forderungen, die in der Praxis kaum realisierbar sind, sondern ein klar durchdachter und erprobter Stufenweg, auf dem der Mensch – jeder Mensch, ob arm oder reich, gebildet oder einfach, religiös im Sinne eines schlichten Glaubens oder voller Zweifel – allmählich dem großen Ziel der heilsträchtigen Selbstverwirklichung entgegenreifen kann. Keine Glaubensdogmen, die dem Intellekt nur schwer zumutbar sind, sondern Prüfung jeder Anweisung durch eigene Erfahrung, zu der gelangen kann, wer dem erprobten Weg folgt.

So wie die abendländische Kultur in der Erforschung und Meisterung der Außenwelt große Fortschritte erzielt hat, ist dem Buddhismus die Erforschung, Beschreibung und Meisterung der »Innenwelt« des Geistes in einzigartiger Weise gelungen. Eine Ergänzung also zum abendländischen Kultur-Paradigma?

2. *Buddhistische Grundlagen*

Die Erfahrung der Vergänglichkeit ist der wesentliche Impuls für buddhistisches Denken und Praxis. Der Mensch aber möchte die Dingwelt, vor allem sich selbst, seine eigene Würde und Wichtigkeit, festhalten. An diesem Widerspruch scheitert er, und das verursacht die Frustration am Dasein angesichts des Vergehens, des Entstehens und Sterbens. Dieses Leiden an der Vergänglichkeit bedeutet aber nicht Sinnlosigkeit des Lebens, wenn man zur rechten Einsicht gelangt, die den transzendentalen Sinn des Lebens mit, in und unter der Vergänglichkeit erfahrbar macht.

Um zu dieser Einsicht zu gelangen, nimmt der Buddhist »Zuflucht« bei Buddha, der Lehre *(dharma)* und der Gemeinschaft derer, die sich bewußt auf den Weg zur Verwirklichung authentischen

Menschseins begeben haben *(saṁgha)*, wobei die Zuflucht zur Lehre die entscheidende ist, denn nur durch ihre Praxis, die persönliche Reifung und Transformation ermöglicht, kann der Mensch zur Buddhaschaft, d. h. zu seiner Wesensbestimmung, erwachen.

Diese Zuflucht muß begründet sein, denn innere Überzeugungen erwachsen aus vernunftbegründeten Einsichten. Deshalb lehnt der Buddhist blinden Glauben ab. Bereits der Buddha forderte seine Schüler auf, nur das zu akzeptieren, was der mitdenkenden Vernunft einleuchtet und durch eigene Erfahrung erhärtet ist. Eigene Erfahrung allerdings kann man nur machen, wenn man dem gewiesenen Weg folgt, denn jede tiefe geistige Erfahrung ist Resultat eines Prozesses, der von erkennbaren Bedingungen abhängt. Dieser Weg wird als *dharma* von einem authentischen Meister gelehrt, dem Vertrauensvorschuß gebührt. Allerdings – und der Dalai Lama wird nicht müde, dies immer wieder zu betonen – muß man prüfen, ob der Guru echt ist. Dazu dient das Schrifttum des Buddhismus, das einen klar umrissenen Maßstab für die Bodhisattvaschaft, den Weg zur Erleuchtung, setzt. Im Zentrum steht aber die *mündliche* Belehrung, Schriftstudien haben unterstützende Funktion. Vor allem ist es das Allgemeinverhalten des Lehrers, seine Fähigkeit, das Gelehrte *selbst* zu *praktizieren*, das ihn qualifiziert.

Buddhistisches Denken duldet keine unbegründeten Widersprüche. So appelliert man gerade nicht an Gefühle oder ethische Ideale *contra rationem*, sondern ist darum bemüht, die logische Struktur der Wirklichkeit aufzudecken, die wir auf Grund eines fundamentalen und existentiellen Irrtums *(avidyā)* nicht erkennen. Der Irrtum besteht in der Annahme, daß die Dinge in und aus sich selbst (inhärent) existieren. Diese Annahme trennt Ding von Ding, Mensch von Mensch, Erfahrung von Erfahrung und führt zur Projektion einer gewissermaßen sekundären und daher künstlichen Beziehungsstruktur auf die Welt, die ichbezogen ist und sich darum in der unheilvollen Polarität von *Begierde* (Attraktion) und *Haß* (Aversion) etabliert. Die *wirkliche* Interrelationalität, die *primär* alle Erscheinungen der Wirklichkeit aufeinander bezogen sein läßt, wird dadurch verdeckt. *Liebe* ist der Ausdruck dieser *primären* Beziehungsstruktur, die das hervorbringt, was sie dann auch miteinander verbindet: das, was wir die Erscheinungsvielfalt der Wirklichkeit nennen. Liebe ist somit das ontische Grunddatum und deshalb onto-logisch begründbar. Liebe *ist* demzufolge die Überwindung des Grund-Irrtums, der Unwissenheit. Damit ist ein Grundgedanke des Mahāyāna-Buddhismus, daß *Logik* und *Liebe* zwei Seiten einer Sache und unmittelbare Formen bzw. Ausprägungen der letztgültigen Struktur der Wirklichkeit sind, gedacht.

Es handelt sich dabei, so sagt der Dalai Lama, nicht um einen spezifisch buddhistischen Gedanken, sondern um Argumente, die der menschlichen Vernunft durch das Schlußverfahren zugänglich sind. Es geht nicht um Offenbarung, sondern um Einsicht, die jeder Mensch nachvollziehen kann und soll, wenn er zum vollen Menschsein, zu seinem Wesen gelangen will. Aus diesem Argument leitet sich der Anspruch der Allgemeingültigkeit ab.

Rationalität und Religion bilden hier keine Gegensätze, sondern eins soll die Erfüllung des anderen sein. Natürlich wird das normale rationale Denken in der meditativen Einheitserfahrung überhöht. Es handelt sich aber nicht um grundsätzliche Ausschaltung der Rationalität, sondern gleichsam um ihre Intensivierung ins Unendliche. Wer in buddhistischer Meditation das Irrational-Esoterische sucht, ist an der falschen Adresse. Vielmehr erscheint von der umfassenden meditativen Erfahrung her die Leerheit der Wirklichkeit als *ultima ratio*, die wiederum den gewöhnlichen Standpunkt der Substantialität – die Normalkategorie des Tagesbewußtseins, das sich damit in Dualitäten verstrickt – als nur *bedingt* gültig, d. h. auch bedingt rational, erweist.

Natürlich gibt es besondere buddhistische Anschauungen, Riten, Techniken und bildhafte Vorstellungen, die nicht allgemein begründbar sind. Dies wird schon daran ersichtlich, daß es innerhalb des Buddhismus, in den verschiedenen Fahrzeugen, eine Vielfalt und Komplexität gibt, die nicht ohne weiteres auf einen Nenner gebracht werden kann. Dies ist im wesentlichen auf das spezifische kulturelle Erbe der Völker zurückzuführen, die den Buddhismus übernommen haben. Der Dalai Lama unterscheidet diese äußere Ebene der Riten und Zeremonien, die historisch bedingt sind, dem Wandel unterliegen und nicht allgemein akzeptiert werden müssen, von dem Wesen der Religion, das den unwandelbaren Kern der direkt erfahrbaren geistigen Realität betrifft.

Abgesehen von dieser Unterscheidung aber appelliert auch der Buddhist an das Vertrauen *(śraddhā)* des Schülers dem Lehrer gegenüber, das letztlich Vertrauen in den Lehrer der Lehrer, den Buddha, ist. Der Lehrer kennt den Weg, den der Schüler Schritt für Schritt ertasten und erproben muß, wobei er sich auch auf Unbekanntes einläßt. Die tiefere Bedeutung einzelner Übungen oder Lehren kann man zunächst nur erahnen, wobei die später zu vollziehende Erkenntnis von der eigenen Reife und dem Fortschritt auf dem Weg der Übung abhängt. Dieses Vertrauen in die Wahrhaftigkeit des Weges, in die Kraft des »Buddha-Dharma-Saṁgha«, ist besonders für den Anfänger überaus wichtig, weil hier eine Voraussetzung für die Ausdauer bei der Übung angesprochen wird.

Die europäische religionsgeschichtliche Forschung erkennt zwischen den beiden Hauptrichtungen des Buddhismus, dem Hīnayāna und dem Mahāyāna, einen großen Unterschied. Während Hīnayāna im wesentlichen ein rationalistisches Paradigma repräsentiert, das einer psychologischen Grundhaltung folgt, kann Mahāyāna als transrationalistisches (die *ratio* einschließendes) System gelten, das einer metaphysischen oder gar kosmologischen Grundhaltung folgt, insofern die universale Erlösung aller Wesen Mittelpunkt des Interesses und der Praxis ist. Der Arhat im Hīnayāna ist ein Mönch, der durch Entsagung und Abklärung dem Leid zu entgehen sucht, bis sich schließlich seine Individualität nach dem Tod im *nirvāṇa* auflöst. Der Bodhisattva im Mahāyāna entwickelt die in ihm keimhaft angelegte Buddha-Natur zur Buddhaschaft, wobei er das Leid aller Wesen auf sich nimmt, um es zu transformieren und heilende Kraft in die Welt des Leidens auszustrahlen. Im Hīnayāna ist der endgültige Erlösungszustand, das *nirvāṇa*, ein Bereich jenseits der gewöhnlichen Existenz im Kreislauf der Wiedergeburten. Im Mahāyāna ist *nirvāṇa* eher die Tiefenqualität des Seins, das wahre Sein, das paradoxerweise oft als Nichts bezeichnet wird, das nicht erst in der Zukunft zu erwarten ist, sondern immer schon in Gleichzeitigkeit mit jedem möglichen Augenblick gegeben ist; das Universum unter dem Gesichtspunkt der Zeitlichkeit und Vergänglichkeit ist *saṁsāra* (der Kreislauf der Geburten), unter dem Gesichtspunkt der Ganzheit aber *nirvāṇa*. Die beiden Gesichtspunkte gelten als relativer und absoluter, als konventioneller und überhöhter. Beide sind notwendig zur umfassenden Beschreibung der Wirklichkeit, wobei allerdings der absolute Standpunkt den relativen umschließt und nicht umgekehrt, was jenen also umfassender und »höher« macht.

Wie der Dalai Lama selbst – als Vertreter des Mahāyāna – die Unterschiede interpretiert, ist interessant, zumal dadurch offensichtlich der Weg für eine innerbuddhistische Ökumene angedeutet werden soll. Er führt aus, daß sich Hīnayāna und Mahāyāna nicht im Ziel, wohl aber in der Methode und Motivation voneinander unterscheiden, wobei Mahāyāna wiederum als umfassender gilt, weil Erleuchtung nur unter dem Gesichtspunkt des Heils für alle Wesen angestrebt und erlangt werden kann. Ob Hīnayāna-Philosophen dem zuzustimmen bereit sind, sei dahingestellt. Die Unterscheidung entspringt aber einem grundlegenden buddhistischen Empfinden: Der Buddha hat viele Methoden gelehrt, die der jeweiligen Kapazität der Menschen entsprechen. Wahrheit ist kein abstrakter und ungeschichtlich gültiger Lehrsatz, sondern die je konkrete Praxis betreffende Lehranweisung. Demzufolge gefährdet die Methodenvielfalt nicht die Einheit der buddhistischen Gemeinde.

3. Vajrayāna – der Tibetische Buddhismus

Der Tibetische Buddhismus wird auch als tantrischer Buddhismus bezeichnet. Tantra interpretiert man als Kontinuum, das sich von der gewöhnlichen Person bis zum vollendeten Buddha erstreckt. Wir können dieses Kontinuum Geist oder Bewußtsein nennen. Die fundamentale Ebene ist der »Geist des Klaren Lichtes« (tibetisch *'od gsal*), über dem sich subtile Bewußtseinsebenen wölben, bis schließlich hin zu dem Bewußtsein, das wir im Zusammenhang mit der sinnlichen Erkenntnis ständig erfahren: Eine Perzeption ergibt sich nach tibetischer Auffassung nämlich nur dann, wenn drei Faktoren zusammenkommen – ein Sinnesobjekt, ein Sinnesorgan und ein früheres Bewußtseinsmoment, das einerseits das Kontinuum stabilisiert und andererseits dem Auge, Ohr usw. gewissermaßen die Perzeptions*kraft* verleiht, den Eindruck ordnet, speichert usw. Durch Meditation (Mantra/Tantra) wird diese Kraft gebündelt und gerichtet, so daß im Bewußtsein keine gewöhnlich zerstreuenden Eindrücke und Begriffsbildungen ankommen, was dem Bewußtsein erlaubt, sich auf sich selbst zu richten.

Man unterscheidet drei Stadien oder Aspekte: die Basis, den spirituellen Weg und die Frucht. Basis für die Erleuchtung ist die latent in jedem Wesen befindliche Buddha-Natur, der Geistgrund der Lichthaftigkeit und klaren Erkenntnis, der durch den spirituellen Weg – die tantrische Übung in allen Aspekten – hervortreten kann, indem alle aufgetragenen Verunreinigungen beseitigt werden. Die Frucht ist die Wirkung, nämlich der Wahrheits-Körper (sanskrit *dharmakāya*, tibetisch *chos sku*) eines Buddha, in den jedes Wesen letztendlich transformiert wird. Die Vollendung ist erreicht, wenn alle Beschmutzungen des Geistes (skt. *kleśa*, tib. *nyon mongs*) beseitigt sind. Als Methode dazu versteht der gesamte Mahāyāna-Buddhismus erstens, den altruistischen Erleuchtungsgeist (skt. *bodhicitta*, tib. *byang chub kyi sems*) zu entwickeln, und zweitens die Sechs Vollkommenheiten (skt. *pāramitā*, tib. *pha rol tu phyin pa*) – Geben, rechtes Verhalten, Geduld, Anstrengung, Konzentration, Weisheit – zu üben. Im Vajrayāna kommt noch ein drittes hinzu: der Yoga der göttlichen Wesenheiten (skt. *devayoga*, tib. *lha'i rnal 'byor*), d. h. die meditative Identifikation mit subtil-körperlichen Wesen, die den Form-Qualitäten eines Buddha entsprechen. Je intensiver diese Identifikation in äußerster Geisteskonzentration gelingt, um so schneller werden die eigenen Qualitäten in die des Form-Körpers eines Buddha transformiert. Mit anderen Worten, im Vajrayāna spielt der Aspekt des Leiblichen, das der Verwandlung in geistige Form bedarf und gleichzeitig zu dieser Verwandlung benutzt wird, eine entscheidende Rolle. So heißt es im *Kāśyapaparivarta*: So wie der Abfall der Städter vom Bauern, der Zuckerrohr anbaut, als Dung benutzt werden kann, so können die geistigen Verunreinigungen als Dung für den Bodhisattva dienen, der nach den Qualitäten eines Buddha strebt.

Im Yoga der göttlichen Wesenheiten arbeitet man mit Formen und bis ins kleinste Detail veranschaulichten Wesen, die Objekte der Meditation sind. Man sagt, daß der von vornherein *ausschließlich* auf den Aspekt der Leere (skt. *śūnyata*, tib. *stong pa nyid*) ausgerichtet Übende keine vollständige, allumfassende, das Materielle einschließende Verwandlung erlangen kann. Diese Praxis ist also deshalb besonders interessant, weil in ihr das Leibliche eine große Bedeutung hat und die Nicht-Dualität von Materie und Geist in der Übungspraxis bedacht wird. Sie ist bisher im abendländischen Verständnis des Buddhismus noch unzureichend interpretiert worden.

Um wenigstens einen Grundbegriff dieses subtilen Systems zu erlangen, das für das Verständnis der Ausführungen des Dalai Lama hilfreich ist, müssen wir die Lehre von den drei bzw. vier Körpern des Buddha begreifen, die sich bereits im mittleren Mahāyāna andeutet und im Vajrayāna voll ausgeprägt ist. Danach ist die grundlegende Wirklichkeit jenes Geistkontinuum, dessen Basis der Geist des Klaren Lichtes, die von absoluter Seligkeit erfüllte letzte Wirklichkeit, ist. Dieser Geist manifestiert sich auf unzähligen Wirklichkeitsebenen, bis hin zur grobstofflichen Materie. Die Ebene des Geistes des Klaren Lichtes ist gleichsam der »Ort« der vollendeten Geist-Wesenheiten, der Buddhas. Ihr geistiges Kontinuum besteht in völliger Nicht-Dualität, im reinen So-Sein der Wirklichkeit, ohne Unterschiede und begrenzende Bestimmungen. Von dieser Ebene aus wirken sie in die weniger subtilen Wirklichkeitsebenen hinein, auf denen sich auch die Menschen mit ihrem dualistischen rationalen Bewußtsein bewegen, d. h., in völliger Freiheit emanieren sie aus sich geistige Wesenheiten mit »feinstofflichen« Körpern: die zahllosen Schutz- und Hilfsgottheiten des tibetischen Pantheons, die am ehesten Engelwesen vergleichbar wären. Dies hängt damit zusammen, daß ein Bodhisattva zur Buddhaschaft gelangen will, *nicht* allein, um sich selbst zu vollenden, sondern um allen anderen Wesen Hilfe bringen zu können. Der Wunsch zur Erleuchtung ist im Tibetischen Buddhismus ganz und gar altruistisch! Diese Wesenheiten also erscheinen in meditativen Zuständen und leiten die Menschen auf dem Weg, indem sie vor allem auch die Lehre schützen. Sie sind Manifestationen des universalen Bewußtseins und der energetischen Grundkräfte (skt. *prāṇa*, tib. *rlung*), die im Bewußtseinskontinuum auftreten. Solche geistig-feinstofflichen Körper oder Strahlungen können überall und zu allen Zeiten in konkreten materiellen Körpern erscheinen: Dies sind die sichtbaren Buddhas, von denen Buddha Śākyamuni der letzte war, oder auch Bodhisattvas (Wesen, die auf dem Erleuchtungsweg fortgeschritten sind, ohne schon zur Buddhaschaft gelangt zu sein, oder voll erleuchtete Buddhas, die sich in heilender Hinwendung zu allen Wesen neigen). Diese inkarnierten Gestalten sind also weniger subtile Formen der geistigen Wesenheiten im feinstofflichen Bereich. Die Buddhas, die sich auf den verschiedenen Ebenen manifestieren, büßen aber nicht die Reinheit ihres geistigen Wesens, ihre Unbewegtheit im Geistgrund, ein; sie erscheinen gleichzeitig auf verschiedenen Existenzebenen, ohne daß die Erscheinung die Vollkommenheit ihres Wesens trüben würde.

Den absoluten Wahrheits-Körper nennt man *dharmakāya* (tib. *chos sku*), der gelegentlich noch unterteilt wird in Weisheits-Wahrheits-Körper (skt. *jñānadharmakāya*, tib. *ye shes chos sku*) und Wesens-Wahrheits-Körper (skt. *svabhāvikakāya*, tib. *ngo bo nyid sku*), um den Unterschied zwischen wesenhafter und durchgreifender Vollendung anzudeuten. Der Seligkeits-Emanationskörper im feinstofflichen Bereich heißt *saṁbhogakāya* (tib. *longs sku*), und der materielle Manifestationskörper im grobstofflichen Bereich ist *nirmāṇakāya* (tib. *sprul sku*). Die gesamte Wirklichkeit folgt diesem Stufenaufbau, der eine nicht-dualistische Sicht von materiellen und geistigen Vorgängen erlaubt. Anders ausgedrückt: Der Weg zur Buddhaschaft ist keine das Materielle zurückweisende Isolation, die man in individuellem Heilsegoismus anstreben dürfte, sondern eine alle Stufen der Wirklichkeit betreffende *Transformation* in den immer subtiler werdenden Geist bis hin zum Geistgrund, in dem das Materielle im dialektischen Sinne aufgehoben wird, damit die geistige Energie in universaler Zuwendung und Liebe zu allen Wesen erneut in den Bereich der geformten Wirklichkeit zurückstrahlen kann, zum Heile aller anderen Wesen, die sich auf dem Weg zur Vollendung befinden.

Beachtet man diese Grundstruktur im Mahāyāna-Vajrayāna

nicht, kommt man zu Fehldeutungen, die von Heilsegoismus, Leibfeindlichkeit, Personzerstörung usw. reden. Die Wiederholung der Fehlurteile macht sie nicht gescheiter, und die hier vorgelegten Reden des Dalai Lama, der höchsten Autorität dieser Religion, sollten in diesem Sinne genau gelesen und verstanden werden.

Damit wird auch deutlich, daß der Buddhismus alles andere als Nihilismus ist. War schon im frühen indischen Buddhismus der Begriff *nirvāṇa* (Verwehen, Auslöschen) nur *eine* Metapher, um den endgültigen Zustand anzudeuten, neben der positiv klingende durchaus gebräuchlich waren, so ist im späteren Mahāyāna der Endzustand lauter Seligkeit, Fülle und »Klares Licht«, wobei gerade dies die *Leere* von allen Qualitäten voraussetzt. Historisch sind diese Ausdrucksweisen auf radikale *theologia negativa* zurückzuführen, die sich in der Auseinandersetzung mit der Opferreligion der Brahmanen herausgebildet und später zu den philosophischen Denkwegen des *śūnyavada* (Nāgārjuna) geführt hat. Im Tibetischen Buddhismus unterscheidet man dann auch einen »Yoga mit Zeichen« (skt. *sanimittayoga*, tib. *mtshan bcas kyi rnal 'byor*) und einen »Yoga ohne Zeichen« (skt. *animittayoga*, tib. *mtshan ma med pa'i rnal 'byor*), wobei ersterer in der Meditation der Form-Körper eines Buddha besteht, ein Yoga der göttlichen Wesenheiten also, der noch in Dualitäten gebunden bleibt und damit noch nicht völlige Klarheit erlangen kann, wohl aber die Identifikation mit dem Meditationsobjekt erleichtert. Der zeichenlose Yoga hingegen ist die Meditation über die *Leere* in bezug auf inhärente Existenz (Leere in bezug auf das Aus-sich-selbst-Sein) aller Erscheinungen, wobei also der Wahrheits-Körper des Buddha »Gegenstand« der Meditation ist, der aber kein Körper ist, auf den man zeigen könnte, sondern eine Realitätsebene letztgültiger und alles umfassender Dimension. Im Tibetischen Buddhismus praktiziert man – im Gegensatz etwa zum Zen – den Yoga der göttlichen Wesenheiten mit äußerster Intensität. Die Praxis im einzelnen zu beschreiben, würde hier zu weit führen. Jedoch sollen die wesentlichen Aspekte genannt werden.

Zuerst erkennt man durch analytische Meditation und philosophische Argumente die eigene Leerheit in bezug auf inhärente Existenz. Wer ist es aber, der dieses Nicht-Selbst erkennt? Es ist eine dahinterliegende Subjektivität, die man als geistige Basis für die Erscheinung des imaginierten göttlichen Wesens nutzt. Damit wird die jeweilige meditierte Gottheit zum erkennenden Subjekt, das ebenfalls seine nicht-inhärente Existenz erkennt, nun aber gewissermaßen auf einer weiteren Stufe. Weil dieses göttliche Wesen viel größer, umfassender und weitreichender ist als das empirische Ich des Menschen, ist die Glückseligkeit dieses Zustandes entsprechend größer. Sie dient nun als psychische Kraft für die weitere Identifikation mit den noch tiefer liegenden Bewußtseinsschichten, für die jeweils ebenfalls die fundamentale Leere erkannt wird. Da grundsätzlich die Wirkung der Ursache entspricht, geht man auch hier nach dem Ähnlichkeitsprinzip vor und benutzt die Energie der Glückseligkeit, die aus der Identifikation mit dem göttlichen Wesen resultiert, um noch intensiver die tiefsten Ebenen des geistigen Kontinuums zu erfahren.

Wir können zusammenfassen, indem wir unsere Aufmerksamkeit auf eine Grundunterscheidung des tantrischen Buddhismus richten: *Methode* und *Weisheit*. Methode (skt. *upāya*, tib. *thabs*), das männliche Prinzip, symbolisiert durch den Vajra, und Weisheit (skt. *prajñā*, tib. *shes rab*), das weibliche Prinzip, symbolisiert durch die Glocke, sind zu unterscheiden, doch nicht zu trennen, da jeweils der eine Aspekt den anderen hervorbringt und in der Praxis stützt. Methode ist der altruistische Erleuchtungsgeist *(bodhicitta)*, der in Liebe und heilender Hinwendung des Übenden zu allen Lebewesen besteht und durch den Wunsch hervorgerufen wird, zur Erleuchtung zu gelangen, um alle Wesen vom Leid zu befreien. Auf diese Weise erlangt man den Form-Körper eines Buddha, d. h. die Emanationsgestalt des Erleuchteten. Weisheit ist die Einsicht in die nicht-inhärente Existenz alles Wirklichen, die Erfahrung der Leere *(śūnyata)*, durch die man den Wahrheits-Körper eines Buddha verwirklicht.

4. *Begegnung der Religionen*

Analog zur Methodenvielfalt innerhalb des Buddhismus betrachtet der Dalai Lama den Unterschied der Religionen: Die Vielfalt ist sinnvoll und nützlich, weil sie verschiedenen menschlichen Temperamenten und Gegebenheiten entspricht. Eine Vermischung der Religionen oder die Schaffung einer künstlichen Einheitsreligion sei daher nicht wünschenswert. Der Praxis, der man sich verpflichtet hat, soll man mit ungeteilter Aufmerksamkeit folgen. Er zitiert gern ein tibetisches Sprichwort: »Man kann nicht mit einer Nadel nähen, die an zwei Enden spitz ist.« Es kommt nicht darauf an, viel theoretisches Wissen über mehrere Religionen anzuhäufen, sondern, *einen* Weg wirklich konsequent zu gehen. Das muß nicht die Religion sein, in die man geboren ist, vielmehr sollte sich der reife Mensch frei entscheiden, um den für ihn gemäßen Weg auszuwählen. Von einer religiösen »Doppelbürgerschaft« hält also der Buddhist offenbar nichts, weil die Gefahr bestehen könnte, daß Konturen und klare Entscheidungen zur wirklichen Ausübung einer Religion verwischt werden. Denn wenn auch alle Religionen auf dasselbe menschliche Bedürfnis antworten, wenn sie auch alle letztlich dasselbe Ziel – umfassendes Heil für alle Wesen – anstreben, so sind doch die Wege unterschiedlich. Das von manchen religiösen Gruppen verbreitete Gefühl, alle Religionen seien dasselbe, wird vom Buddhismus, der empirisch-kritisches Denken schätzt, nicht geteilt.

Das alles heißt freilich nicht, daß man nicht voneinander lernen könnte und Einsichten sowie Techniken zur Verbesserung des je eigenen Weges vom anderen übernehmen könnte. Es geht aber nicht um eine wahllose Vermischung der Werte, sondern um *Integration* bestimmter Elemente der anderen Religion, wobei das Wesen der eigenen Religion gerade nicht verleugnet wird, sondern nun noch kräftiger und wirkungsvoller zum Tragen kommt. Denn erst dann können die Partner in der Begegnung aneinander reifen, um die Praxis von heilender Hinwendung und Liebe zu allen Wesen zu vertiefen und damit gemeinsam einen Beitrag zur Verantwortung für die Welt und Verbesserung der individuell-menschlichen wie international-gesellschaftlichen Beziehungen zu leisten. Das ist der Sinn des Religionsdialogs, für den sich der Dalai Lama mit großem Engagement einsetzt. Das vorliegende Buch ist eines der wenigen Zeugnisse zu diesem Thema aus buddhistischer Sicht, denn meist sind es Christen, die den Dialog fördern, reflektieren und in weltweitem Maßstab wünschen. Hier aber argumentiert ein Buddhist, und zwar nicht, weil er religiöse Kompromisse schließen will, sondern aus tiefster buddhistischer Verantwortung.

Viele philosophische Argumente, mythische Hintergründe und geschichtliche Referenzen mögen dem unvorbereiteten abendländischen Leser, dem Christen zumal, vielleicht zunächst fremd erscheinen. Am ehesten werden viele Zugang zur buddhistischen Weisheit und zur Strahlkraft der Persönlichkeit des Autors finden, wenn sie die Abschnitte lesen, die grundlegende Lebensweisheiten so frisch, schlicht und eindringlich neu vor Augen stellen, wie es nur einer sagen kann, der selbst entsprechend lebt. Interessant ist, wie diese Einsichten, Motivationen und Ratschläge in dem Gesamtkorpus buddhistischer Philosophie, Psychologie und Meditationspraxis begründet sind. Ich möchte in diesem Zusammenhang von einer Begegnung erzählen: Im Gespräch mit einem tibetischen Mönch fragte ich, was er vom Christentum halte, nachdem wir viele christlich-buddhistische Dialogprogramme in Indien gemeinsam geplant und durchgeführt hatten. Seine Antwort: »Ihr beschreibt das Ziel in wunderbaren Bildern, emotional ansprechend und gewiß voller Verheißung. Aber der Weg ist unklar. Wie kann ein Mensch wirklich Schritt für Schritt, im alltäglichen Leben, besser werden? Kennt das Christentum hier ganz konkrete Anweisungen, die der jeweiligen Situation entsprechen?«

In der Tat, die jahrtausendealte buddhistische Einsicht in die Psychologie des Meditierenden, die Unterscheidung der Stufen und Ebenen des Geistes, die genauen Beobachtungen des Sterbeprozesses im Vergleich mit Vorgängen während der Meditation usw. findet nicht ihresgleichen. Ob diese Einsichten für uns Abendländer im größeren Maßstab fruchtbar gemacht werden können, so daß sie tatsächlich Hilfe nicht nur für wenige einzelne, sondern für eine ganze Gesellschaft bringen, ist noch nicht gewiß. Dies wird nicht durch Bücherwissen entschieden, sondern in der Begegnung lebender Menschen, in dem – im tiefsten Sinne des Wortes – therapeutischen Gespräch, von Herz zu Herz. Der Dalai Lama ist ein hervorragender Repräsentant, vielleicht sogar zeitgeschichtliches Symbol dieser Begegnung. Er ist Freund, Meister, Mitmensch und – nicht zu vergessen – Leidensgefährte in einem. Der geprüfte Staatsmann findet im friedvollen Lächeln des Buddha zu einem überwältigend mitmenschlichen Humor. Und in dieser Dimension leuchtet leiblich konkret das auf, was wir oft nur als gedankliche Abstraktion zu empfinden vermögen: authentisches Menschsein, das alle Begrenzungen überschreitet. Das ist die Qualität des Transzendenten, des Buddha, des Göttlichen. Ist das der Grund für die Faszination, die vom gegenwärtigen Dalai Lama ausgeht? Spiegelt sich hier vielleicht nicht in anderer Weise die Freiheit, die Jesus verkörpert?

Des Dalai Lama Radikalität in der Aufforderung zu altruistischer und unbedingter Liebe, ohne die es keine Heilsverwirklichung geben kann, die damit verbundene Absage an jeden Heilsindividualismus sowie gesetzliche Veräußerlichung des menschlichen Reifungsprozesses weist in der Tat eine große Nähe zum Geist Jesu auf. Hinzu kommen die schlichte Unmittelbarkeit, eine Religion des Herzens und der Herzensbildung, die ihre gesellschaftlich, ja kosmisch versöhnenden Konsequenzen mit guten Gründen darstellen und behaupten kann. Dennoch sollten wir nicht übersehen, daß der geschichtliche Hintergrund, die impliziten Glaubensinhalte (bildhafte Vorstellungen über das Wesen des Menschen, der Welt, des Absoluten), philosophischen Axiome und Denkwege in Christentum und Buddhismus sehr verschieden sind. Der Dalai Lama selbst betont immer wieder, daß wir auf philosophisch-theologischem Gebiet kaum Übereinstimmung erzielen können und auch nicht verbissen anstreben sollten, sondern daß in der Praxis diese Differenzen transzendiert werden können. Praxis hat zwei Dimensionen: die Praxis der inneren geistigen Erfahrung, vor allem also die Meditation und damit verbundene transrationale Erfahrungsweisen, und die Praxis der konkreten heilenden Hinwendung und Liebe zu allen Wesen. Inwieweit die verschiedenen Philosophien und Glaubensinhalte trennend wirken oder vielleicht doch eher jeden der Partner im Dialog zur tieferen Erkenntnis und Verwirklichung seiner eigenen Tradition anregen können, dürfte nach der Lektüre des Buches offenkundiger sein.

Die theologisch-philosophische Diskussion der jeweils fremden Konzepte wird unsere Einsicht vertiefen. Nennen wir einige Beispiele: etwa der christliche Schöpfungs- und Erlösungsglaube hier, die buddhistische Vorstellung vom *karman* und dem Entstehen in gegenseitiger Abhängigkeit *(pratītyasamutpāda)* dort. *Karman*, der Ursache-Wirkungs-Zusammenhang, der auch das Subjekt der Tat unter die unmittelbare Wirkung stellt, ist relative Wirklichkeit, eine Gesetzmäßigkeit, die materielle Kausalität und geistig-moralische Beziehungsstrukturen miteinander verknüpft. *Karman* hat aber seine Grenze an der Verwirklichung der Buddhaschaft und erlaubt gerade dadurch einen tiefen Einblick in die Bedingtheit der Wirklichkeit. Könnte diese Daseinsanalyse vielleicht die christliche Rede von der Schöpfung bzw. der Kreativität Gottes vertiefen, die ja eben gerade dort manifestiert wird, wo »alles neu« wird im Lichte *unbedingter* Gnade, über-geschöpflichen Lichtes und die äußere Gesetzlichkeit aufhebender Liebes-Einheit?

Gewiß sagt der Buddhist: Die Verwirklichung des Menschseins ist die Aufgabe jedes Menschen, die Vollendung liegt in unseren eigenen Händen. Aber woher kommt die Gewißheit, daß dies möglich ist, und die Kraft zur Selbst-Überwindung, die tiefe Erfahrung, daß das Ich nicht aus sich selbst *ist*? Ist der Verweis auf den transpersonalen Grund der Buddha-Natur, des Geistkontinuums usw. nicht alles andere als die Apotheose des in sich selbst verstrickten Ich, die wir »Selbsterlösung« nennen würden? Ist nicht die mahāyāna-buddhistische universale Geist-Realität, die den Kosmos in unzähligen Formen schützender göttlicher Wesenheiten umfängt, ein Universum voller Gnade? Das vorschnelle Urteil über östliche Religionen könnte uns blind gemacht haben, tiefere Zusammenhänge zu sehen. Wir haben uns an einige »Übersetzungen« buddhistischer Vorstellungen und Begriffe gewöhnt, die oft viel eher als Projektion unserer eigenen Kontroversfragen auf die andere Religion gelten können, als daß sie den Geist des Buddhismus vorurteilsfrei wiedergeben würden.

Zum Schluß: Es kann nicht Sinn dieser Einleitung sein, den Versuch einer christlichen Antwort auf die Anregungen, Vorschläge und Argumente des Dalai Lama zu geben. Ein einzelner wäre ohnehin nicht zu diesem Versuch berufen. Auch dürfte es uns noch verwehrt sein, den Anspruch zu erheben, bereits tief genug zu verstehen, was der Sinn der außerordentlichen Begegnung zwischen Buddhismus und Christentum in unserer Epoche ist und wie sich diese Begegnung in der zukünftigen Menschheitsgeschichte auswirken wird. Daß es nicht mehr einfach darum geht, konkurrierende Weltanschauungen gegeneinander abzuwägen und zu rechtfertigen, dürfte spätestens nach der Lektüre dieses Buches offenkundig sein. Daß bei allen Ähnlichkeiten auch erhebliche Unterschiede zwischen den Religionen zutage treten und vielleicht in ein ganz neues Licht tauchen, deutet sich ebenfalls an. Wer die Unterschiede nicht sieht, hat sich dem Anspruch weder des einen noch des anderen wirklich ausgesetzt, sondern lebt in der Gefahr, an der Oberfläche zu bleiben. Daß Unterschiede nicht trennen müssen, sondern produktiv-kreativ Verantwortung in uns wachrufen, an einer menschenwürdigen Lebensgrundlage für zukünftige Generationen zu bauen, ist der Erfahrungsschatz derer, die sich im Religionsdialog engagieren. Dabei kann unsere Generation auf merkwürdige Hinweise bedeutender christlicher Lehrer zurückgreifen, die schon längst im intuitiven Erfassen das Wesen des buddhistisch-christlichen Dialogs vorweggeahnt haben und das anzudeuten sich anschickten, was sich unserer Generation durch konkrete Begegnung immer mehr erschließt. Zum Schluß sei daher an die vielzitierten Worte des katholischen Theologen und Religionsphilosophen Romano Guardini erinnert, der bereits in den zwanziger Jahren dieses Jahrhunderts schrieb (R. Guardini, Der Herr. Betrachtungen über die Person und das Leben Jesu Christi, Würzburg [13]1964, 361):

»... was der Mensch wirken kann, sind nur Wirkungen innerhalb der Welt. Er kann gegebene Möglichkeiten entwickeln; Zustände des Seienden ändern und gestalten – an die Welt als Ganzes rührt er nicht, denn er steht in ihr. Über das Sein als solches und dessen Charakter hat er keine Macht ... Ein Einziger hat ernsthaft versucht, Hand ans Sein selbst zu legen: Buddha. Er hat mehr gewollt, als nur besser zu werden oder, von der Welt ausgehend, den Frieden zu finden. Er hat das Unfaßliche unternommen, im Dasein stehend das Dasein als solches aus den Angeln zu heben. Was er mit dem Nirvana gemeint hat, mit dem letzten Erwachen, mit dem Aufhören des Wahns und des Seins, hat christlich wohl noch keiner verstanden und beurteilt. Der das wollte, müßte in der Liebe Christi vollkommen frei geworden, aber zugleich jenem Geheimnisvollen im sechsten Jahrhundert vor der Geburt des Herrn mit tiefer Ehrfurcht verbunden sein.«

Zur Übersetzung

Einige Bemerkungen zur Übersetzung und zur Edition des Textes sind notwendig. Es handelt sich bei diesem Band um eine Sammlung von Reden, die vor allem in Städten Nordamerikas gehalten wurden. Der jeweilige Ort ist mit angegeben, denn der Dalai Lama macht Unterschiede, wenn er zu Christen oder Buddhisten spricht. Im ersten Fall geht es meist um die Möglichkeiten zur Lösung menschlicher Grundprobleme, und er zeigt humanistische Perspektiven auf und weist auf psychologisch verstehbare Methoden hin, die jeder Mensch auf dem Weg zur Reifung anwenden kann, wobei nie verschwiegen wird, daß der Buddhismus entsprechende Methoden entwickelt und erprobt hat. Spricht er zu Buddhisten, betont er immer wieder, daß der Tibetische Buddhismus nicht einfach nach Amerika verpflanzt werden kann. Man muß das Wesentliche erkennen und in die neue Kultur einbringen, damit der Buddhismus wirklich *in* der amerikanischen Gesellschaft des 20. Jahrhunderts Nutzen zur Entwicklung des einzelnen Menschen wie der Gesellschaft bringen kann. Nachdrücklich warnt der Dalai Lama davor, aus der westlichen Kultur »auszusteigen« und Östliches zu imitieren.

Da es sich um Vorträge handelt, wiederholen sich viele Gedankengänge. Gelegentlich sind solche Passagen gestrafft worden, wobei aber immer noch häufig Wiederholungen vorkommen. Dies sollte den Leser nicht irritieren, denn bei diesen Vorträgen handelt es sich nicht primär um Vermittlung kulturgeschichtlichen Wissens, sondern um Einladung und Anleitung zur Praxis eines erfüllten menschlichen Lebens. Wiederholung hat hier pädagogischen Sinn und kann zu immer neuem Nachdenken unter verschiedenen Perspektiven anregen. Solch schwierige, aber für den Buddhismus fundamentale Konzepte wie das Verständnis der »Leere in bezug auf inhärente Existenz« *(śūnyata)* können dem religionswissenschaftlich nicht geschulten Leser vielleicht doch verständlich werden, wenn er sie immer wieder nach-denkt und mit-meditiert. Allmählich leuchtet auf, worum es geht, auch wenn vielleicht nicht jedes philosophische Einzelargument verständlich wird.

Die Reden sind in Englisch und Tibetisch gehalten worden, wobei der Dalai Lama die mehr allgemeinen Passagen (meist die erste Hälfte des Vortrags) in Englisch und die Ausführungen zur buddhistischen Philosophie und Praxis in Tibetisch gesprochen hat. Die Schwierigkeit der Übersetzung lag in zwei Problemen:

1. Der gesamte Text wurde aus dem Englischen übersetzt; die Tonbandmitschnitte lagen nicht vor. Wichtige tibetische Begriffe mußten gelegentlich erschlossen und auf die ursprüngliche Sanskrit-Terminologie zurückgeführt werden, damit einfach lexikalisches Vorgehen vermieden und deutsche Begriffe gefunden werden konnten, die der indisch-tibetischen Religionsgeschichte angemessener sind. Dabei bin ich zwei tibetischen Freunden zu tiefem Dank verpflichtet, die mich ausführlich beraten haben, nämlich Ven. Samdhong Rinpoche, dem Direktor der Tibetischen Hochschule (Central Institute for Higher Tibetan Studies) in Sarnath/Varanasi, Indien, und Ven. Cheme Tsering, Student an der Mahāyāna-Universität des Gaden-Klosters in Südindien. Daß die Übersetzung an manchen Stellen dennoch unbefriedigend ist, geht aber allein zu Lasten des Übersetzers und liegt auch daran, daß es für viele Begriffe natürlich kein klares deutsches Äquivalent gibt.

2. Die Sprache des Dalai Lama ist klar und nüchtern argumentierend, fast technisch, gerade auch, wenn es um den Gefühlsbereich und das menschliche Herz geht – *Logik* des Herzens. Er ist nie erbaulich-volltönend, um geistig-esoterisch zu berauschen, sondern

will zu Mitdenken und Deutlichkeit einladen. In der englischen Ausgabe des Buches besteht eine starke stilistische Diskrepanz zwischen den Passagen, in denen der Dalai Lama sehr unmittelbar zu den Hörern spricht, was gerade den Charme und die humorige Herzlichkeit seiner Rede ausmacht, und den technischen, hochkomplizierten Ausführungen über tibetische Philosophie, denen man nur folgen kann, wenn man jeden Satz mehrmals analysiert und sich an terminologische Exaktheit gewöhnt (eine Folge wohl auch des Nominalstils im Tibetischen). Der Unterschied zwischen beiden Sprachformen sollte beibehalten werden, um die Spannweite des Denkens des Dalai Lama nicht zu retuschieren. Gleichzeitig aber habe ich komplexe Zusammenhänge um der Verständlichkeit willen gelegentlich stilistisch aufgelöst und durch die Begriffe in Sanskrit und Tibetisch erläutert sowie durch als solche gekennzeichnete Zusatzerklärungen in eckigen Klammern ergänzt. Die Begriffe sind also im Textzusammenhang erläutert, weil ein Glossar zu sehr verallgemeinert hätte und der Bedeutung eines Begriffs in seinem Zusammenhang kaum hätte Rechnung tragen können. Gerade im Vajrayāna hängt die Bedeutung eines Begriffs wesentlich auch davon ab, zu welcher Tantraklasse der Text gehört. Oft mußte ein Kompromiß geschlossen werden zwischen einer glatten Eindeutschung und dem Beibehalten der Fremdartigkeit und der philosophischen Eigenart in der Sprachstruktur, was gewiß nicht immer gelungen ist.

Exemplarisch seien die wichtigsten Begriffe genannt, die um der Deutlichkeit willen anders übersetzt sind als in den meisten gängigen Büchern über den Mahāyāna-Buddhismus, wobei hier die Vorläufigkeit des Versuchs auf der Hand liegt.

1. Der Sanskritbegriff *karuṇā* (tib. *snying rje*) wird gewöhnlich mit Mitleid (engl. *compassion*) übersetzt. Es geht aber um viel mehr, als im deutschen Wort »Mitleid« anklingt, nämlich um eine höchst aktive Tat, die in einer stabilen und auf das Universale gerichteten Motivation gründet, um eine geistige Grundhaltung also, die in die Situation des Leidens eindringt, um sie zu verändern, ohne doch selbst vom Elend getrübt zu werden. Deshalb habe ich *karuṇā* durchgängig mit »heilende Hinwendung« übersetzt.

2. Viel schwieriger ist es, den tibetischen Begriff *sems* wiederzugeben, für den im Sanskrit bereits viele Worte stehen (*citta, cit* bis *manas*) und für den im Englischen einfach *mind* steht. Es handelt sich bei *sems* um die grundlegende Wirklichkeit überhaupt. Ihre Auffaltung in Stufen, Emanationsformen und Daseinsebenen führt zur schillernden Vielfalt der Bewußtseinsphänomene, die durch den Stufenweg meditativer Praxis direkt erkannt werden können. Ich habe versucht, die verschiedenen Ebenen durch unterschiedliche Übersetzung kenntlich zu machen, indem *Geist* dort steht, wo es um das grundlegende universale Bewußtsein, letztlich den »Geist des Klaren Lichtes« oder zumindest um die entsprechende Dimension geht, während *Bewußtsein* dort steht, wo es um die Manifestationsebenen von *sems* geht, ohne daß sie näher bezeichnet wären. Die konkreten und mit unserer sinnlichen Wahrnehmung verbundenen Ausprägungen dieser Grund-Energie habe ich *Bewußtseinsformen* oder *Bewußtseinskräfte* genannt, wozu vor allem Verstand, Wille, wahrnehmendes Bewußtsein usw. gehören. Geist *(sems)* ist jeweils die reine Lichthaftigkeit und ihre »Trägerenergie« (skt. *prāṇa*, tib. *rlung*), was man im Auge behalten muß, wenn man die sukzessive Auflösung der Bewußtseinsformen im Sterbeprozeß verstehen will, bis schließlich alles letztlich in seinen eigenen Grund zurücksinkt, *ohne* daß Lichthaftigkeit und somit äußerste Wachheit verlorengehen.

3. Wenn im tibetischen Buddhismus vom »Yoga der göttlichen Wesenheiten« (skt. *devayoga*, tib. *lha'i rnal 'byor*) gesprochen wird, so handelt es sich nicht um das, was etwa das Christentum mit dem Begriff »Gott« meint. Vielmehr sind all diese Erscheinungen Geist-Projektionen, die in den subtilen Ebenen des Bewußtseins als spezifische, relativ-objektive Bewußtseinsmanifestationen auftreten, mit denen der Mensch kommunizieren kann. Diese im subtil-feinstofflichen Bereich angesiedelten Wesen sind *relativ* vom Bewußtsein des Menschen unterschieden, können also gütig und zornvoll – letztlich aber immer gnadenvoll! – dem Menschen zur Seite stehen. Man richtet deshalb Gebete an sie, so etwa wie ein Christ zu Engeln und Schutzheiligen betet. Unter dem Gesichtspunkt der absoluten und universalen Perspektive, vom Grunde her also, ist sowohl jeder

deva als auch jede menschliche Bewußtseinskraft eine Manifestation dieses Grundes.

4. Das führt zu dem für die Mādhyamika-Philosophie fundamentalen epistemologischen Prinzip der Unterscheidung einer relativen (skt. *saṁvṛti*, tib. *kun rdzob bden pa*) und einer absoluten (skt. *pāramārthika*, tib. *don dam bden pa*) Betrachtungsweise, die auch von anderen buddhistischen und nicht-buddhistischen Schulen gemacht wird. Der relative (gewöhnliche, konventionelle) Standpunkt läßt die Erscheinungsformen der Dinge in ihrer Abhängigkeit voneinander erkennen, der absolute (letztgültige) Standpunkt erkennt das Wesen, die So-heit der Dinge in ihrer Ganzheit und Nicht-Dualität. Der entsprechende Vortrag (Die zwei Wahrheitsebenen) ist als hermeneutischer Schlüssel für die anderen philosophischen Texte unentbehrlich.

5. Der Begriff *puṇya* (tib. *bsod nams*) spielt eine große Rolle in der buddhistischen Praxis. Er wird meist mit »Verdienst« wiedergegeben. Besonders für den Mahāyāna-Buddhismus liegt diese Übersetzung zunächst nahe, da hier im Unterschied zum Hīnayāna *puṇya* auch auf andere Personen übertragen werden kann, was in der Bodhisattva-Praxis eine entscheidende Rolle spielt. Auf den ersten Blick scheint sich hier ein Problem anzudeuten, wie wir es im Abendland in der reformatorischen Kontroverse mit dem katholischen Verdienst-Erwerb durch frommes Tun zugespitzt finden. Diese Assoziation scheint mir aber völlig in die Irre zu führen, weshalb man *puṇya* nicht mit »Verdienst« übersetzen sollte. Es handelt sich nämlich nicht um eine Tat, die einer Gesetzeserfüllung entspräche, womit man einer *außerhalb* stehenden Instanz (Gott) wohlgefallen könnte, sondern um einen Eindruck in die *eigene* karmische Persönlichkeitsmatrix, durch den der betreffende Mensch auf dem Reifungsweg tatsächlich in dem Sinne vervollkommnet wird, daß sein wahres Wesen (Buddha-Natur) immer mehr zur Entfaltung kommt oder daß Hindernisse zum Erwachen zur Buddhaschaft abgebaut werden. *Puṇya* ist zuallererst Selbst-Veränderung im Sinne der karmischen Ursache-Wirkungs-Struktur, eine Tat des Subjektes, die positiven Wandel im Subjekt selbst zur Folge hat. Weil aber die Individuen nicht isoliert sind, sondern *ursächlich* im Zusam-

menhang miteinander stehen, kann individuell positives *karman (puṇya)* im Mahāyāna-Buddhismus auch nach außen wirken, was durch intentionale Steuerung dieser Wirkung auf zum Beispiel eine bestimmte Person bewußt nutzbar gemacht wird. Ansonsten wäre die »Verdienstübertragung« ein eklatanter Widerspruch zur Anschauung vom *karman*. Ich übersetze also *puṇya* mit »positive Bewußtseinsformung«, was sowohl die jeweilige Tat als auch ihre Wirkung umfaßt.

6. Schließlich sei noch vermerkt, daß die Analyse der *leidverursachenden Emotionen* (skt. *kleśa*, tib. *nyong mongs*) für den Buddhismus ganz wichtig ist. Die grundlegenden Emotionen sind: Begierde (skt. *rāga*, tib. *'dod chags*), Zorn oder Haß (skt. *pratigha*, tib. *khong khro*) und Unwissenheit (skt. *avidyā*, tib. *ma rig pa*), wobei meist noch Stolz, Zweifel und falsche Ansicht genannt werden, so daß man von den Sechs fundamentalen Leidverursachern spricht. Allgemein kann man sagen, daß Begierde die durch egozentrische Antriebe verursachte Attraktion, Haß die durch egozentrische Abgrenzung erzeugte Aversion und Unwissenheit die beiden zugrunde liegende umfassende Fehlhaltung ist, die ein in sich selbst existierendes Ich annimmt. Diese Fehlhaltung kann gerade erst durch die Emotionen von Attraktion und Aversion aufrechterhalten werden und erzeugt sich dadurch immer von neuem, was dem Kreislauf der leidvollen Emotionen einen fast tragischen Zug verleiht. Das vorliegende Buch empfiehlt Methoden zur Überwindung dieser Tragik.

Regensburg, im Oktober 1989 — Michael von Brück

Logik der Liebe

Religiöse Werte und menschliche Gesellschaft

Constitution Hall

IN MATERIELLER HINSICHT hat die gegenwärtige Generation ein hohes Entwicklungsniveau erreicht. Und doch steht die Menschheit vor vielen Problemen. Einige wurzeln in äußeren Ereignissen oder Ursachen wie etwa Naturkatastrophen, die wir nicht verhindern können. Viele Probleme schaffen wir jedoch selbst durch unsere eigenen geistigen Fehlhaltungen. Wir leiden dann auf Grund eines inneren Mangels. Ich halte diese Probleme für unnötig, denn hätten wir eine richtige geistige Haltung, brauchten diese von Menschen geschaffenen Probleme nicht zu entstehen.

Sehr oft beruhen sie auf ideologischen Meinungsverschiedenheiten, und leider tragen häufig auch religiöse Glaubensrichtungen dazu bei. Um so wichtiger ist es, daß wir eine richtige innere Haltung haben. Es gibt viele verschiedene Philosophien; von grundlegender Bedeutung aber sind heilende Hinwendung, Liebe, Fürsorge für das Leid anderer und Reduzierung der Selbstsucht. Ich glaube, daß ein Denken, das zu heilender Hinwendung führt, das Kostbarste überhaupt ist. Nur wir Menschen sind fähig, dies zu entwickeln. Wenn wir ein gutes und liebevolles Herz haben und freundlich sind, werden wir selbst glücklich und zufrieden sein, und unsere Freunde erfahren ebenfalls eine freundliche und friedvolle Atmosphäre. Diese kann von Nation zu Nation, von Land zu Land, von Kontinent zu Kontinent erfahren werden.

Das Grundprinzip ist heilende Hinwendung, Liebe zu anderen. Allem liegt das Ich-Gefühl zugrunde, das auf der konventionellen, relativen Erkenntnisebene durchaus gültig ist – »Ich möchte das«, »Ich will das nicht.« Wir empfinden dies als ebenso natürlich wie unser Streben nach Glück – »Ich wünsche mir Glück«, »Ich möchte nicht leiden.« Dies ist nicht nur natürlich, sondern auch richtig und bedarf keiner weiteren Rechtfertigung als der, daß wir ganz selbstverständlich und aufrichtig Glück und nicht Leid wünschen.

Diese Empfindung gibt uns ein Recht, Glück zu erlangen und Leid zu vermeiden. Aber so wie ich selbst dieses Gefühl und dieses Recht habe, haben andere das gleiche Gefühl und das gleiche Recht. Der Unterschied besteht darin, daß ich nur von einer einzigen Person spreche, wenn ich »Ich« sage, während die anderen zahllos sind. Deshalb sollten Sie folgendes visualisieren: Auf der einen Seite stellen Sie sich das eigene Ich vor, das sich bisher nur auf seine eigenen selbstsüchtigen Ziele konzentriert hat. Auf der anderen Seite stellen Sie sich die anderen vor – eine grenzenlose, unendliche Zahl von Wesen. Sie selbst sind eine dritte Person, in der Mitte, die abwechselnd nach beiden Seiten blickt. Hinsichtlich des Wunsches nach Glück und dem Vermeidenwollen von Leid sind beide Seiten völlig gleich, ebenso in bezug auf das Recht, Glück zu erlangen. Ganz abgesehen davon aber, wie bedeutend eine selbstsüchtig motivierte Person auch ist, so ist es nur eine einzelne Person, während die anderen, unabhängig davon, wie arm oder unbedeutend sie sind, zahllos sind. Die unvoreingenommene dritte Person kann unmittelbar begreifen, daß die vielen wichtiger sind als der einzelne. Dies hilft uns zu der Einsicht, daß die Mehrheit – die anderen unzähligen Wesen – mehr Bedeutung hat als das einzelne Ich.

Daraus erhebt sich die Frage: Sollen die anderen alle für die Erlangung meines Glückes benutzt werden, oder soll ich mich zur Verfügung stellen, um für die anderen Glück zu erlangen? Wenn ich mich für die unendliche Zahl von Wesen aufopfere, ist es recht, doch es ist falsch, wenn andere für das singuläre Ich benutzt werden. Selbst wenn ich die anderen be- und ausnutzen kann, werde ich davon nicht glücklich, helfe ich ihnen jedoch, soviel ich kann, wird dies für mich zu einer Quelle großer Freude. Mit einer solchen Einstellung können wir wirkliche Liebe und heilende Hinwendung entwickeln.

Beruht heilende Hinwendung auf solch vernünftigen Argumenten und Ansichten, kann sie sogar auf die Gegner ausgedehnt werden. Normalerweise sind Liebe und Hinwendung mit einem Anhaften an Dinge, die wir mögen, vermischt. So fühlt man Hinwendung und Liebe für die eigene Frau oder den eigenen Mann, für die Eltern und Kinder. Weil hier aber das Anhaften an das uns Vertraute bestimmend ist, kann diese Art von Liebe die Gegner nicht einschließen. Denn wieder geht sie von einer selbstsüchtigen Motivation aus – weil sie *meine* Mutter, *mein* Vater, *meine* Kinder sind, liebe ich sie. Im Gegensatz dazu müssen Bedeutung und Rechte der anderen eindeutig anerkannt werden. Wenn heilende Hinwendung darauf aufbaut, wird sie auch Gegner einschließen können.

Um solch eine Motivation für heilende Hinwendung entwickeln zu können, brauchen wir Toleranz und Geduld. In der Übung von Toleranz ist der Gegner der beste Lehrer. Ihr Gegner kann Sie Toleranz lehren, während Lehrer oder Eltern das nicht können. Unter diesem Gesichtspunkt betrachtet, ist ein Gegner wirklich außerordentlich hilfreich – er ist der beste der Freunde, der beste aller Lehrer.

In meiner eigenen Erfahrung ist die schwerste Zeit im Leben die Periode größten Gewinns an Erkenntnis und Erfahrung. Wenn einem alles zufällt und sich die Dinge problemlos fügen, glaubt man ganz selbstverständlich, daß die Welt in Ordnung ist. Steht man dann eines Tages vor Problemen, verliert man schnell jeden Mut und alle Hoffnung. In schweren Zeiten kann man lernen, innere Stärke und Entschlußkraft sowie den Mut zu entwickeln, sich Problemen zu stellen. Wer gibt uns Gelegenheit dazu? Unser Gegner.

Dies heißt nicht, daß Sie Ihrem Gegner gehorchen oder sich ihm ergeben sollten. Manchmal muß man dem Gegner, entsprechend seinem Verhalten, sogar fest entgegentreten – aber auch dann dürfen tief im Herzen innere Ruhe und heilende Hinwendung nicht verlorengehen. Das ist möglich. Einige denken vielleicht: »Jetzt redet der Dalai Lama aber Unsinn.« Aber das ist nicht so. Wenn Sie nach diesem Rat handeln und ihn in Ihrer eigenen Lebenserfahrung prüfen, können Sie dies selbst erfahren.

Die Entwicklung von Liebe und heilender Hinwendung ist

grundlegend, und ich sage gewöhnlich, daß dies die wesentliche Botschaft der Religion ist. Wenn wir über Religion sprechen, müssen wir uns nicht auf tiefere philosophische Fragen einlassen. Heilende Hinwendung ist das wahre Wesen der Religion. Wenn man versucht, als Buddhist heilende Hinwendung anzuwenden und auszuüben, so ist das richtig, selbst wenn man den Buddha nicht immer nachdrücklich betont. Für einen Christen ist es wohl auch nicht notwendig, zu großes Gewicht auf philosophische Fragen zu legen, wenn er nur Liebe übt. Ich sage das in freundlichem Ton. Wichtig ist, daß wir im täglichen Leben die wesentlichen Dinge auch praktizieren, und auf dieser Ebene gibt es wohl keinen Unterschied zwischen Buddhismus, Christentum oder irgendeiner anderen Religion. Alle Religionen betonen die Verbesserung und Vervollkommnung der Menschen, Brüderlichkeit und Schwesterlichkeit, Liebe – diese Dinge haben alle gemeinsam. Betrachtet man das Wesen der Religion, so findet man kaum einen Unterschied.

Ich persönlich denke und sage es auch anderen Buddhisten, daß die Frage nach dem Nirvana später kommt. Das hat keine Eile. Wenn wir im täglichen Leben gut und ehrlich sind, voller Liebe, heilender Hinwendung und weniger Selbstsucht, so wird das von selbst zum Nirvana führen. Wenn wir aber im Gegensatz dazu über das Nirvana reden, philosophieren und uns dabei kaum um die tägliche Praxis kümmern, erlangt man vielleicht ein etwas sonderbares Nirvana, das aber mit Gewißheit nicht das echte ist, weil die tägliche Praxis fehlt.

Wir müssen diese wertvollen Lehren in unserem täglichen Lebensvollzug verwirklichen. Ob Sie an Gott glauben oder nicht, ob Sie an Buddha glauben oder nicht, ob Sie als Buddhist an Wiedergeburt glauben oder nicht, darauf kommt es nicht so sehr an. Sie müssen ein gutes Leben führen. Und ein gutes Leben besteht nicht einfach in guten Speisen, schöner Kleidung und komfortabler Unterkunft. Das reicht nicht aus. Was wir brauchen, ist eine gute Motivation: heilende Hinwendung ohne Dogmatismus, ohne komplizierte Philosophie; indem wir einfach verstehen, daß die anderen unsere Brüder und Schwestern sind, und ihre Rechte sowie ihre menschliche Würde achten. Daß wir Menschen einander helfen können, ist eine unserer einzigartigen menschlichen Fähigkeiten. Wir müssen am Leiden anderer Menschen Anteil nehmen. Selbst wenn Sie nicht mit Geld helfen können, so ist es doch in sich wertvoll, Anteilnahme, moralische Unterstützung und Sympathie auszudrücken. Das sollte die Basis für unser Handeln sein. Ob man es Religion nennt oder nicht, ist zweitrangig.

In der gegenwärtigen Weltlage denken einige vielleicht, daß Religion nur etwas für jene Menschen sei, die sich an weltabgeschiedene Plätze zurückgezogen haben, daß Religion auf den Gebieten von Wirtschaft und Politik also nichts zu sagen habe. Meine Antwort darauf ist: »Nein!« Denn wie ich eben erläutert habe, ist für mich die Liebe die Schlüsselmotivation der Religion. Außer einigen weniger bedeutenden Handlungen sind alle Handlungen – bedeutendere und willentliche – durch Motivationen geprägt. In der Politik gilt ein solcher Politiker als rechtschaffen und ehrlich, der eine gute Motivation hat, auf Grund deren er die menschliche Gesellschaft verbessern möchte. Politik an sich ist nicht schlecht. Wir sagen oft »schmutzige Politik«, aber das ist falsch. Politik ist ein notwendiges Instrument dafür, menschliche Probleme, die Probleme der menschlichen Gesellschaft, zu lösen. Sie ist als solche nicht schlecht, sondern notwendig. Wird Politik aber von schlechten Menschen gehandhabt, die mit Betrug und ohne die richtige Motivation arbeiten, wird die Politik natürlich schlecht.

Das trifft aber nicht nur auf die Politik, sondern auf alle Lebensbereiche – einschließlich der Religion – zu. Wenn ich Religion mit einer schlechten Motivation predige, wird diese Predigt schlecht. Aber das heißt doch nicht, daß Religion schlecht wäre. Man kann nicht einfach sagen, »schmutzige Religion«.

So also ist die Motivation ganz wichtig, und darum ist meine einfache Religion: Liebe, Achtung anderer, Ehrlichkeit – Lehren also, die nicht nur das Gebiet der Religion betreffen, sondern ebenso die Politik, die Wirtschaft, das Geschäftsleben, die Wissenschaft, die Gerichtsbarkeit, die Medizin – alle Bereiche. Mit rechter Motivation können alle diese Aktivitäten segensreich für die Menschheit sein, ohne gute Motivation bewirken sie das Gegenteil. Besonders Wissenschaft und Technologie können, statt Nutzen zu bringen, zunehmend Angst erzeugen, und es droht globale Zerstörung, wenn sie nicht mit guter Motivation gehandhabt werden. Ein Denken, das in heilender Hinwendung gründet, ist für die Menschheit lebenswichtig.

Blickt man heutzutage tiefer in die Gesellschaft hinein, so sieht man, daß die Menschen gar nicht so glücklich sind, wie es auf den ersten Blick scheint. Wenn ich zum Beispiel in einem neuen Land ankomme, ist mein Eindruck zunächst sehr positiv. Treffe ich mit neuen Menschen zusammen, so ist es erfreulich, denn ich höre keine Klagen. Aber dann höre ich Tag für Tag genauer und erfahre die Probleme der Menschen, und es wird deutlich, daß es überall sehr große Schwierigkeiten gibt. Tief im Menschen ist eine große Unruhe. Auf Grund dieses inneren Gefühls der Unruhe fühlen sich viele isoliert, werden depressiv, haben mentale Beschwerden und werden gemütskrank. Das ist die allgemeine Stimmung. Wahre Gerechtigkeit und Ehrlichkeit sind unmöglich, wenn trügende Gefühle und Hintergedanken in der Tiefe da sind. Anderen helfen zu wollen, wenn man tief im Innern eine ichbezogene Motivation hat, ist letztlich nicht möglich. Wenn Sie sehr schön über Frieden, Liebe, Gerechtigkeit usw. reden können, dies alles aber in dem Moment vergessen, wenn Sie wirklich betroffen sind, und nun statt dessen andere unterdrücken oder sogar Krieg anstiften, so ist das ein klares Zeichen dafür, daß etwas nicht in Ordnung ist.

Diese gestörte Atmosphäre ist unsere gegenwärtige Wirklichkeit. Es ist traurig, aber das ist die Wirklichkeit. Man könnte meinen, daß das Gegenteil davon, die innere Wandlung, von der ich eben gesprochen habe, ein rein idealistischer Gedanke ist, der überhaupt nichts mit unserer Situation hier in der Welt zu tun hat. Mein Eindruck aber ist: Wenn die gegenwärtige Atmosphäre, in der alles an Geld und Macht hängt, während der eigentliche Wert – die Liebe – vernachlässigt wird, anhält, wenn die menschliche Gesellschaft Werte wie Gerechtigkeit, heilende Hinwendung und Ehrlichkeit verlernt, dann werden wir in der nächsten Generation oder noch weiter in der Zukunft viel größere Schwierigkeiten und ein noch unglaublich größeres Leid bewältigen müssen. Obwohl es also schwierig sein mag, inneren Wandel herbeizuführen, ist es unbedingt den Versuch wert. Das ist mein fester Glaube. Wichtig ist, daß wir unser Bestes geben. Ob uns Gelingen beschieden sein wird oder nicht, ist eine andere Frage. Selbst wenn wir nicht erreichen können, was wir in diesem Leben zu erlangen trachten, ist es gut. Wir haben dann wenigstens den Versuch gewagt, eine bessere menschliche Gesellschaft auf der Grundlage der Liebe – wahrer Liebe – und weniger Selbstsucht zu errichten.

Wir müssen uns täglich um die nächstliegenden Probleme kümmern, aber gleichzeitig müssen wir den Langzeiteffekt für die Menschheit bedenken. Ein Beispiel: Unser gesamter physischer Organismus muß gesund und stark sein, denn mit einer guten gesundheitlichen Kondition ist man für leichtere Krankheiten nicht so anfällig, und selbst wenn man krank wird, wird man schneller geheilt. Die menschliche Gesellschaft ist ähnlich. Wenn wir uns als »Realisten« hundertprozentig auf den kurzzeitigen Nutzen unseres Handelns konzentrieren, so ist das, als wäre man krank und würde nur zur Tablette greifen. Verwendet man aber mehr Gedanken und Diskussionen auf die langzeitigen Wirkungen und die Zukunft der Menschheit, ist das so, als würde man für einen stabilen und gesunden Organismus trainieren. Kurz- und langzeitige Behandlung von Problemen müssen wir miteinander verbinden.

Während der letzten Jahre habe ich die Weltprobleme, einschließlich unserer eigenen tibetischen Situation, beobachtet. Ich habe darüber nachgedacht und Menschen aus ganz unterschiedlichen Lebensbereichen und den verschiedensten Ländern getroffen. Im Grunde sind sie alle gleich. Ich komme aus dem Osten; die meisten von Ihnen hier stammen aus dem Westen. Oberflächlich betrachtet unterscheiden wir uns; und wenn ich diese Ebene betone, wächst zwischen uns die Distanz. Wenn ich Sie aber als Menschen ansehe, so wie mich selbst, mit einer Nase, zwei Augen usw., schwindet die Distanz von allein. Wir sind ein Fleisch und Blut. Ich wünsche mir Glück, Sie wünschen sich auch Glück. Auf der Grundlage dieser gegenseitigen Anerkennung können wir Achtung und wirkliches Vertrauen zueinander aufbauen. Daraus können Zusammenarbeit und Harmonie erwachsen. Und das ermöglicht uns, viele Schwierigkeiten auszuräumen.

In der gegenwärtigen Welt sind wir nicht bloß von Nation zu Nation, sondern auch von Kontinent zu Kontinent mehr als zuvor voneinander abhängig. Deshalb ist es nötig, daß wir echte Zusammenarbeit mit guter Motivation entwickeln, denn dann können viele Probleme gelöst werden. Dazu brauchen wir gute Beziehungen – von Herz zu Herz und von Mensch zu Mensch. Alles aber hängt von der guten Motivation ab.

Die lichthafte Natur des Geistes

Claremont College

WIR ALLE STEHEN vor der notwendigen Aufgabe, uns mit guten inneren Einstellungen vertraut zu machen und diese Einstellungen einzuüben, aber unser Gewöhntsein an schlechte Emotionen wie Haß hindert uns daran. Deshalb müssen wir die verschiedenen Formen der leidverursachenden Emotionen erkennen und lernen, sie auf der Stelle zu kontrollieren. Gewöhnt man sich allmählich daran, schlechte innere Einstellungen zu kontrollieren, wird selbst jemand, der früher sehr schnell ärgerlich wurde, nach jahrelanger Übung ruhig reagieren.

Viele Leute fürchten, ihre Unabhängigkeit zu verlieren, wenn sie ihrem Bewußtsein nicht freien Lauf lassen können, wenn sie sich also unter Kontrolle bringen sollen. Das ist aber keineswegs so. Verlaufen die Bewußtseinsaktivitäten nämlich in rechten Bahnen, so hat man bereits Unabhängigkeit, gehen sie aber in eine falsche Richtung, muß man sie kontrollieren lernen.

Ist es möglich, sich von den leidverursachenden Emotionen vollständig zu befreien, oder können sie nur unterdrückt werden? Nach buddhistischer Ansicht ist die Natur des Geistes gemäß der relativen Betrachtungsweise das, was wir »Klares Licht« nennen. Das bedeutet, daß die Verunreinigungen nicht das Wesen des Geistes betreffen, sondern kontingent, zeitlich gebunden und darum auslöschbar sind. Vom letztgültigen Standpunkt her gesehen ist die Natur des Geistes Leere in bezug auf seine eigene inhärente Existenz.

Wären leidverursachende Emotionen wie etwa Haß in der Natur des Geistes angesiedelt, würde der Geist beständig voller Haß sein, da dies ja sein Wesen wäre. Offensichtlich werden wir aber nur unter bestimmten Bedingungen ärgerlich; fallen diese fort, entsteht auch kein Zorn. Dies deutet darauf hin, daß Haß und Geist verschiedener Natur sind, selbst wenn gilt, daß beide in einem tieferen Sinn Bewußtseinsprozesse sind, denen wesensmäßig Lichthaftigkeit und Erkenntnis zukommen.

Welche Umstände führen nun dazu, daß Haß entsteht? Haß entsteht, weil wir unsere Empfindungen von Ungenügen oder Übel auf die Erscheinungen der Wirklichkeit projizieren, die aber nicht dem entsprechen, was wirklich vorhanden ist. Auf dieser Grundlage entwickeln wir Ärger über das, was der Erfüllung unserer Begierden im Wege steht. Deshalb ist die Annahme, Haß sei dem Geist inhärent, nicht gültig. Die Natur des Geistes als Liebe zu begreifen, hat hingegen eine gültige Grundlage. Liegt eine unbegründete Haltung mit einer begründeten für längere Zeit im Wettstreit, wird schließlich die begründete den Sieg davontragen.

Daraus folgt, daß schlechte innere Einstellungen allmählich verschwinden werden, wenn man sich nur beständig in guten Einstellungen übt, die ja begründbar sind. Treibt man zum Beispiel Sport, sagen wir Weitsprung, ist die Grundlage für diese Tätigkeit der grobstoffliche Körper, und dieser setzt der möglichen Weite des Sprungs eine Grenze. Ist die Grundlage des Trainings hingegen der Geist, der ja eine Wesenheit von Lichthaftigkeit und Erkenntnis ist, so ist es durch ständige Übung möglich, heilsame Haltungen und Einstellungen in unbegrenztem Maße zu entwickeln.

Wir alle wissen, daß sich das Bewußtsein vieler Dinge erinnern kann. Nimmt das Bewußtsein einen Eindruck nach dem anderen aufmerksam wahr, kann man das Gedächtnis quantitativ stark vergrößern. Heutzutage scheinen wir darin keine großen Meister zu sein. Das liegt daran, daß wir uns nur der niederen Bewußtseinsebenen bedienen. Würden wir die subtileren Bewußtseinsebenen aktivieren, könnten wir viel mehr Eindrücke im Gedächtnis speichern.

Qualitäten, die vom Bewußtsein abhängen, können unbegrenzt vermehrt werden. In dem Maße, wie wir die gegenpoligen Einstellungen zu den leidverursachenden Emotionen entwickeln, werden die schlechten Lebenshaltungen abnehmen und schließlich ganz und gar verschwinden. Deshalb wird gesagt, daß wir alle die fundamentalen Eigenschaften haben, die zur Erlangung der Buddhaschaft notwendig sind, da unser Geist im Wesen reine Lichthaftigkeit und Erkenntnis ist.

Ein grundlegender buddhistischer Lehrsatz ist der, daß in Abhängigkeit von der Natur des Geistes – Lichthaftigkeit und Erkenntnis – der Geist letztlich alles erkennen kann. Dieses philosophische Argument stützt die These, daß gute Einstellungen unbegrenzt vermehrt werden können.

Für den täglichen Lebensvollzug ist es sinnvoll, das Wesen des Geistes zu ergründen und sich darauf zu konzentrieren. Das ist schwierig, weil der Geist gleichsam von unseren begrifflichen Vorstellungen verdeckt wird. Deshalb muß man zunächst aufhören, unablässig an das Vergangene zu denken und über die Zukunft zu spekulieren; lassen Sie den Bewußtseinsstrom dahinfließen, ohne begriffliche Vorstellungen zu formen. Lassen Sie das Bewußtsein in seinem natürlichen Grund ruhen, und beobachten Sie es. Am Anfang, wenn für Sie diese Übung noch ungewohnt ist, wird es Ihnen schwierig erscheinen, aber nach einiger Zeit erscheint der Geist so klar wie reines Wasser. Verweilen Sie in diesem ursprünglichen Geisteszustand, ohne daß Sie das Entstehen von Vorstellungen zulassen.

Der frühe Morgen eignet sich am besten für diese Meditation, wenn das Bewußtsein noch wach und klar ist, während die Sinne noch nicht vollständig arbeiten. Man sollte am Abend zuvor nicht zuviel Speisen zu sich genommen und auch nicht zu lange geschlafen haben, da dann das Bewußtsein am folgenden Morgen klarer und schärfer ist. Allmählich wird das Bewußtsein an Stabilität gewinnen; Achtsamkeit und Gedächtnis werden immer klarer.

Beobachten Sie, ob diese Übung das Bewußtsein für den Tag wacher macht. Als vorübergehende Wirkung werden sich Ihre Gedanken beruhigen. Mit der Verbesserung Ihres Gedächtnisses können Sie allmählich auch die Fähigkeit zum Hellsehen entwickeln, die auf erhöhter Achtsamkeit beruht. Dieses wachere und schärfere Bewußtsein können Sie in allen Lebensbereichen anwenden, und das ist gewiß eine positive, nachhaltige Wirkung dieser Übungen.

Wenn Sie sich daran gewöhnen, täglich wenigstens für kurze Zeit Meditation zu üben, in der Sie das zerstreute Bewußtsein nach innen lenken und sammeln, ist das schon sehr hilfreich. Die begrifflich denkenden Bewußtseinskräfte, die alles in schlechte und gute Dinge einteilen, kommen dann zur Ruhe. Damit verschaffen wir uns etwas Erholung, um uns auf das auszurichten, was jenseits unserer begrifflichen Vorstellungen liegt.

Die Vier Edlen Wahrheiten

Universität Washington

ALLE RELIGIONEN HABEN DIESELBE MOTIVATION von Liebe und heilender Hinwendung. Obwohl es im philosophischen Bereich oft erhebliche Unterschiede gibt, ist das grundlegende Ziel, jene Motivation zu intensivieren, mehr oder weniger gleich. Dennoch hat jeder Glaube seine besonderen Methoden und Wege. Obwohl unsere Kulturen historisch gesehen sehr verschieden sind, kommen unsere Systeme einander immer näher, da die Welt auf Grund besserer Kommunikationsmöglichkeiten kleiner und kleiner wird. Dies gibt uns gute Gelegenheiten, voneinander zu lernen. Und das, so meine ich, ist sehr nützlich.

Das Christentum zum Beispiel kennt viele praktische Wege, die im Dienst an der Menschheit großen Segen bringen, insbesondere auf dem Gebiet von Erziehungs- und Gesundheitswesen. Wir Buddhisten können davon sehr viel lernen. Gleichzeitig gibt es buddhistische Lehren über tiefe Meditation und philosophisches Denken, aus denen Christen Gewinn ziehen können. Auch im alten Indien lernten ja Hindus und Buddhisten in vielfältiger Weise voneinander.

Da die Religionen im Grunde das gleiche Ziel haben, nämlich, für die Menschheit Segen zu bringen, kann es nicht falsch sein, voneinander zu lernen; und obendrein hilft dieser Prozeß bei der Herausbildung gegenseitiger Achtung und fördert dadurch Harmonie und Frieden. Aus diesem Grunde möchte ich nun über verschiedene buddhistische Lehren sprechen.

Wurzel des buddhistischen Denkens sind die Vier Edlen Wahrheiten – das wirkliche Leiden, seine Ursachen, seine Beendigung und der dafür zu beschreitende Weg. Die Vier Wahrheiten gliedern sich in zwei Gruppen von Ursache und Wirkung: die Leiden und ihre Quellen; die Beendigung des Leidens und den Weg dazu. *Leiden* ist wie eine Krankheit. Die äußeren und inneren Bedingungen, die jene Krankheit hervorbringen, sind die Ursachen des Leidens. Der Heilungsprozeß ist die Beendigung des Leidens und seiner Ursachen. Die Heilmethode (Medizin) ist der wahre Weg.

Der Grund für diese Reihenfolge, daß nämlich die Wirkungen, Leiden und seine Beendigung vor den Ursachen des Leidens und dem Weg stehen, ist dieser: Am Anfang muß man die Krankheit erkennen und als solche bestimmen. Das ist die erste der Vier Edlen Wahrheiten. Zweitens ist es notwendig, die Ursachen der Krankheit zu erkennen, damit man die richtige Medizin einnehmen kann. Deshalb ist die zweite der Edlen Wahrheiten die Frage nach Ursachen oder Quellen des Leidens. Nun wäre es aber ungenügend, bei der Benennung der Ursachen stehenzubleiben, sondern man muß vielmehr ergründen, ob es möglich ist, die Krankheit zu heilen. Das Wissen um die Möglichkeit der Heilung ist vergleichbar mit der dritten Ebene der wirklichen Überwindung des Leidens und seiner Ursachen. Damit ist das unerwünschte Leiden erkannt, und seine Ursachen sind bestimmt. Hat man einmal verstanden, daß die Krankheit heilbar ist, kann man Medizin als Mittel zur Beseitigung der Krankheit nehmen. In gleicher Weise soll man dem geistigen Weg zutrauen, daß er zur Freiheit vom Leiden führen kann.

Zu Beginn ist es von höchster Bedeutung, das Leiden als solches zu erkennen. Wir unterscheiden im allgemeinen drei Grundformen des Leidens: Das Leiden des Schmerzes ist das, was wir gewöhnlich als körperliches oder psychisches Leiden bezeichnen, zum Beispiel Kopfschmerzen. Nicht nur Menschen, sondern auch die Tiere kennen den Wunsch, von diesem Leiden befreit zu sein. Es gibt Mittel, diese Art von Leiden zu lindern oder zu vermeiden: Man nimmt Medizin, kleidet sich warm und bemüht sich, den Ursachen des Schmerzes auszuweichen.

Die zweite Form, das Leiden des Wandels, ist das, was wir oberflächlich als Vergnügen empfinden, das aber, schauen wir genauer hin, in Wahrheit Leiden ist. Nehmen wir als Beispiel etwas, das wir normalerweise als Vergnügen betrachten, wie den Kauf eines neuen Autos. Solange es neu ist, empfinden wir Glück, sind zufrieden und angetan. Benutzen wir es aber einige Zeit, tauchen Probleme auf. Wäre das Auto in sich selbst eine vergnügliche Sache, müßte das Vergnügen mit zunehmendem Gebrauch der Ursache dieses Vergnügens – des Autos also – wachsen. Aber dem ist nicht so. Je mehr wir das Fahrzeug benutzen, desto größere Schwierigkeiten verursacht es. Deshalb nennt man einen solchen Fall Leiden des Wandels, denn durch Veränderung wird die Natur dieser Form des Leidens offenbar.

Die dritte Form des Leidens ist Grundlage für die anderen beiden, was durch unsere eigenen verunreinigten geistigen und physischen Bedingungen illustriert wird. Es wird als Leiden der allbestimmenden Verursachung von Wiedergeburt bezeichnet, da alle Wesen, die im Kreislauf der Geburten wandern, von ihm betroffen sind, und da es der Grund nicht nur für gegenwärtiges Leiden, sondern auch für zukünftiges ist. Es gibt keine Möglichkeit, dieser Form des Leidens zu entgehen, es sei denn, daß das Kontinuum der Wiedergeburten aufgelöst wird.

Dies sind die drei Formen des Leidens, die man zuerst erkennen muß. Es geht also nicht bloß um *Gefühle*, die wir als leidvoll empfinden, sondern um die äußeren und inneren Erscheinungen, von denen die Entstehung der entsprechenden Gefühle abhängig ist. Die Bewußtseinszustände und geistigen Faktoren, die sie begleiten, werden ebenfalls als leidvoll bezeichnet.

Was sind die Ursachen dieser Leiden? Auf Grund welcher Zustände entsteht Leiden? Es gibt zwei Ursachen: (1) Karma und (2) die leidverursachenden Emotionen; diese beziehen sich auf die zweite der Vier Edlen Wahrheiten, auf die wahren Ursachen des Leidens. Karma oder Handeln betrifft die verunreinigten körperlichen, sprachlichen und geistigen Handlungen. Im Blick auf ihr Wesen oder ihre Natur gibt es drei Arten von Handlungen: tugendhafte, lasterhafte und neutrale. Tugendhaft sind Handlungen dann, wenn sie erfreuliche oder gute Wirkungen haben. Lasterhaft sind sie, wenn sie schmerzverursachende oder schlechte Wirkungen zeitigen.

Die drei grundlegenden leidverursachenden Emotionen sind Unwissenheit, Begierde und Haß. Sie verursachen eine Reihe anderer Leidenschaften wie etwa Eifersucht und Feindseligkeit. Um die Karmas oder Handlungen, die ja Quelle des Leidens sind, auszulöschen, muß man diese ursächlichen Leidenschaften überwinden. Deshalb sind die leidverursachenden Emotionen und nicht die Karmas letztlich Hauptursache des Leidens.

Fragt man danach, ob die leidverursachenden Emotionen überwunden werden können oder nicht, befaßt man sich mit der dritten der Edlen Wahrheiten, der Beendigung des Leidens. Wären die leidverursachenden Emotionen in der Natur des Geistes begründet, könnte man sie nicht überwinden. Würde etwa das Hassen in der Natur des Geistes liegen, wären wir voller Haß, solange wir bewußte Wesen sind, aber das ist offensichtlich nicht der Fall. Dasselbe gilt in bezug auf unser Verhaftet-Sein. Also können wir schlußfolgern, daß das Wesen des Geistes bzw. des Bewußtseins durch jene Faktoren nicht verunreinigt ist. Deshalb können die Verunreinigungen von der Geistnatur abgetrennt und beseitigt werden.

Es ist offenkundig, daß unsere guten inneren Einstellungen und die schlechten inneren Einstellungen einander ausschließen. So können etwa in derselben Person Liebe und Ärger nicht gleichzeitig entstehen. Ist man wegen einer Sache ärgerlich, kann man nicht gleichzeitig und in bezug auf dieselbe Sache Liebe empfinden, und ähnlich, wenn man etwas liebt, kann man nicht gleichzeitig hinsichtlich desselben Objekts Ärger empfinden. Dies bedeutet, daß beide Bewußtseinszustände einander ausschließen. Demzufolge muß die eine Art der inneren Einstellungen um so schwächer werden, je mehr man die andere einübt und pflegt. Aus diesem Grund verschwindet die schlechte Seite automatisch, wenn man heilende Hinwendung und Liebe übt.

Damit ist bewiesen, daß die Ursachen des Leidens schrittweise beseitigt werden können. Die völlige Ausschaltung der Ursachen bedeutet das Ende des Leidens. Das ist die endgültige Befreiung –

wirklicher, ewiger Friede, Heil. Es ist dies die dritte der Vier Edlen Wahrheiten.

Auf welchen Weg soll man sich begeben, um das Leid überwinden zu können? Da das Übel hauptsächlich vom Bewußtsein kommt, müssen die Mittel zur Überwindung des Übels in den betreffenden Bewußtseinszuständen gesucht werden. Man muß die wirklichen Existenzbedingungen aller Erscheinungen erkennen, am wichtigsten ist es aber, die letztgültige Wirklichkeit des Geistes zu erfassen.

Zuerst muß man dabei erneut die Natur des Geistes, so wie sie ist, auf völlig nicht-dualistische Weise direkt erfahren. Dies wird als Weg des Sehens bezeichnet. Dann, im nächsten Schritt, soll man mit dieser Einsicht vertraut werden und sich darin üben. Dies wird als Weg der Meditation bezeichnet. Noch vor diesen zwei Stadien muß man eine dualistische meditative Stabilisierung üben und erreichen, die durch die Vereinigung vom stetigen Ruhen des Bewußtseins in einem Punkt *[śamatha]* und besonders tiefer Einsicht *[vipaśyanā]* entsteht. Dies sind die Ebenen des Weges, die vierte Edle Wahrheit, die zur Verwirklichung der dritten Edlen Wahrheit erforderlich sind. Diese Beendigungen des Leidens sind Stadien, in denen der Inhalt der ersten beiden Edlen Wahrheiten – Leiden und seine Ursachen – nicht mehr existiert. Die vier Wahrheiten sind die Grundstruktur buddhistischen Denkens und buddhistischer Praxis.

Frage: Zumindest oberflächlich scheint es einen Unterschied zwischen dem buddhistischen Prinzip, Begierde auszulöschen, und der westlichen Betonung eines Ziels im Leben zu geben, wobei der westliche Standpunkt einschließt, daß Verlangen in diesem Sinne gut ist.
Antwort: Es gibt zwei Arten von Begierde: Eine Art ist vernunftlos und mit den leidverursachenden Emotionen vermischt. Die andere Art besteht darin, das Gute zu bedenken und danach zu streben. Diese zweite Art des Verlangens ist recht, und in diesem Sinne läßt sich der spirituell Übende auf seine Praxis ein. Ähnlich ist auch das Streben nach materiellem Fortschritt gut und recht, wenn es auf das Ziel ausgerichtet ist, der Menschheit zu dienen.

Karma

Brown-Universität

FREUDE UND SCHMERZ werden durch unsere eigenen früher begangenen Handlungen *(karman)* verursacht. So kann Karma ohne Schwierigkeiten in einem kurzen Satz erklärt werden: Handeln wir gut, wird alles gut werden, und handeln wir schlecht, werden wir leiden müssen.

Karma bedeutet Handlung. Hinsichtlich des Modus der Handlungen können körperliche, verbale und mentale Handlungen unterschieden werden. Hinsichtlich ihrer Wirkungen sind Handlungen entweder tugendhaft, lasterhaft oder neutral. Im Hinblick auf die Zeit unterscheiden wir zwei Typen von Handlungen: intentionale Handlungen, die sich ereignen, während man sich vornimmt, etwas zu tun, und die intendierten Handlungen, die Ausdruck dieser mentalen Motivationen im physischen und verbalen Bereich sind.

Ich spreche jetzt zum Beispiel auf Grund einer ganz bestimmten Motivation, und dabei sammle ich verbale Handlung oder Karma an. Mit Gesten, die meine Sprache begleiten, häufe ich auch physisches Karma an. Ob diese Handlungen gut oder schlecht sind, hängt im wesentlichen von meiner Motivation ab. Spreche ich mit einer guten Motivation, die in Ehrlichkeit, Achtung und Liebe für andere gründet, sind meine Handlungen gut bzw. tugendhaft. Spreche ich mit einer Motivation, die in Stolz, Haß oder gehässiger Kritik an anderen usw. gründet, werden meine verbalen und physischen Handlungen lasterhaft sein.

In jedem Augenblick häufen wir Karmas an. Spricht man mit einer guten Motivation, wird als unmittelbares Resultat eine freundliche Atmosphäre erzeugt; gleichzeitig schafft diese Handlung aber auch einen Eindruck im eigenen Bewußtsein und schafft damit die Voraussetzung für Freude in der Zukunft. Bei schlechter Motivation wird unmittelbar eine feindselige Atmosphäre erzeugt, und für den Sprecher ist damit die Saat für zukünftigen Schmerz gesät.

Die Lehre des Buddha ist, daß ich mein eigener Meister bin und alles von mir selbst abhängt. Dies bedeutet, daß Freude und Schmerz aus unseren eigenen tugendhaften oder lasterhaften Handlungen erwachsen, also nicht von außen, sondern von innen kommen. Diese Theorie ist im täglichen Lebensvollzug von großem Nutzen, denn sind wir einmal zu der Einsicht gekommen, daß zwischen einer Handlung und ihrer Wirkung ein Zusammenhang besteht, werden wir beständig auf der Hut sein und uns selbst kontrollieren, ganz gleich, ob wir beobachtet werden oder nicht. Stellen Sie sich zum Beispiel vor, hier läge Geld oder ein kostbarer Edelstein und es sei niemand in der Nähe. Sie könnten es ohne Schwierigkeiten nehmen. Glauben Sie jedoch an die Lehre vom Karma, so werden Sie dieser Versuchung widerstehen, denn die ganze Verantwortung für die eigene Zukunft liegt ja auf Ihnen selbst.

In modernen Gesellschaften gelingt es einigen Menschen trotz hochspezialisierter Polizeiapparate immer wieder, terroristische Gewalttaten auszuüben. Obwohl die eine Seite über alle Technik verfügt, um die andere Seite zu beobachten und Täter aufzuspüren, sind diese immer noch raffinierter, Schwierigkeiten zu erzeugen und Schrecken zu verbreiten. Die einzig wirkungsvolle Kontrolle kommt von innen; sie besteht in der Einsicht in die Verantwortung für die eigene Zukunft und in dem uneigennützigen Streben für das Wohlergehen der anderen. Praktisch gesehen ist Selbstkontrolle die beste Kontrolle gegen Kriminalität. Denn durch inneren Wandel können Verbrechen gestoppt und kann Frieden in die Gesellschaft gebracht werden. Selbstprüfung ist äußerst wichtig, und so hat die buddhistische Theorie der Selbstverantwortung einen praktischen Nutzen, indem sie uns Selbstprüfung und Selbstkontrolle im Blick auf die eigenen Interessen und die der anderen auferlegt.

Hinsichtlich der Wirkungen von Handlungen werden viele verschiedene Typen unterschieden. Eine Form wird »Wirkungen, die Früchte sind« genannt. Wird zum Beispiel jemand auf Grund lasterhafter Handlungen als Tier wiedergeboren, so ist diese Wiedergeburt Wirkung von Handlungen in einem früheren Leben, d. h. die betreffende Frucht, die in dem anderen Leben gereift ist. Eine andere Form ist die »Wirkung, die in bezug auf die Erfahrung der Ursache ähnlich ist«. Erleidet jemand zum Beispiel auf Grund eines Mordes eine schlechte Wiedergeburt und würde danach als Mensch wiedergeboren werden, so hätte er nur ein kurzes Leben, wobei die Wirkung »kurzes Leben« in bezug auf die Ursache »jemandes Leben verkürzen« ähnlich ist. Eine andere Form ist eine »Wirkung, die funktional ihrer Ursache ähnlich ist«. Ein Beispiel dafür wäre die natürliche Veranlagung zu denselben lasterhaften Handlungen, wie etwa Mordgelüste.

Diese Beispiele können analog auch auf die Tugenden angewendet werden. Es gibt auch Handlungen, deren Wirkung von mehreren Menschen geteilt wird: Viele Wesen haben unter ähnlichen Umständen ähnlich gehandelt und sind darum den Wirkungen der Handlungen in ähnlicher Weise ausgesetzt – so etwa, wenn sie sich beispielsweise einer schönen natürlichen Umwelt gemeinsam erfreuen.

Das Entscheidende ist jedoch, daß solche Darstellungen der buddhistischen Handlungstheorie einen positiven Beitrag zur Entwicklung der menschlichen Gesellschaft leisten können. Es ist meine Hoffnung, daß wir – ob wir nun religiös sind oder nicht – die Systeme der anderen studieren, um hilfreiche Ideen und Praktiken zur Verbesserung des Schicksals der Menschheit zu lernen.

Das Heilmittel der Weisheit und heilenden Hinwendung

Gesellschaft für Zen-Studien, New York

Buddham śaraṇam gacchami
Dharmam śaraṇam gacchami
Saṁgham śaraṇam gacchami

»ICH NEHME ZUFLUCHT BEIM BUDDHA, dem Dharma und der Gemeinschaft.« Die Melodie ist von der tibetischen verschieden, aber der Inhalt ist gleich und zeigt, daß wir alle Schüler desselben Meisters sind, des Buddha. Diejenigen, die diese Gebete singen, glauben an die buddhistischen Lehren, aber ich kann nicht sagen, daß der Buddhismus die beste Religion für jeden Menschen sei. So wie unterschiedliche Menschen auch an sehr verschiedenen Dingen Gefallen finden, sind auch die verschiedenen Religionen für unterschiedliche Menschen geeignet. Bei Krankheiten werden sehr verschiedene Heilmittel verordnet, und eine Medizin, die in einer Situation gut ist, kann in einer anderen ungeeignet sein. So kann ich vom Buddhismus nicht einfach sagen: »*Dieses* Heilmittel ist das beste.«

Die buddhistischen Lehren sind nicht nur außerordentlich tiefsinnig, sondern auch sehr vielfältig. Es wird gesagt, Buddhismus sei keine Religion, sondern eine Wissenschaft vom Bewußtsein; manche behaupten sogar, daß Buddhisten Atheisten seien. Wie dem auch sei, der Buddhismus ist eine rationale, tiefe, wohldurchdachte Methode für das menschliche Leben. Er betont nicht das Äußerliche, sondern lehrt persönliche Verantwortung für die innere Entwicklung. Der Buddha lehrte: »Du bist dein eigener Meister, die Dinge hängen von dir ab. Ich bin ein Lehrer und kann dir wie der Arzt wirksame Heilmittel verabreichen, aber du mußt sie selbst einnehmen und dich um das Weitere kümmern.«

Wer ist Buddha? Buddha ist ein Wesen, das vollkommene Reinigung des Bewußtseins, der Rede und des Leibes erlangt hat. In bestimmten Schriften gilt der Geist Buddhas, der Dharmakāya oder der Wahrheits-Körper, als der Buddha. Buddhas Rede oder innere Energie kann als Dharma verstanden werden, als die Lehre. Buddhas körperliche Form kann als Saṁgha, die spirituelle Gemeinschaft, verstanden werden. So sind wir wieder bei den drei Juwelen – Buddha, Lehre und geistige Gemeinschaft.

Ist solch ein Buddha verursacht, oder ist er ohne Ursache? Er ist verursacht. Ist Buddha von Dauer? Ist der individuelle Buddha Śākyamuni ewig? Nein. Ursprünglich war Buddha Śākyamuni ein gewöhnlicher Mensch, Siddhartha, von Verblendung geplagt und in schädliche Gedanken und Handlungen verstrickt – ein Mensch wie wir selbst. Mit Hilfe bestimmter Lehren jedoch ging er den Weg der Läuterung. Und schließlich wurde er erleuchtet.

Durch den gleichen kausalen Prozeß können auch wir zur vollkommenen Erleuchtung gelangen. Es gibt viele verschiedene Bewußtseinsebenen, die subtilste von allen ist die tiefe Ebene der Buddha-Natur; in ihr ruht der Same für die Buddhaschaft. Alle Wesen haben im Grunde ihrer selbst diese subtile Geistenergie. Durch die Praxis tiefer Meditation und tugendhaften Handelns kann sie allmählich in reine Buddhaschaft transformiert werden. Unsere Situation ist sehr hoffnungsvoll: Der Same der Befreiung liegt bereits in uns.

Um gute Schüler des Buddha zu sein, müssen wir vor allem heilende Hinwendung und Ehrlichkeit üben. Indem wir anderen gegenüber freundlich gesinnt sind, lernen wir, weniger selbstsüchtig zu sein; indem wir am Leid anderer Anteil nehmen, wird uns das Wohlergehen aller Wesen immer wichtiger. Dies ist die grundlegende Lehre. Um sie zu verwirklichen, üben wir tiefe Meditation und kultivieren Weisheit, und in dem Maße, wie sich die Weisheit in uns herausbildet, wird auch unser ethisches Bewußtsein zunehmen.

Der Buddha hat immer ein Gleichgewicht von Weisheit und heilender Hinwendung gepredigt, ein klarer Verstand und ein liebevolles Herz sollten zusammenarbeiten. Würden wir nur dem Intellekt Bedeutung beimessen und das Herz dabei vergessen, entstünden nur noch größere Probleme und Leiden in der Welt. Würden wir aber auf der anderen Seite nur das Herz sprechen lassen und den Verstand ignorieren, würde der Unterschied zwischen dem Menschlichen und dem Animalischen verwischt werden. Beide sind im Gleichgewicht zu entwickeln. Gelingt dies, wird es möglich sein, materiellen Fortschritt mit einer guten spirituellen Entwicklung zu verbinden. Sind Herz und Verstand in Harmonie, so wird eine wahrhaft friedvolle und freundliche Menschheitsfamilie heranwachsen.

Frage: Was bedeutet *dharma*?
Antwort: Dharma ist ein Sanskritwort und bedeutet »halten«. In einem ganz weit gespannten Rahmen kann sich dieses Wort auf alle Phänomene beziehen, denn jede Erscheinung hält ihr eigenes Wesen in sich. In diesem Zusammenhang jedoch, in dem wir von *dharma* und der Welt sprechen, bezieht sich *dharma* auf jede Praxis, durch die eine Person, die *dharma* in sich trägt, von einem spezifischen Schrecken zurückge*halten* wird. Dieses Zurückhalten kann Schutz vor Leiden gewähren, die Wirkungen sind, oder vor den Ursachen dieser Leiden, d. h. den leidverursachenden Emotionen. Wir versuchen, das Bewußtsein unter Kontrolle zu bringen, und diejenigen Praktiken, durch die wir das Bewußtsein kontrollieren können, bezeichnet man als *dharma*. Sie halten den Menschen vorübergehend von Furcht zurück, und auch auf längere Sicht wirken sie so, daß sie vor angsterfüllten und schlechten Situationen bewahren, die eintreten, wenn leidverursachende Emotionen in uns wirken.

Uneigennützigkeit und die Sechs Vollkommenheiten

Trinitatiskirche Boston

MEHR ALS JEDE ANDERE TUGEND betont der Buddhismus Uneigennützigkeit, die in Liebe und heilender Hinwendung Ausdruck findet. Heilende Hinwendung ist wichtig, ob man nun gläubig ist oder nicht, denn jeder fühlt und erlebt die Bedeutung der Liebe. Als kleine Kinder sind wir alle auf die Güte unserer Eltern angewiesen, ohne die es schwierig wäre zu überleben. Auch im hohen Alter werden wir wieder von der Güte und Hilfe anderer abhängig. Zwischen diesen beiden Polen – Kindheit und Alter – sind wir relativ unabhängig. Dies gibt uns das Gefühl, daß wir, da wir nicht auf die Hilfe anderer angewiesen sind, auch nicht für das Wohl anderer Sorge tragen müssen. Das ist falsch.

Menschen, die heilende Hinwendung praktizieren, sind innerlich viel glücklicher, viel ruhiger und friedvoller, und dieses Gefühl wird von den anderen erwidert. Ärger macht wahren Frieden, Freundschaft und Vertrauen unmöglich, nur durch Liebe können wir Verständnis, Eintracht, Freundschaft und Harmonie entwikkeln. Darum sind Güte und heilende Hinwendung das Wichtigste, besonders wertvoll und kostbar.

Wir Menschen haben ein hochentwickeltes Gehirn, das uns in die Lage versetzt, materiellen Fortschritt zu erreichen. Doch nur, wenn wir die äußere Entwicklung mit der inneren Entwicklung in Einklang bringen, können wir das Materielle in richtiger Weise nutzen, können wir den Fortschritt genießen, ohne die menschlichen Werte zu verraten.

Weil heilende Hinwendung und Uneigennützigkeit so wichtig sind, werde ich auf dem Hintergrund der buddhistischen Lehren erklären, wie sie praktiziert werden können.

Die gute innere Einstellung, von der hier die Rede ist, drückt sich darin aus, daß ich mich in einer Situation, wo ich vor die Wahl zwischen meinem eigenen Wohl und dem der anderen gestellt bin, für das Wohlergehen der anderen entscheide. Dieses liebevolle Sorgen um die Interessen anderer, während man eigene Interessen zurückstellt, kann nicht sofort gelernt werden, es muß geübt werden. Im Buddhismus gibt es zwei wesentliche Techniken, um solch eine altruistische Haltung zu erlernen. Die eine wird die Angleichung und der Austausch zwischen mir selbst und den anderen genannt, die andere heißt Siebenfache Grundlegende Instruktionen über Ursache und Wirkung. Nur für letztere ist die Theorie der Reinkarnation notwendig. Da ich die erste andernorts (S. 36f.) erläutert habe, möchte ich heute über die Grundlegenden Instruktionen über Ursache und Wirkung sprechen.

Um das Glück und das Wohlergehen anderer wirklich zu wollen, brauche ich eine besondere altruistische Haltung, durch die ich befähigt werde, die Bürde auf mich zu nehmen, anderen zu helfen. Solch eine ungewöhnliche Haltung erreiche ich nur durch heilende Hinwendung, indem ich mich um das Leiden anderer kümmere und etwas zu seiner Überwindung tue. Um aber diese außerordentliche Kraft der heilenden Hinwendung zu erreichen, brauche ich zuallererst ein liebendes Herz, das unter dem Eindruck der leidenden Lebewesen wünscht, daß alle glücklich sind, das in jedem das Gute sieht und jedem Glück wünscht, so wie es eine Mutter für ihr einziges geliebtes Kind tut.

Um mich nun aber in dieser Weise mit den anderen verbunden fühlen zu können, muß ich zuerst üben, ihre Freundlichkeit zu erkennen. Dazu orientiere ich mich an einer Person, die in diesem Leben sehr gut zu mir gewesen ist, und übertrage die empfundene Dankbarkeit auf alle Wesen. Da es normalerweise die Mutter ist, die uns in diesem Leben am nächsten gestanden und die meiste Hilfe geschenkt hat, beginnt die Meditation damit, daß ich alle anderen Lebewesen als meine eigene Mutter erkenne.

Diese Meditationsmethode hat demzufolge sieben Schritte:

1. Alle Lebewesen als die eigene Mutter erkennen
2. Aufmerksam hinsichtlich ihrer Güte werden
3. Die Absicht entwickeln, ihre Güte zurückzustrahlen
4. Liebe
5. Heilende Hinwendung
6. Die ungewöhnliche innere Einstellung
7. Die uneigennützige Absicht, Erleuchtung zu erlangen

Um diese Meditation üben zu können, ist es notwendig, den Prozeß der Wiedergeburt zu durchschauen. Der letztliche Grund dafür, daß es Wiedergeburt gibt, ist der, daß unser Bewußtsein als Wesen reiner Lichthaftigkeit und Erkenntnis von einem früheren Moment des Universalen Bewußtseinskontinuums, d. h. von einem früheren Impuls von Lichthaftigkeit und Erkenntnis, hervorgebracht sein muß. Bewußtsein kann nicht von Materie verursacht sein. Da Bewußtsein von einem früheren Bewußtseinsmoment hervorgebracht wird, kann es keinen Beginn des Bewußtseinskontinuums geben. Das bedeutet, daß die allgemeinste und subtilste Form des Bewußtseins anfangs- und endlos ist. Dies ist die Basis für die Theorie der Wiedergeburt.

Da die Kette der Wiedergeburten also notwendigerweise unendlich ist, hat jedes Wesen irgendwann einmal in derselben Beziehung zu uns gestanden wie unsere jetzige leibliche Mutter. Um sich in der Wiedererinnerung daran üben zu können, muß das Bewußtsein zuerst völlig zur Ruhe gelangen. Man beginnt damit, daß man sich darüber klar wird, daß wir die anderen in drei Kategorien einordnen – Freunde, Feinde und neutrale Wesen. Ihnen gegenüber haben wir drei verschiedene Einstellungen: Begierde, Haß und Gleichgültigkeit. Werden diese drei Einstellungen genährt, ist es unmöglich, eine uneigennützige Handlung zu praktizieren. Darum müssen Begierde, Haß und Gleichgültigkeit neutralisiert werden.

Dazu verhilft das Nachdenken über Wiedergeburt. Da unsere Geburten anfangslos sind, sind sie auch unendlich. So ist es keineswegs sicher, daß unsere jetzigen Freunde in früheren Existenzen immer unsere Freunde waren und daß unsere jetzigen Feinde immer Feinde waren. Selbst in diesem einen Leben sind einstige Gegner später zu Freunden geworden und umgekehrt. Deshalb ist es unsinnig, eine bestimmte Person entweder als Freund oder Feind zu betrachten.

Wenn man in dieser Richtung weiterdenkt und meditiert, werden die falsche Auffassung, daß Personen entweder Freunde oder Feinde sind, sowie das daraus resultierende Entstehen von Begierde und Haß schwächer.

Stellen Sie sich Ihnen gegenüber drei Leute vor: einen Freund, einen Feind und eine neutrale Person. Während Sie beobachten, überlegen Sie, daß es keine Gewißheit gibt, daß jeder von den dreien nur helfen oder nur schaden wird. Es ist wichtig, diese Meditation nicht allgemein, sondern in bezug auf ganz konkrete Personen zu üben, weil sie sonst zu unbestimmt bliebe, um eine Änderung unserer Einstellung zu konkreten Menschen herbeizuführen. Allmählich wird sich ein Gefühl von Gleichmut diesen dreien gegenüber entwickeln, das man mehr und mehr auf andere Wesen ausweiten kann. Nachdem Sie sich diesem Wandel unterzogen haben, erwägen Sie im nächsten Schritt, daß jeder einzelne Mensch im Verlaufe vieler Leben Ihr bester Freund, Vater oder Mutter usw. gewesen ist, da ja die Geburten anfangslos und somit unendlich sind. Durch diese Erkenntnis können Sie eine Haltung entwickeln, in der alle lebenden Wesen als Freunde erscheinen.

Betrachten Sie dann, wieviel Freundlichkeit Sie erfahren haben, als diese Wesen Ihre Eltern waren. Als Mutter und Vater, die gewöhnlich unsere besten Freunde sind, haben sie Sie einst mit ihrer Güte beschützt, gerade so wie es die Eltern in diesem Leben taten. Da es unwesentlich ist, ob die Ihnen entgegengebrachte Freundlichkeit lange zurückliegt oder nicht, haben Ihnen alle Wesen entweder in diesem oder in früheren Leben große Freundlichkeit erwiesen.

Und selbst wenn sie nicht Ihre Eltern gewesen wären, so waren sie doch freundlich zu Ihnen, denn die meisten unserer guten Eigenschaften entwickeln sich in der Begegnung mit anderen Menschen. Wie ich später erläutern werde, kann man die Sechs Vollkommenheiten nur in Verbindung mit anderen lebenden Wesen üben. Ähnlich ist es bei den Prinzipien des allgemeinen ethischen

Verhaltens, die darin bestehen, daß man sich der Zehn Laster enthält – das sind: Töten, Stehlen, geschlechtliches Fehlverhalten, Lüge, die Gemeinschaft spaltende Rede, barscher Umgangston, sinnloses Geschwätz, Habsucht, schädliche Absichten und falsche Anschauungen. All dies hat im wesentlichen auch mit der Beziehung zu anderen Menschen zu tun. Darüber hinaus sind auch alle Annehmlichkeiten dieses Lebens, die wir genießen – wie schöne Häuser, Straßen usw. –, von anderen gebaut.

Wer sich auf den Weg der Erleuchtung begibt, bedarf ebenfalls der anderen. Will man nämlich zur Erleuchtung gelangen, muß man sich in der überaus wichtigen Praxis von Geduld üben. Um aber Geduld zu erlernen, braucht man einen Gegner. So sind auch Gegner äußerst hilfreich.

In einem tieferen Zusammenhang betrachtet, haben Ihnen selbst bittere Feinde große Freundlichkeit erwiesen, obwohl sie Ihnen zu bestimmten Zeiten ausschließlich geschadet haben. Der Grund ist, daß man nur durch einen Gegner echte Toleranz und Geduld lernen kann, während der religiöse Meister oder die geliebten Eltern die Tiefe Ihrer Toleranz kaum auf die Probe stellen können. Erst angesichts dessen, was Ihnen Gegner antun, können Sie wahrhaft innerlich stark werden. So können sogar Feinde innere Stärke, Mut und Entschlossenheit lehren. Und sie können helfen, realistischer zu werden, indem man Ansprüche ablegt.

Wenn wir Uneigennützigkeit üben, dürfen wir die Gegner nicht vernachlässigen, sondern müssen uns ihnen ganz besonders zuwenden. Statt über die Gegner ärgerlich zu sein, sollte man daran denken, ihre Freundlichkeit zu vergelten, denn man sollte jede Freundlichkeit erwidern, die einem erwiesen wird. Täte man das nicht, wäre es unter der menschlichen Würde.

Nachdem man sich der Freundlichkeit anderer bewußt geworden ist, entsteht das Bedürfnis, diese Freundlichkeit zu erwidern. Wie soll man sie aber erwidern? Der nächste Schritt ist, Liebe entstehen zu lassen, die von dem Wunsch begleitet ist, daß alle lebenden Wesen Glück erlangen mögen, daß vor allem diejenigen, die des Glückes beraubt sind, Glück und all seine Ursachen haben mögen. Je mehr man die lebenden Wesen mit Liebe betrachtet, Angenehmes in ihnen entdeckt und sich ihrer liebevoll annimmt, desto vollständiger vollzieht man den nächsten Schritt der heilenden Hinwendung, die sich in dem Wunsch ausdrückt, daß alle frei vom Leiden und seinen Ursachen sein mögen.

Das Erzeugen von Liebe und heilender Hinwendung verlangt einen Wandel der eigenen inneren Haltung. Aber die Wesen, die Objekte dieser Gefühle sind, bleiben dennoch im Leiden. Hat man also Liebe und heilende Hinwendung in sich selbst entwickelt, so muß man im nächsten Schritt diese altruistische Einstellung über den Horizont des eigenen Denkens und Fühlens hinausgehen lassen. Der Gedanke »Wie gut wäre es doch, wenn alle Wesen vom Leiden und seinen Ursachen frei wären und zum Glück und seinen Ursachen gelangten!« ist die Basis für den noch stärkeren geistigen Impuls: »Ich werde mich dafür einsetzen, daß sie vom Leiden und seinen Ursachen befreit und mit Glück und seinen Ursachen beschenkt werden.« Hier entwickelt man die klare Entschlossenheit, solche guten Einstellungen nicht nur im Geist zu erzeugen, sondern Taten folgen zu lassen, durch die jene Wesen wirklich vom Leiden befreit werden.

Diese edle Absicht wird Ihnen den Mut geben, die schwere Last der Verantwortung für das Wohlergehen aller lebenden Wesen auf sich zu nehmen. Wenn Sie diese Geisteskraft haben, werden Entschlußkraft und Mut mit den Schwierigkeiten wachsen, denn Schwierigkeiten fördern Ihre Entschlossenheit.

Nicht nur diejenigen, die eine Religion praktizieren, sondern auch die anderen Menschen brauchen Mut. Das Sprichwort »Wo ein Wille ist, ist auch ein Weg« ist wirklich wahr. Wenn wir in eine schwierige Situation kommen, wird unser Wille oder Mut angefochten. Wir fallen in die Trägheit des Minderwertigkeitskomplexes und denken, daß wir eine so schwierige Aufgabe niemals lösen können. Dieser Willensverlust aber kann uns gerade nicht vor dem Leiden schützen, im Gegenteil. Deshalb ist es wichtig, entsprechend den Schwierigkeitsgraden einer Situation Mut zu entwickeln.

Anderen zu helfen bedeutet nicht nur, Nahrung, Unterkunft und anderes zu gewähren, sondern die wesentlichen Ursachen des Leidens zu beseitigen und Grundlagen für das Glück aufzubauen. So beschränken wir uns auch im gesellschaftlichen Handeln gewöhnlich nicht darauf, Nahrungs- und Kleiderspenden auszuteilen, sondern versuchen, den Bedürftigen eine Ausbildung zu vermitteln, damit sie sich so weit entwickeln können, daß sie sich selbst helfen können. Ähnlich ist es in der Bodhisattvapraxis, wo man den Menschen nicht nur vergängliche materielle Werte gibt, um ihre Armut zu mildern, sondern sie lehrt, damit sie selbst entscheiden können, welcher Praxis sie folgen sollen und was sich in ihrem Verhalten ändern muß.

Um andere darin zu unterrichten, muß man zuerst zwei Dinge genau kennen: die Voraussetzungen und Interessen der Betreffenden sowie die heilsamen Lehren in ihrem vollen Umfang und ohne Verfälschung, die durch Verkürzung und Fehlinterpretation entsteht. Um anderen wirklich zu helfen, müssen Sie viele Ihrer Fähigkeiten entwickeln. Dazu gehört, daß Sie selbst zur Erleuchtung gelangen, weil dadurch alle Hindernisse beseitigt werden, die der ungetrübten Erkenntnis aller Wissensobjekte im Wege stehen.

Für einen Bodhisattva, der anderen zu helfen wünscht, sind unter den Hindernissen auf dem Weg zur Befreiung und zur allumfassenden Erkenntnis die Hindernisse für jene allumfassende Erkenntnis die schlimmeren. Sie sind es, die der Bodhisattva vor allem überwinden muß. Es gibt sogar Fälle, wo sich Bodhisattvas der leidverursachenden Emotionen bedienen, um anderen zu helfen, obwohl sie doch Hindernisse für die Befreiung sind. Weil nun aber die Hindernisse zur allumfassenden Erkenntnis karmisch verursachte Dispositionen sind, die in dem Konzept der inhärenten Existenz der Dinge wurzeln (was das Haupthindernis für die Befreiung ist), muß zuerst das Konzept der inhärenten Existenz überwunden werden. Deshalb muß ein Bodhisattva, der das Wohl anderer vollständig verwirklichen will, sowohl die Hindernisse zur Befreiung als auch die Hindernisse zur allumfassenden Erkenntnis überwinden.

Die vollständige Überwindung der leidverursachenden Hindernisse nennen wir Befreiung. Dies ist der Status eines Feind-Zerstörers *(Arhan, dGra bcom pa)*. Die vollständige Überwindung der Hindernisse zur allumfassenden Erkenntnis nennen wir Buddhaschaft. Dies ist der Status allumfassender Erkenntnis, den wir anstreben, um anderen von größtmöglichem Nutzen sein zu können. Einen Geist, der um anderer Lebewesen willen, also mit uneigennütziger Intention, diese höchste Erleuchtung anstrebt, nennen wir Erleuchtungsgeist *(bodhicitta)*. Die Erzeugung dieser Einstellung ist die letzte der Sieben Grundlegenden Instruktionen über Ursache und Wirkung.

Im Buddhismus gilt diese Haltung als die beste der uneigennützigen Haltungen. Wird dieser Altruismus in konkretes Handeln umgesetzt, bedeutet dies, die Sechs Vollkommenheiten zu üben: Geben, rechtes Verhalten, Geduld, Anstrengung, Konzentration und Weisheit. Man unterscheidet drei Arten des Gebens: das Geben von Mitteln, das Geben des eigenen Körpers und das Geben der Wurzeln der Tugend. Es ist am schwierigsten und zugleich am wichtigsten, die Wurzeln der eigenen Tugend wegzugeben. Hat man ein sehr starkes Gefühl der Hingabe und überträgt anderen die Wurzeln der Tugend, so sucht man für sich selbst überhaupt keinen Lohn mehr. Wer noch sein eigenes Wohl im Auge hat, gibt noch auf gewöhnliche Weise, denn die Hingabe eines Bodhisattvas hat mit Eigeninteresse nichts mehr zu tun.

Wir unterscheiden viele Arten von Ethik, aber die wichtigste Praxis der Bodhisattvaethik besteht darin, das Eigeninteresse zu beschränken und sich der Ichhaftigkeit zu enthalten. Im Sanskrit steht für Ethik das Wort *śila*, aus dessen Etymologie man die Bedeutung »das Erlangen von Kühlung« ableiten kann. Wenn jemand Ethik übt, hat sein Geist einen Frieden oder eine Kühle, so daß er frei von der Hitze des Bedauerns über sein Verhalten ist.

In bezug auf die Geduld unterscheidet man die Geduld, ohne Sorge zu sein angesichts des Schadens, den einem ein Gegner zufügen kann, die Geduld, die willentliche Annahme von Leiden ist, und die Geduld, das Wohl anderer Lebewesen herbeizuführen. Die Geduld, die darin besteht, Leiden willentlich auf sich zu nehmen, ist außerordentlich wichtig. Sie verzagt angesichts des Leidens nicht und dient als Basis für die vermehrte Anstrengung, den Wurzeln des Leidens entgegenzutreten.

Anstrengung ist für den Anfänger von entscheidender Bedeutung, damit ein starker Wille entwickelt werden kann. Wir alle haben die Buddha-Natur, das heißt: In uns liegen schon die Substanzen bereit, durch die wir unter geeigneten Bedingungen zum vollkommen erleuchteten Wesen werden können, das über alle guten Eigenschaften verfügt und ohne Fehler ist. Die eigentliche Wurzel unseres Versagens im Leben ist, zu denken: »Oh, wie nutzlos und schwach bin ich doch!« Es ist vielmehr wichtig, eine starke Geisteskraft zu haben, die sagt: »Ich kann es tun!«, ohne daß dies mit Stolz oder einer der anderen der leidverursachenden Emotionen vermischt wäre.

Maßvolle Anstrengung über einen langen Zeitraum hinweg ist notwendig, ganz unabhängig davon, was man erreichen möchte. Man verschuldet eigene Mißerfolge, wenn man am Anfang mit Gewalt etwas erzwingen oder zuviel erreichen will, um dann aus Enttäuschung die Aufgabe nach kurzer Zeit liegenzulassen. Notwendig ist hingegen ein konstanter Fluß maßvoller Anstrengung. So ist es auch bei der Meditation. Man muß geschickt sein, indem man zunächst häufig, aber relativ kurz meditiert. Es ist wichtiger, daß die Meditation von guter Qualität ist, als daß sie lange andauert.

Wenn Sie sich derartiger Anstrengung unterziehen, verfügen Sie über die notwendigen »Substanzen«, Konzentration zu entwickeln. Konzentration heißt, unser Bewußtsein, das momentan in so viele Richtungen abgelenkt wird, zu kanalisieren. Ein zerstreutes Bewußtsein ist kraftlos. Wird es aber kanalisiert, ist es äußerst kraftvoll, wobei unwesentlich ist, was Objekt der Beobachtung ist.

Es gibt keine äußere Methode, wie etwa eine chirurgische Operation, um das Bewußtsein zu bündeln oder zu kanalisieren. Dies geschieht dadurch, daß man die Bewußtseinskräfte nach innen zurückzieht. Auch im Tiefschlaf werden die Bewußtseinskräfte zurückgezogen, wobei jedoch der Faktor der geistigen Wachsamkeit unscharf geworden ist. In der Konzentration hingegen ist das Zurückziehen der Bewußtseinskräfte von einer außerordentlich starken Klarheit des geistigen Wachseins begleitet. Kurz, das Bewußtsein muß über *Stabilität* verfügen, durch die es befähigt wird, fest auf ein Objekt gerichtet zu bleiben, außerdem über große *Klarheit* des Objekts und wache, klare, scharfe *Straffheit*.

In bezug auf die letzte der Sechs Vollkommenheiten, die Weisheit, ist zu sagen, daß man im allgemeinen viele Arten von Weisheit unterscheidet. Die drei Hauptunterscheidungen sind: konventionelle Weisheit, die die fünf Gebiete des relativen Wissens erkennt, die letztgültige Weisheit, in der die Art und Weise der Subsistenz aller Erscheinungen durch vollkommene Einsicht erkannt wird, und die Weisheit, die im Wissen darum besteht, wie man anderen Lebewesen helfen kann. Diejenige, die hier nun erläutert werden soll, ist die zweite: die Weisheit, die Einsicht in das Nicht-Selbst ist.

Um Nicht-Selbst begreifen zu können, muß man wissen, was »Selbst« ist bzw. das Selbst, das nicht existiert, als solches identifizieren. Dann erst kann man das Gegenteil, Nicht-Selbst, verstehen. Nicht-Selbst gehört nicht in die Kategorie der Dinge, die einmal existiert haben und nicht-existent geworden sind. Diese Art von »Selbst« hat vielmehr niemals existiert. Es ist also notwendig, das als nicht-existent zu identifizieren, was immer nicht-existent war. Denn wenn wir diese Identifikation nicht vollziehen, werden wir in die leidverursachenden Emotionen der Begierde und des Hasses sowie in alle Probleme, die diese mit sich bringen, hineingezogen.

Was ist dieses Selbst, das nicht existiert? »Selbst« bedeutet hier nicht die Person oder das Ich wie im gewöhnlichen Sprachgebrauch, sondern bezieht sich auf unabhängige Existenz, etwas, das aus seiner eigenen Kraft existiert. Sie sollten alle Arten von Erscheinungen daraufhin untersuchen, ob sie aus eigener Kraft existieren, um zu sehen, ob sie ihre eigene unabhängige Art der Subsistenz haben oder nicht. Wenn Erscheinungen aus eigener Kraft existieren, müssen sie bei der analytischen Untersuchung des bezeichneten Objekts immer deutlicher hervortreten.

Betrachten wir zum Beispiel die eigene Person (das gewöhnliche »Selbst«) oder das Ich. Das Ich erscheint innerhalb des Kontexts von Geist und Körper. Wenn wir aber diese Faktoren, von denen her es erscheint, genau untersuchen, können wir es nicht finden. Ähnlich ist es auch in bezug auf das, was wir zum Beispiel einen Tisch nennen. Wenn wir uns mit seiner bloßen Erscheinung nicht begnügen, sondern seine Natur erforschen, dabei unter seinen verschiedenen Teilen suchen usw., bleibt kein Tisch übrig, den man als Substrat jener Teile und Qualitäten finden könnte.

Die Tatsache, daß die Dinge in der Analyse, in der man bemüht ist, das bezeichnete Objekt zu finden, nicht aufgefunden werden können, zeigt, daß die Erscheinungen nicht aus eigener Kraft existieren. Objekte sind nicht objektiv begründet in und durch sich selbst, aber dennoch existieren sie. Wenn ich in der Analyse den Tisch zu finden suche und nicht finden kann, so schmerzen mir doch die Knochen, wenn ich mit der Faust draufschlage. Damit zeigt meine eigene Erfahrung die Existenz an. Daß er aber in der Analyse nicht gefunden werden kann, bedeutet, daß er nicht durch sich selbst auf eigener objektiver Grundlage existiert. Und da er aber dennoch existiert, sagt man, er existiert durch die Kraft eines subjektiven konventionellen Bewußtseins.

Daß Objekte abhängig von einem subjektiven, bezeichnenden Bewußtsein existieren, ist gleichbedeutend mit der Aussage, sie existierten nur nominal. Hinsichtlich meines Ich oder meiner Person also, die ich in den Faktoren, die Grundlage für ihre Bezeichnung sind – das sind Körper und Geist –, suchen wollte und nicht finden konnte, ergibt sich, daß es sich um ein Ich handelt, das bloß durch die Kraft der Begrifflichkeit existiert.

Der Unterschied zwischen der Erscheinung der Dinge und ihrer wirklichen Existenzweise ist beträchtlich. Ein Mensch, der sich in der Praxis der Vollkommenheit der Weisheit übt, betreibt diese Form der Analyse und untersucht dann, wie die Dinge in der gewöhnlichen Erfahrung erscheinen, indem er zwischen Analyse und Vergleich mit der gewöhnlichen Art der Erscheinung hin- und herpendelt, um des Unterschieds zwischen der wirklichen Art und Weise der Subsistenz der Erscheinungen und ihrer bloßen Erscheinung gewahr zu werden.

Auf diese Weise wird die inhärente Existenz, die Objekt der Negation ist, immer deutlicher. In dem Maße, wie das Objekt der Negation klarer wird, vertieft sich unser Verständnis der Leere. Schließlich werden wir eine bloße Leerheit feststellen, die das Gegenteil von inhärenter Existenz ist.

Hinsichtlich der Alternative zwischen positiven und negativen Erscheinungen ist Leere ein negatives Phänomen. Hinsichtlich der Alternative zwischen bejahenden und nicht-bejahenden Negativa ist Leere ein nicht-bejahendes Negativum. Wenn daher Leere im Bewußtsein erscheint, wird nichts erscheinen außer dem Nicht-Vorhandensein inhärenter Existenz – eine bloße Eliminierung des Objekts der Negation. Deshalb gibt es für das Bewußtsein eines Menschen, der Einsicht in die Leere gewonnen hat, kein Gefühl von »Ich stelle Leere fest« und keinen Gedanken, »Das *ist* Leere«. Hätte man ein solches Gefühl, würde die Leere wieder entgleiten. Dennoch wird die Leere in bezug auf inhärente Existenz festgestellt oder erfahren.

Nachdem man zu solcher Einsicht gelangt ist, versteht man, daß die Erscheinungen nicht durch sich selbst existieren, selbst wenn sie so zu existieren scheinen. Man bekommt einen Sinn dafür, daß sie den Gebilden eines Magiers gleichen, da in beiden Fällen die Dinge anders erscheinen, als sie in Wirklichkeit sind: Obwohl sie inhärent zu existieren scheinen, versteht man, daß sie in Wirklichkeit bar inhärenter Existenz sind.

Werden Erscheinungen in dieser Weise gesehen, vermindern sich die Vorstellungen, die über das wirklich Vorfindliche hinaus ein Urteil über »gut« und »böse« auf die Erscheinungen auftragen und die der Grund für das Entstehen von Begierde bzw. Haß sind. Das ist deshalb so, weil diese Projektionen auf dem Fehlurteil beruhen, die Erscheinungen würden in und durch sich selbst existieren. Diese Verminderung der Fehlurteile bewirkt auf der anderen Seite, daß jene Bewußtseinskräfte an Stärke zunehmen, die eine echte Begründung haben. Das hat seinen Grund darin, daß der Sinn der Lehre von der Leere mit der Bedeutung des Konzepts vom Entstehen in gegenseitiger Abhängigkeit identisch ist. Weil die Erscheinungen in gegenseitiger Abhängigkeit entstehen, könnten sie in Abhängigkeit von bestimmten Umständen zu- oder abnehmen.

Auf diese Weise sind Ursache und Wirkung erfaßbar, verstandesmäßig eingrenzbar. Sind aber Ursache und Wirkung gültig bestimmbar, folgt, daß schlechte Wirkungen wie etwa Leiden vermieden werden können, indem man die schlechten Ursachen abstellt. In gleicher Weise können gute Wirkungen wie zum Beispiel Glück erzielt werden, indem man sich in guten Ursachen übt. Zur Gegenprobe: Würden die Erscheinungen aus sich selbst existieren, würden sie nicht von anderen abhängen. Würden sie nicht von anderen abhängen, wäre das Verhältnis von Ursache und Wirkung aufgelöst. Da aber Abhängigkeit erfaßbar ist, kann man Ursache und Wirkung erkennen. Wäre Abhängigkeit nicht erfaßbar, gäbe es Ursache und Wirkung nicht.

Der letztgültige Beweis dafür, daß die Dinge leer in bezug auf inhärente Existenz sind, ist genau diese Abhängigkeit von Ursachen und bedingenden Umständen. Versteht man diese Lehre nicht richtig, so glaubt man fälschlich, daß es weder gut noch böse, weder Ursache noch Wirkung gibt, da ja die Erscheinungen leer sind. Dies ist ein völliges Mißverständnis.

Die Fähigkeit, Ursache und Wirkung zu bestimmen, und die daraus folgende Überzeugung sind so wichtig, daß man sagt, es sei besser, die Lehre der Leerheit denn den Glauben an Ursache und Wirkung der Handlungen aufzugeben, wenn man zwischen beiden die Wahl hätte. Auf Grund der Bedeutung des Glaubens an den Ursache-Wirkungs-Zusammenhang werden in der Schule des Mittleren Weges *(Mādhyamika)* und in der Nur-Bewußtseins-Schule *(Cittamātra)* verschiedene Interpretationen von Leere vorgeschlagen. In den meisten Lehrsystemen akzeptiert man sogar, daß Erscheinungen [in gewisser Weise] inhärent existieren, denn ohne analytisch auffindbare Existenz sind viele Menschen unfähig, sich einstweilen den Ursache-Wirkungs-Zusammenhang vorzustellen.

Das Wissen von der letztgültigen Subsistenzweise der Erscheinungen muß in einen solchen Kontext gestellt werden, daß der konventionell gültige Zusammenhang von Ursache und Wirkung der Handlungen nicht verlorengeht. Verlöre man beim Versuch des Verstehens der letztgültigen Subsistenzweise die Vorstellung der konventionellen Ursache-Wirkungs-Relation, wäre das Ziel der Erkenntnis nicht erreicht. So wie Kinder zuerst zur Grund-, Mittel- und Oberschule gehen müssen, bevor sie zur Universität zugelassen werden können, indem sie zu den höheren Stufen auf der Grundlage der unteren voranschreiten, so ist es auch hinsichtlich der Tatsache, daß tiefe Einsicht in die Leere bezüglich inhärenter Existenz abhängig davon ist, daß man zuerst den Zusammenhang von Ursache und Wirkung der Handlungen festgestellt hat und daß man diese Überzeugung von Ursache und Wirkung und die daraus folgende Praxis in der höheren Erkenntnis nicht verliert.

Meinte man, daß es weder gut noch böse gibt, da ja die Erscheinungen leer sind, würde man sich nur immer weiter vom Sinn der Leere entfernen, selbst wenn man das Wort »Leere« tausendfach wiederholte. Deshalb sollte jeder, der an der Erfahrung der Leere interessiert ist, dem Zusammenhang von Ursache und Wirkung der Handlungen große Aufmerksamkeit widmen.

Das ist in Kürze die Praxis der Vollkommenheit der Weisheit. Die Sechs Vollkommenheiten sind das Herzstück der Verwirklichung von Uneigennützigkeit durch einen Bodhisattva.

Religiöse Harmonie

Ökumenische Versammlungen in ganz Nordamerika

DASS WIR – GLÄUBIGE aus verschiedenartigen Traditionen – hier zusammengekommen sind, ist ein hoffnungsvolles Zeichen. In den verschiedenen religiösen Glaubensrichtungen finden wir sehr unterschiedliche Philosophien, und bestimmte Fragen werden sogar oft gegensätzlich beantwortet. Buddhisten akzeptieren keinen Schöpfer, während Christen ihre Philosophie auf diese Theorie gründen. Die Unterschiede sind zum Teil sehr groß, aber ich respektiere Ihren Glauben zutiefst, und zwar nicht aus politischen Gründen oder um höflich zu sein, sondern ganz aufrichtig. Jahrhundertelang hat Ihre Tradition für die Menschheit viel Gutes getan.

Wir Tibeter haben größten Nutzen gezogen aus der Hilfe christlicher Hilfsorganisationen wie etwa des Ökumenischen Rates der Kirchen und vieler anderer, die uns tibetischen Flüchtlingen halfen, als wir durch die schwierigste Periode unserer Geschichte gingen. Unsere christlichen Freunde in der ganzen Welt haben uns große Sympathie gezeigt, begleitet von substantieller materieller Hilfe. Ich möchte ihnen meinen tiefsten Dank aussprechen.

Alle Religionen akzeptieren, daß es eine andere Kraft jenseits der Reichweite unserer gewöhnlichen Sinne gibt. Wenn wir gemeinsam beten, empfinde ich etwas – und ich weiß nicht, wie die genaue Bezeichnung wäre, ob man es Segen oder Gnade nennen sollte. In jedem Fall ist da eine bestimmte Empfindung, die wir erfahren können. Nehmen wir sie richtig in uns auf, so kann diese Empfindung außerordentlich hilfreich für unsere innere Stärke werden. Auch zum Erleben von echter Bruder- und Schwesterschaft trägt diese Empfindung – diese Atmosphäre und Erfahrung – bei. Aus diesem Grunde schätze ich ökumenische Versammlungen wie diese ganz besonders.

Alle religiösen Glaubensrichtungen verfolgen trotz philosophischer Differenzen ein ähnliches Ziel. Jede Religion betont die Vervollkommnung des Menschen, Liebe, Achtung des anderen, Teilhabe am Leid anderer. Hierin sind sich die Religionen mehr oder weniger einig.

Diejenigen Glaubensrichtungen, die einen Allmächtigen Gott anbeten sowie den Glauben an Gott und die Liebe Gottes hervorheben, sehen ihr Ziel in der Erfüllung des Willens Gottes. Da sie uns als Geschöpfe und Kinder eines Gottes betrachten, lehren sie, daß wir einander lieben und helfen sollen. Das eigentliche Ziel des wahrhaften Glaubens an Gott ist es, seine Gebote zu erfüllen, deren Kern liebevolle Sorge, Achtung, Liebe und Dienst für unsere Mitmenschen ist.

Da auch die anderen Religionen im wesentlichen dieses Ziel haben, empfinde ich sehr stark, daß unter diesem Gesichtspunkt alle philosophischen Interpretationen einem zentralen Zweck dienen. Die verschiedenen religiösen Systeme motivieren die Gläubigen zu einer heilsamen Einstellung ihren Mitmenschen gegenüber – unseren Brüdern und Schwestern – und verhelfen dazu, diese gute Motivation im Dienst an der menschlichen Gesellschaft zu verwirklichen. Das ist von vielen bedeutenden Christen in der Geschichte vorgelebt worden, und viele haben ihr Leben für das Wohl der Menschheit geopfert. Das ist wahre Praxis heilender Hinwendung.

Als wir Tibeter durch schwere Zeiten gingen, haben es christliche Gemeinschaften in der ganzen Welt auf sich genommen, unser Leid zu teilen und zu Hilfe zu eilen. Ohne Ansehen rassischer, kultureller, religiöser oder philosophischer Unterschiede haben sie uns als Mitmenschen angesehen und geholfen. Dies hat uns zutiefst inspiriert und den Wert der Liebe deutlich vor Augen gestellt.

Liebe und Güte bilden die eigentliche Grundlage menschlichen Zusammenlebens. Verlieren wir diese Werte, wird die menschliche

Gesellschaft in furchtbare Gefahren geraten; das Überleben der Menschheit steht dann auf dem Spiel. Neben der materiellen Entwicklung bedürfen wir spiritueller Entwicklung, damit innerer Friede und soziale Harmonie erfahrbar werden. Ohne inneren Frieden, ohne innere Ruhe ist es schwer, dauerhaft äußeren Frieden zu finden. Und hier, zur inneren Reifung des Menschen, kann die Religion einen wichtigen Beitrag leisten.

Obwohl in jeder Religion heilende Hinwendung und Liebe im Mittelpunkt stehen, gibt es philosophische Differenzen. Und das ist gut so. Philosophische Lehren sind nicht das Ziel, der Zweck, das, was man letztlich zu geben hat. Unsere Aufgabe ist es, anderen zu helfen und zu nützen. Philosophische Lehren, die diese Ideen unterstützen, sind wertvoll. Es bringt wenig Gewinn, wenn wir uns auf die Unterschiede in der Philosophie einlassen, miteinander argumentieren und uns gegenseitig kritisieren mit dem Resultat, daß wir einander irritieren, ohne etwas zu erreichen. Darum sollten wir versuchen, den eigentlichen Sinn der Philosophien zu verstehen und das Verbindende zu erkennen – die Betonung der Liebe, der heilenden Hinwendung und der Achtung für eine höhere Macht.

Keine Religion glaubt wirklich, daß allein materieller Fortschritt für die Menschheit genügt. Alle Religionen glauben an Kräfte jenseits materiellen Fortschritts. Sie stimmen darin überein, daß es sehr wichtig und der Mühe wert ist, große Anstrengungen zu unternehmen, um der menschlichen Gesellschaft zu dienen.

Dies ist nur möglich, wenn wir einander verstehen. In der Vergangenheit haben Engstirnigkeit und andere Umstände manchmal zu Zwietracht zwischen religiösen Gruppen geführt. Dies sollte nicht mehr geschehen. Wenn wir den Wert der Religion im Kontext der gegenwärtigen weltweiten Situation wirklich begriffen haben, können wir diese unglücklichen Ereignisse ohne Probleme überwinden. Denn wir haben viele gemeinsame Grundlagen, auf denen wir Harmonie aufbauen können. Laßt uns einfach Seite an Seite stehen, helfend einander achten, einander verstehen in der gemeinsamen Anstrengung zum Dienst an der Menschheit. Das Ziel der menschlichen Gesellschaft muß es sein, in heilender Hinwendung zueinander die Vervollkommnung des Menschen anzustreben.

Politiker und Menschen von Weltbedeutung geben ihr Bestes, Rüstungskontrolle usw. zu erreichen. Und das ist durchaus nützlich. Gleichzeitig haben wir alle, jeder in seiner eigenen religiösen Tradition, die Pflicht und Verantwortung, unsere eigenen schlechten Gedanken zu kontrollieren. Hier geschieht wirkliche Abrüstung, unsere eigene Rüstungskontrolle. Haben wir inneren Frieden und volle Kontrolle über unsere schlechten Gedanken, so verliert die äußere Kontrolle an Bedeutung. Ohne innere Kontrolle können äußere Anstrengungen wenig Erfolg haben, ganz gleich, welche Schritte man unternimmt. Deshalb haben wir in den religiösen Gemeinschaften in der gegenwärtigen Situation eine ganz besondere Verantwortung gegenüber der ganzen Menschheit – eine universale Verantwortung.

Heutzutage sind wir alle mehr als je zuvor von Kontinent zu Kontinent voneinander abhängig. Unter solchen Umständen ist echte Zusammenarbeit lebensnotwendig. Das hängt von unserer guten Motivation ab. Das ist unsere universale Verantwortung.

Frage: Sind Sie als religiöser Führer daran interessiert, andere aktiv zu ermutigen, Ihrem [buddhistischen] Glauben zu folgen? Oder vertreten Sie die Position, nur dann buddhistische Prinzipien zu verbreiten, wenn jemand ausdrücklich nach Ihrem Glauben fragt?
Antwort: Das ist eine wichtige Frage. Ich bin nicht daran interessiert, andere Menschen zum Buddhismus zu konvertieren, sondern daran, wie wir Buddhisten in Übereinstimmung mit unseren eigenen Vorstellungen einen Beitrag in der menschlichen Gesellschaft leisten können. Ich glaube, daß andere religiöse Glaubensrichtungen ähnlich denken, indem sie danach trachten, zu einem gemeinsamen Ziel beizutragen.

Weil in der Vergangenheit die verschiedenen Religionen manchmal miteinander im Streit lagen, anstatt darüber nachzudenken, wie sie zu dem gemeinsamen Ziel beitragen können, habe ich während der letzten zwanzig Jahre in Indien jede Gelegenheit zum Treffen mit christlichen Mönchen, Katholiken wie Protestanten, Muslims, Juden und natürlich – in Indien – zahllosen Hindus wahrgenommen. Wir begegnen einander, beten gemeinsam, meditieren miteinander und diskutieren philosophische Ideen, ihren Denk- und Praxisweg, ihre Techniken. Ich habe großes Interesse an christlicher Praxis, daran, was wir von diesem System lernen und nachahmen können. Ähnlich könnte es in der buddhistischen Theorie Ansatzpunkte geben – zum Beispiel Meditationstechniken –, die in der christlichen Kirche praktiziert werden können.

So wie der Buddha ein Beispiel an Genügsamkeit, Toleranz und Dienst an anderen ohne ichbezogene Motivation gegeben hat, hat dies auch Jesus Christus getan. Fast alle der großen Lehrmeister haben ein heiliges Leben geführt, nicht luxuriös wie Könige und Kaiser, sondern wie einfache Menschen. Ihre innere Stärke war gewaltig, unbegrenzt, doch in ihrer äußeren Erscheinung waren sie bescheiden und lebten einfach.

Frage: Kann es eine Synthese von Buddhismus, Judentum, Christentum, Hinduismus und allen Religionen geben, die das Beste von allen in sich vereint und eine Weltreligion ergibt?
Antwort: Eine neue Weltreligion zu formen, ist schwierig und nicht besonders wünschenswert. Da aber Liebe wesentlich für alle Religionen ist, könnte man von einer universalen Religion der Liebe sprechen. Hinsichtlich der Methoden zur Entwicklung von Liebe und zur Erlangung des Heils oder permanenter Befreiung unterscheiden sich die Religionen jedoch voneinander. So denke ich nicht, daß wir *eine* Philosophie oder *eine* Religion formen könnten.

Abgesehen davon meine ich, daß Glaubensunterschiede einen guten Sinn haben. Die Tatsache, daß es so viele verschiedene Darstellungen des Weges gibt, ist ein Reichtum. Da es so viele verschiedene Menschentypen mit unterschiedlichen Voraussetzungen und Neigungen gibt, sind die Unterschiede der Religionen hilfreich. Die Motivation in allen verschiedenen Systemen religiöser Praxis ist aber ähnlich – Liebe, Aufrichtigkeit, Ehrlichkeit. Der Lebensstil praktisch aller religiösen Menschen ist Genügsamkeit. Die Lehren über Toleranz, Liebe und heilende Hinwendung sind gleich. Ein grundlegendes Ziel ist auch hier der Nutzen für die Menschheit; jedes System sucht in seiner eigenen einzigartigen Weise die Menschen zu vervollkommnen. Wenn wir zuviel Gewicht auf unsere eigene Philosophie, Religion oder Theorie legen, zu sehr an ihr hängen, sie auf andere Leute übertragen wollen, schafft das Unfrieden. Alle großen Lehrmeister, wie zum Beispiel Gautama Buddha, Jesus Christus oder Mohammed, haben im Grunde ihre neuen Lehren mit der Motivation gestiftet, ihren Mitmenschen zu helfen. Sie hatten nicht die Absicht, irgend etwas für sich selbst zu gewinnen oder mehr Unruhe in der Welt zu verursachen.

Außerordentlich wichtig ist, daß wir einander respektieren und voneinander das lernen, was unsere eigene Praxis bereichert. Selbst wenn alle Systeme empirisch völlig getrennt existierten, wäre das gegenseitige Studium dennoch sinnvoll, da sie alle zum selben Ziel aufschauen.

Frage: Wenn wir Vergleiche zwischen östlichen Religionen und der westlichen Kultur hören, wird der Westen als materialistisch und weniger erleuchtet als der Osten dargestellt. Sehen Sie einen derartigen Unterschied?
Antwort: Es gibt zwei Arten von Nahrung – Nahrung für geistigen Hunger und Nahrung für physischen Hunger. Deshalb ist eine Verbindung von materiellem Fortschritt mit spiritueller Entwicklung die praktischste Sache. Ich denke, daß viele – besonders junge – Amerikaner entdecken, daß materieller Fortschritt allein nicht die volle Antwort auf das menschliche Leben ist. Im Moment versuchen die östlichen Völker, westliche Technologie nachzuahmen. Wir östlichen Menschen, wie etwa die Tibeter, wie ich selbst, schauen auf die westliche Technologie mit einem Gefühl der Erwartung, daß unsere Menschen eine Art dauernden Glücks erreichen können, wenn der materielle Fortschritt genügend weit vorangekommen ist. Wenn ich aber nach Europa oder Nordamerika komme, sehe ich, daß unter der schönen Oberfläche immer noch Unglück, geistige Unrast und Ruhelosigkeit herrschen. Das zeigt, daß materieller Fortschritt allein nicht die volle Antwort auf das menschliche Leben ist.

Schätze des Tibetischen Buddhismus

Asiatische Gesellschaft, New York

ICH DENKE, daß man innerhalb des Tibetischen Buddhismus die vollständige Praxis des gesamten Buddhismus findet. Wie Sie alle wissen, unterscheidet man im Buddhismus ein Kleines Fahrzeug *(Hīnayāna)* und ein großes Fahrzeug *(Mahāyāna)* oder das Fahrzeug der Hörer und das Fahrzeug der Bodhisattvas. Innerhalb des letzteren gibt es die Unterteilung in ein Fahrzeug der Vollkommenheiten und ein Fahrzeug des Geheimen Mantra oder Tantra. In Ceylon, Burma und Thailand wird Theravāda praktiziert, was zu den vier Hauptunterabteilungen der Schule des »Großen Kommentars« *(Vaibhāṣika)* des Kleinen Fahrzeugs gehört. Diese vier sind Māhasaṁghika, Sarvāstivāda, Sammatīya und Sthaviravāda oder Theravāda.

Die tibetische Überlieferungslinie der Mönchsgelübde wurzelt in einer anderen Abteilung der Schule des Großen Kommentars, in Sarvāstivāda. Durch diese Aufteilung in verschiedene Untergruppen von Schulen folgen die Theravādins einem System der Mönchsdisziplin, in dem es zweihundertsiebenundzwanzig Gelübde gibt, während wir, die wir der Disziplin der Sarvāstivādins folgen, zweihundertdreiundfünfzig Gelübde beachten.

Abgesehen von diesen kleinen Unterschieden sind beide als Systeme des Kleinen Fahrzeugs gleich. Das bedeutet, daß wir Tibeter die Disziplin des Kleinen Fahrzeugs in vollem Umfang praktizieren, und zwar alle Aspekte, die mit dieser Disziplin verbunden sind – vom Zeitpunkt der Ordination in die Gelübde über die Regeln, die eingehalten werden, bis hin zu den Riten, die zur Einhaltung dieser Gelübde vollzogen werden.

Ebenso praktizieren wir die Erzeugung meditativer Stabilisierung des Geistes so, wie sie in Vasubandhus *Schatzhaus der Erkenntnis (Abhidharmakośa)*, einem Kompendium des Kleinen Fahrzeugs, dargestellt ist, und die Siebenunddreißig Harmonien der Erleuchtung, die einen zentralen Bestandteil der Struktur des Weges im Kleinen Fahrzeug bilden. Das bedeutet, daß wir im Tibetischen Buddhismus eine Praxis ausüben, die in völliger Übereinstimmung mit der des Theravāda ist.

Die Lehren des Großen Fahrzeugs haben sich bis in Länder wie China, Japan, Korea und einige Teile Indochinas ausgebreitet. Diese Lehren, die das Fahrzeug der Bodhisattvas verkörpern, beruhen auf bestimmten Sūtras wie etwa Herz-Sūtra und Lotus-Sūtra. In den Schriftsammlungen des Großen Fahrzeugs sind die Grundlage die Erzeugung altruistischen Trachtens nach der Buddhaschaft und der dafür vorgezeichnete Weg, nämlich die Sechs Vollkommenheiten. Hinsichtlich der Betrachtungsweise von Leere gibt es zwei philosophische Schulen innerhalb des Großen Fahrzeugs: die Nur-Bewußtseinsschule *(Cittamātra)* und die Schule des Mittleren Weges *(Mādhyamika)*. Diese Praxis des Großen Fahrzeugs – heilende Hinwendung und Weisheit *[karuṇā* und *prajñā]* – ist im Tibetischen Buddhismus ebenfalls in vollständiger Form vorhanden.

Die Lehren des Mantra- oder Tantra-Fahrzeugs haben sich bis China und Japan ausgebreitet. Innerhalb des Tantra-Fahrzeugs gibt es aber vier Unterabteilungen, nämlich das Tantra der [kultischen] Handlung [skt. *kriyātantra*, tib. *bya rgyud*], das Tantra der Vollzugspraxis [skt. *caryātantra*, tib. *spyod rgyud*], das Yoga-Tantra [skt. *yogatantra*, tib. *rnal 'byor rgyud*] und das Höchste Yoga-Tantra [skt. *anuttarayogatantra*, tib. *rnal 'byor bla med kyi rgyud*] – die Praxisstufe der höchsten Vereinigung. Von diesen haben nur die ersten drei China und Japan erreicht. Es scheint, daß das Höchste Yoga-Tantra nicht bis in diese Länder vorgedrungen ist, obwohl es auch dort Fälle der geheimen Praxis gegeben haben könnte. Nach Tibet aber sind nicht nur die drei unteren tantrischen Systeme gelangt, sondern auch viele Tantras der Höchsten Yoga-Klasse.

So stellt die Praxis des Buddhismus in Tibet die vollständige Form der Praxis aller buddhistischen Systeme dar: Kleines Fahrzeug, Sūtra-Aspekt des Großen Fahrzeugs und Mantra-Aspekt des Großen Fahrzeugs. Die vollständige Praxiseinheit von Sūtra und Tantra breitete sich von Tibet in die mongolischen Gebiete aus, einschließlich der Inneren Mongolei, der Äußeren Mongolei, bis zu den Kalmückischen Völkern usw. Sie drang auch in die Himalayagebiete einschließlich Nepal, Sikkim und Bhutan vor.

So ist die tibetische Form des Buddhismus umfassend. Ich sage das nicht, um uns in irgendeiner Weise selbst zu verherrlichen, sondern in der Hoffnung, daß Sie sich die Dinge anschauen werden und allmählich selbst zu diesem Schluß kommen.

Im Tibetischen Buddhismus gibt es vier Schulen oder Orden: Nying-ma, Ga-gyu, Sa-gya und Ge-luk, jede mit vielen Unterabteilungen. Nying-ma hat zum Beispiel neun Fahrzeuge – drei Sūtra-Systeme und sechs Tantra-Systeme, außerdem gibt es in der Nyingma-Tradition auch Systeme, die von (spät) entdeckten Texten abgeleitet worden sind. Auch wenn man solche Unterscheidungen sogar an den vier Schulen des Tibetischen Buddhismus anbringen kann, stellt doch jede ein System umfassender Praxis der Einheit von Sūtra und Tantra dar. Das ist so, weil jede dieser Schulen in bezug auf die Frage, was die Dinge in Wirklichkeit sind, die Position der Konsequenz-Schule des Mittleren Weges *(Prāsaṅgika-Mādhyamika)* vertritt und weil in bezug auf die Motivation und uneigennütziges Handeln alle dem System folgen, altruistische Intention mit dem Ziel der Erleuchtung zu erzeugen sowie die Sechs Vollkommenheiten zu üben.

Bei welcher Art von Praxis nun kann eine Person gleichzeitig Sūtra und Tantra in ihrer Einheit praktizieren? Es heißt, daß man sich äußerlich so verhalten soll, wie es von der Disziplin des Kleinen Fahrzeugs verlangt wird. So stellen sich etwa tibetische Yogis, die das Tantra als Laien praktizieren, unter die Gelübde, die für Laien im Kleinen Fahrzeug gelten, und folgen äußerlich einem Lebensstil, der dieser Disziplin entspricht. Innerlich aber muß man sich in der Entwicklung des Geistes zur Erlangung der Erleuchtung mit uneigennütziger Intention üben, die ihre Wurzeln in Liebe und heilender Hinwendung hat. Dann, in der geheimen Praxis des Yoga der göttlichen Wesenheiten, konzentriert man sich auf die Energiekanäle, die wesentlichen Kraftkonzentrationen und Energieebenen, um den Fortschritt auf dem Weg zu beschleunigen.

In Tibet halten wir alle diese Aspekte der Praxis für miteinander vereinbar. Sūtra und Tantra sind für uns keine Gegensätze wie heiß und kalt. Wir meinen nicht, daß die Weisheit der Leere und die Praxis uneigennützigen Handelns einander in irgendeiner Weise widersprechen. Darum sind wir in der Lage, alle diese Systeme in einer einzigen vereinten Praxis miteinander zu verbinden.

In summa: Die altruistische Intention, erleuchtet zu werden, ist die Wurzel oder Basis einer unendlichen Reihe von Methoden, heilende Hinwendung zu allen Wesen zu praktizieren. Die Lehre von der Leere ist die Wurzel dieser Praxis, die letztgültige Schau des Wesens der Wirklichkeit bedeutet. Um das Bewußtsein zu entwickeln, das die Soheit der Erscheinungen tiefer und tiefer vernimmt, muß man Meditation üben. Um meditative Stabilisierung zu erwerben und diese Übungen zu intensivieren, gibt es die besondere Praxis des Yoga der göttlichen Wesenheiten. Denn im Zusammenhang mit dem Yoga der göttlichen Wesenheiten ist es möglich, die meditative Stabilisierung zu beschleunigen, die eine Einheit von stetigem Ruhen des Geistes in einem Punkt und besonders tiefer Einsicht ist. Als Grundlage für diese Praxis ist ein sauberer moralischer Lebenswandel unabdingbar. So kann man das vollständige System tibetischer Praxis folgendermaßen erklären: Äußerlich behält es das ethische System des Kleinen Fahrzeugs bei, innerlich behält es die Erzeugung von Uneigennützigkeit, Liebe und heilender Hinwendung bei, wie sie im Sūtra-Aspekt des Großen Fahrzeugs gelehrt werden, und im verborgenen hält es an der Praxis des Mantra-Fahrzeugs fest.

Nachdem ich in einem kurzen Überblick den Typ der Praxis bestimmt habe, möchte ich nun über die Praxis selbst sprechen. Die Wurzel aller buddhistischen und nicht-buddhistischen Systeme, die in Indien entstanden sind, ist die Tatsache, daß Menschen Glück suchen. Hinsichtlich der Einteilung der Erscheinungen der Wirklichkeit in Objekte, die gebraucht werden, und Subjekte, die diese

Objekte gebrauchen, haben die Inder besonderes Gewicht auf das Selbst, das die Objekte gebraucht, gelegt. Die meisten der nichtbuddhistischen Systeme kamen zu dem Schluß, daß es ein separates Selbst gibt, ein Wesen, das von Bewußtsein und Körper verschieden ist und den Faktor ausmacht, der von Leben zu Leben wandert und wiedergeboren wird. Grundlage dafür war die Tatsache, daß es unserem Bewußtsein oft so vorkommt, daß das Selbst der Meister des Bewußtseins und des Körpers ist, oder daß es das Selbst ist, das Vergnügen und Schmerz unterworfen ist, die in bestimmter Weise vom Selbst unterschieden zu sein scheinen.

Buddhisten hingegen nehmen nicht an, daß es ein Selbst gäbe, das völlig getrennt von Geist und Körper und somit ein verschiedenes Wesen sei. Das bedeutet, daß sie nicht von einem permanenten, einzelnen, unabhängigen Selbst sprechen. Denn die vier Siegel, die eine Lehre als buddhistisch ausweisen, sind: (1) alle hervorgebrachten Dinge sind impermanent, (2) alle befleckten Dinge sind elend, (3) alle Erscheinungen haben kein Selbst, und (4) Nirvana ist Friede.

Weil es in den buddhistischen Systemen kein Selbst gibt, das von Geist und Körper getrennt wäre, kommt man in diesen Systemen zu verschiedenen Annahmen darüber, wie das Selbst in den mentalen und physischen Aggregaten gefunden wird. In den Systemen der Schule der Unabhängigen Gründe im Mittleren Weg *(Svātantrika Mādhyamika)*, der Nur-Bewußtseinsschule *(Cittamātra)*, der Sūtra-Schule *(Sautrāntika)* und der Schule des Großen Kommentars *(Vaibhāṣika)* bezeichnet man einen Faktor der mentalen und physischen Aggregate als das Selbst. Im höchsten philosophischen System jedoch, der Konsequenz-Schule des Mittleren Weges, wird keines der mentalen und physischen Aggregate als Illustration des Selbst oder das, was das Selbst ist, angenommen. In dem höchsten der Systeme wird ebenso wie in den anderen Nicht-Selbst festgestellt, was aber nicht heißt, daß es überhaupt kein Selbst gäbe. In der Konsequenz-Schule des Mittleren Weges bedeutet dies, daß wir das Selbst, das unserem Bewußtsein so konkret erscheint, nicht finden können. Solch ein Selbst ist mittels analytischer Methoden nicht auffindbar. Analytische Auffindbarkeit wird »inhärente Existenz« genannt. Das bedeutet, daß die Konsequenz-Schule des Mittleren

Weges diesen Mangel an inhärenter Existenz meint, wenn sie von Nicht-Selbst spricht. Jedoch behauptet man durchaus, daß es ein Selbst (ein Ich, eine Person) gibt, das in Abhängigkeit von Bewußtsein und Körper bestimmt ist.

Alle buddhistischen Systeme lehren das Entstehen in gegenseitiger Abhängigkeit, *pratītyasamutpāda*. Eine Bedeutung dieser Theorie ist, daß alle impermanenten Dinge, d. h. Produkte oder Dinge, die hervorgebracht sind, in Abhängigkeit von Ursachen und Bedingungen entstehen. Deshalb entstehen sie in Abhängigkeit. Die zweite Bedeutung der Lehre des Entstehens in gegenseitiger Abhängigkeit ist jedoch, daß Erscheinungen in Abhängigkeit vom Zusammenwirken (oder der Zusammenstellung) ihrer eigenen Teile bezeichnet sind oder entstehen. Wenn Wissenschaftler die Erscheinungen in äußerst kleine Partikel spalten, stützt das die Lehre, daß die Erscheinungen in Abhängigkeit von einer Zusammensetzung der Teile bestimmt sind, wobei diese Teile ihre winzigen Partikel sind. Eine dritte Bedeutung ist die, daß Erscheinungen nur nominal existieren. Das heißt, daß Erscheinungen nicht in und durch sich selbst objektiv existieren, sondern hinsichtlich ihrer Existenz von subjektiven Bezeichnungen abhängen. Wenn gesagt wird, daß Erscheinungen in Abhängigkeit von einem begriffsbildenden Bewußtsein existieren oder bestimmt sind – das sie als dies oder das bezeichnet –, heißt das nicht, daß wir behaupten, es gebe überhaupt keine Objekte außerhalb des Bewußtseins, das sie wahrnimmt, wie es die Nur-Bewußtseinsschule behauptet. Diese Schule sagt, daß Erscheinungen nur mentale Phänomene seien. Aber auch das bedeutet nicht, daß diese Formen usw. nicht existierten, sondern heißt vielmehr, daß sie nicht als äußere Objekte, die dem Wesen des Bewußtseins äußerlich wären, existieren. Auf diese Weise gelangt man zu einer tieferen Bedeutung der Lehre des Entstehens in gegenseitiger Abhängigkeit, wenn man durch die drei Interpretationsmuster hindurchgeht.

Weil das Selbst als Subjekt des Gebrauchs oder Genusses von Objekten in Abhängigkeit von anderen Faktoren existiert, ist es nicht unabhängig, sondern abhängig. Da das Selbst nicht unabhängig sein kann, ist es in bezug auf Unabhängigkeit völlig leer. Dieser

Mangel an Unabhängigkeit des Selbst, das Vergnügen, Leid usw. unterworfen ist, ist seine Wirklichkeit, seine Leere in bezug auf inhärente Existenz. Das ist es, was Leere eigentlich bedeutet. Durch das Verstehen und Erspüren der Bedeutung dieser Lehre kann man allmählich Kontrolle über seine Emotionen im täglichen Leben erlangen.

Unvorteilhafte Emotionen entstehen, wenn wir auf Objekte ein »Gut« oder »Schlecht« auftragen, das wirklich Vorhandenes übersteigt. Wir projizieren ein »Extra« auf die Dinge, und das ruft die Reaktion unvorteilhafter Emotionen hervor. Wenn zum Beispiel Begierde oder Haß in uns entsteht, so sehen wir zu diesem Zeitpunkt objektiv etwas sehr Anziehendes oder Abstoßendes vor uns. Aber wenn wir später hinschauen, müssen wir lachen, denn unser Gefühl hat sich verändert. Das zeigt, daß Begierde und Haß mehr auf die Objekte projizieren, als wirklich da ist; etwas anderes ist hineingemischt worden. So hilft uns das Verstehen der wahren Art und Weise des Seins von Objekten ohne derartige Projektionen, das Bewußtsein zu kontrollieren.

Dies ist der Faktor der Weisheit; es gibt aber auch einen Faktor der Methode. Zu welchem Zweck streben wir danach, Weisheit zu entwickeln? Geschieht es für unsere eigenen ichhaften Zwecke, so kann die Weisheit nicht stark werden. Deshalb muß Weisheit von einer Motivation der Liebe begleitet sein, von heilender Hinwendung und Barmherzigkeit gegenüber anderen, so daß sie zum Nutzen anderer angewendet wird. Auf diese Weise ergibt sich die Einheit von Methode und Weisheit. Wenn sie nicht mit falscher Begrifflichkeit vermischt wird, ist Liebe sehr vernünftig, logisch, klug.

Liebende Güte und heilende Hinwendung können, wenn sie nicht mit Gefühlsduselei behaftet, sondern in der Erfahrung der letzten Wirklichkeit begründet sind, selbst unseren Feind erreichen. Diese Liebe wendet sich sogar stärker dem Feinde zu. Denn Freundesliebe ohne diese Erfahrung der Wirklichkeit bleibt weitgehend im Verhaftet-Sein. Sie kann daher die Feinde nicht einschließen, sondern bleibt bei Freunden, der Ehefrau, dem Gemahl, Kindern, Eltern usw. stehen. Solche Liebe und Güte sind voreingenommen. Die Erfahrung der letztgültigen Natur der Wirklichkeit bewirkt, daß Liebe oder Güte unbedingt, grundsätzlich und rein wird.

Eine derartige Einheit von Weisheit und Methode muß ins tägliche Leben gebracht werden. Man kann äußerlich das Verhalten und die Disziplin des Kleinen Fahrzeugs üben, man kann die Sechs Vollkommenheiten praktizieren, wie sie im Großen Fahrzeug beschrieben werden. Wenn man dann zusätzlich die tantrische Praxis des Yoga der göttlichen Wesenheiten befolgt, wird meditative Stabilisierung des Geistes *(samādhi)* schnell erreicht werden und sehr dauerhaft sein. Da dies der Weg ist, den Tibeter in ihrem täglichen Leben praktizieren, nenne ich diese Praktiken die »Schätze des Tibetischen Buddhismus«.

Die Praxis von heilender Hinwendung in der Weltpolitik

Rat für Weltangelegenheiten in Los Angeles

DIESES JAHRHUNDERT ist sehr vielschichtig. Durch verschiedene, vor allem materielle Umstände wird die Welt immer kleiner, und dies schafft Möglichkeiten, daß die Völker der Welt einander begegnen und miteinander sprechen. Solche Kontakte bieten wertvolle Gelegenheiten, unser gegenseitiges Verständnis in bezug auf Lebensstil, Philosophie und Glaubenssysteme zu erweitern, was natürlicherweise zu gegenseitiger Achtung führen wird. Weil die Welt kleiner geworden ist, konnte ich heute hierherkommen.

Wenn wir einander begegnen, vergegenwärtige ich mir immer, daß wir gleich sind, insofern wir alle Menschen sind. Betonen wir die äußeren Unterschiede, so bin ich ein Mensch aus dem Osten, und noch spezifischer ein Tibeter, der aus einer Gegend hinter dem Himalaya stammt, ein Mensch aus einer anderen Umgebung und Kultur. Blicken wir jedoch tiefer, so habe ich ein tatsächlich nicht zu bestreitendes Ich-Gefühl. Und mit dieser Empfindung wünsche ich Glück und nicht Leid. Jeder Mensch, ganz gleich, woher er kommt, hat dieses auf der gewöhnlichen Bewußtseinsebene wirkliche Ich-Gefühl, und in diesem Sinne sind wir alle gleich.

Auf Grund dieser Einstellung habe ich keine Vorurteile, es fällt kein Vorhang, wenn ich neuen Menschen an neuen Orten begegne. Ich kann zu Ihnen so sprechen, als würde ich mit alten Freunden reden, selbst wenn wir einander zum ersten Mal begegnen. Für mich sind Sie als Menschen meine Brüder und Schwestern, denn im Wesen gibt es zwischen uns keinen Unterschied. So kann ich ohne Zögern ausdrücken, was auch immer ich empfinde, wie zu einem alten Freund. Unter dieser Voraussetzung können wir ohne jede Schwierigkeit miteinander umgehen, und zwar von Herz zu Herz, nicht bloß mit ein paar netten Worten, sondern tatsächlich auf der Herzensebene.

Auf der Basis derart echter menschlicher Beziehung – wirklichen Empfindens füreinander, gegenseitigen Verstehens – können wir gegenseitiges Vertrauen und Achtung entwickeln. Dadurch können wir das Leid anderer teilen und Harmonie in der menschlichen Gesellschaft aufbauen. Wir können eine freundliche menschliche Familie schaffen.

Diese Haltung ist sehr nützlich. Wenn wir zuviel Gewicht auf die äußeren Unterschiede – Kultur, Ideologie, Glaube, Rasse, Hautfarbe, Wohlstand und Erziehung – legen, wenn wir kleine, starre Diskriminierungen zulassen, tragen wir nur noch mehr zum Leid der menschlichen Gesellschaft bei. Aus diesen sehr kleinen, aber dann übertriebenen Differenzen entsteht die konfliktgeladene Atmosphäre.

Auch in der Weltpolitik verursachen solche kleinen Diskriminierungen unkontrollierbare Probleme. Zum Beispiel entsteht der Streit in Asien, im Mittleren Osten, Afrika oder Lateinamerika oft aus religiösen Empfindlichkeiten, oft auch aus dem Rassengegensatz oder der Ideologie. Das gilt auch für mein eigenes Land, Tibet, und zwar auf Grund gewisser Haltungen unseres großen Nachbarn, der Volksrepublik China, die während der Kulturrevolution in Erscheinung traten. Auf diese Weise schaffen menschliche Denkformen Probleme zusätzlich zu den naturgegebenen, denen wir uns ohnehin alle stellen müssen.

Während zum Beispiel Tausende und Abertausende von vietnamesischen und kambodschanischen Flüchtlingen starben, diskutierten einige Leute über die Politik, die diese Flüchtlinge betrifft, anstatt das unmittelbare Problem in angemessener Weise anzupacken. Das ist besonders schmerzlich. Daß hilfsbedürftige Menschen aus solchen Gründen ignoriert werden, zeigt, daß uns etwas fehlt – obwohl wir so intelligent und mächtig sind, stark genug, Völker auszubeuten oder die Welt zu zerstören: Es fehlt uns an wahrer

Güte und Liebe. Wir müssen von Grund auf erkennen, daß wir im Grunde alle menschliche Wesen sind, die nicht sterben möchten, und daß ebenso auch diese Leute Menschen sind, die nicht sterben möchten. Sie haben das Recht, menschenwürdig zu leben, und bedürfen der Hilfe.

Zuerst müssen wir helfen; später können wir dann über die Ursachen sprechen, die Politik, die zu ihrer Tragödie geführt hat, und vieles mehr. Es gibt ein indisches Sprichwort: »Wenn du von einem Giftpfeil getroffen bist, mußt du ihn sofort herausziehen.« Es ist keine Zeit zu fragen, wer ihn geschossen hat, was für Gift es ist usw. Kümmere dich zunächst um das unmittelbare Problem, und später kannst du die Dinge untersuchen. Wenn wir menschlichem Leid begegnen, ist es wichtiger, mit heilender Hinwendung zu antworten, als über die Politik derer, denen wir helfen, zu diskutieren. Statt zu fragen, ob ihr Land ein Freund oder ein Feind ist, sollten wir erwägen: »Sie sind Menschen, sie leiden, und sie haben das gleiche Recht auf Glück wie wir.«

Es mangelt uns nicht an wissenschaftlicher und technischer Entwicklung, und doch fehlt uns etwas hier im Herzen: wirkliches inneres, warmes Empfinden. Wir brauchen ein gutes Herz.

Mit der grundlegenden Einsicht, daß alle Menschen Brüder und Schwestern sind, können wir dann auch den Nutzen verschiedener Systeme und Ideologien schätzen, die verschiedenen Individuen und Gruppen mit unterschiedlichen Voraussetzungen und Erwartungen entgegenkommen. Für bestimmte Leute ist unter bestimmten Bedingungen eine bestimmte Ideologie oder ein kulturelles Erbe nützlicher als andere. Jeder Mensch hat das Recht zu wählen, was für ihn am besten geeignet ist. Dies ist Aufgabe des Individuums, und zwar auf der Grundlage eines tiefen Verstehens, daß alle anderen Personen Brüder und Schwestern sind.

Tief im Herzen müssen wir wirkliche Zuneigung füreinander haben, echte Erfahrung oder Erkenntnis unseres gemeinsamen Menschseins. Gleichzeitig müssen wir allen Ideologien und Systemen als einer Möglichkeit zur Lösung der Menschheitsprobleme offen begegnen. *Ein* Land, *eine* Nation, *eine* Ideologie, *ein* System – das genügt nicht. Die Mannigfaltigkeit unterschiedlicher Lösungswege ist hilfreich, wenn sie in dem tiefen Gefühl gründet, daß im Grunde die Menschen gleich sind. Dann können wir gemeinsame Anstrengungen unternehmen, um die Probleme der Menschheit als Ganzes zu lösen. Die Probleme, vor denen die menschliche Gesellschaft in bezug auf die wirtschaftliche Entwicklung, die Energiekrise, die Spannungen zwischen den armen und reichen Ländern steht, d. h. viele geopolitische Probleme, sind lösbar, wenn wir gegenseitig des anderen fundamentale Menschlichkeit verstehen, die Rechte des anderen respektieren, an den Problemen und Leiden der anderen Anteil nehmen und uns dann gemeinsam um Lösungen bemühen.

Selbst wenn wir bestimmte Probleme nicht lösen können, sollten wir es nicht bedauern. Wir Menschen müssen dem Tod, dem Alter und Krankheiten ebenso ins Auge schauen wie Naturkatastrophen – etwa Wirbelstürmen –, die sich unserer Kontrolle entziehen. Wir müssen ihnen begegnen, wir können sie nicht vermeiden. Aber diese Leiden genügen uns – warum sollten wir auf Grund unserer Ideologien, nur weil wir anderen Denksystemen folgen, noch mehr Probleme schaffen? Es ist unnütz und traurig! Abertausende leiden darunter. Solch eine Situation ist wirklich töricht, da wir sie vermeiden können, wenn wir unsere Haltung ändern und die Grundwerte des Menschen ernst nehmen, denen die Ideologien eigentlich dienen sollen.

Vor vierhundert oder fünfhundert Jahren lebten in diesem Land in mehr oder weniger voneinander unabhängigen Gruppen die einheimischen Indianer. Selbst die Familien waren weitgehend unabhängig voneinander. Heute jedoch befinden wir uns ohne Frage sogar von Nation zu Nation und Kontinent zu Kontinent in größter Abhängigkeit. So fahren etwa Tausende von Autos in den Straßen von New York, Washington oder hier in Los Angeles, aber ohne Öl können sie nicht fahren. Obwohl gegenwärtig die Menschen von Autos getragen werden, werden die Menschen diese großen Autos zu tragen haben, wenn das Öl verbraucht ist. Unser Wohlstand ist auch von Bedingungen an anderen Orten abhängig. Ob wir es wollen oder nicht, dies zeigt unsere gegenseitige Abhängigkeit. Wir können nicht mehr in völliger Isolierung existieren. Solange wir nicht zu wirklicher Zusammenarbeit, Harmonie und gemeinsamer Anstrengung kommen, werden Probleme entstehen. Da wir nun miteinander leben müssen – warum nicht mit einer positiven Einstellung dazu, einem guten Bewußtsein? Warum empfinden wir statt dessen Haß gegeneinander und bringen mehr Unruhe in die Welt?

Ich bin ein religiöser Mensch, und nach meiner Anschauung entstehen alle Dinge zuerst im Bewußtsein. Dinge und Ereignisse hängen sehr stark von der Motivation ab. Ein echter Sinn dafür, die gemeinsame Menschlichkeit zu würdigen, sowie heilende Hinwendung und Liebe sind der Schlüssel dazu. Wenn wir ein gutes Herz entwickeln, wird sich alles verbessern, sei es auf dem Gebiet der Wissenschaft, der Landwirtschaft oder der Politik. Das ist so, weil die Motivation so wesentlich ist. Ein gutes Herz ist auch im täglichen Leben von Bedeutung. Haben in einer kleinen Familie, selbst ohne Kinder, alle ein offenes Herz füreinander, wird eine friedvolle Atmosphäre geschaffen. Wird nur einer von ihnen ärgerlich, entsteht augenblicklich eine spannungsgeladene Atmosphäre im Hause. Trotz guten Essens und eines hübschen Fernsehgerätes werden Frieden und Ruhe verlorengehen. Das bedeutet, daß dies alles mehr vom Bewußtsein als von materiellen Dingen abhängt. Materielle Dinge sind wichtig, wir bedürfen ihrer, aber wir müssen sie verantwortungsbewußt gebrauchen. Dieses Jahrhundert muß Intelligenz mit einem guten Herzen verbinden.

Jedermann spricht gern über Ruhe und Frieden, sei es in der Familie, im Staat oder im internationalen Kontext. Wie aber können wir ohne *inneren* Frieden wirklichen Frieden schaffen? Durch Haß und Gewalt ist Weltfriede nicht zu erreichen. Selbst im individuellen Bereich kann Glück nicht im Ärger verwirklicht werden. Wenn man in einer schwierigen Lage innerlich durcheinander und total verstört ist, können äußere Dinge überhaupt nicht helfen. Wenn man jedoch trotz äußerer Schwierigkeiten oder Probleme eine innere Haltung der Liebe, Wärme und Gutherzigkeit hat, kann man Problemen begegnen und sie leicht annehmen.

Das menschliche Wesen, das sich in einem gesunden Menschenverstand ausdrückt, kann sich durch Ärger nicht verwirklichen. Ärger, Eifersucht, Ungeduld und Haß sind die wirklichen Störenfriede, mit ihnen können Probleme nicht gelöst werden. Obwohl man vorübergehend Erfolg haben kann, werden Haß und Ärger schließlich nur weitere Schwierigkeiten hervorbringen. Im Ärger handelt man übereilt. Wenn wir aber den Problemen mit heilender Hinwendung, aufrichtig und mit guter Motivation begegnen, brauchen wir vielleicht länger, aber letztlich ist die Lösung besser, denn die Wahrscheinlichkeit ist viel geringer, daß ein neues Problem durch die zeitweilige »Lösung« des gegenwärtigen geschaffen wird.

Wir blicken manchmal auf die Politik herab, indem wir sie als schmutzig kritisieren. Betrachten wir sie jedoch genauer, so ist Politik als solche nicht schlecht. Sie ist ein Instrument im Dienst der menschlichen Gesellschaft. Nur wenn sie von Selbstsucht, Haß, Ärger oder Eifersucht motiviert ist, wird sie schmutzig.

Das gilt nicht nur für die Politik, sondern auch für die Religion. Spreche ich über Religion mit selbstsüchtigen Motiven oder mit Haß, dann ist das nicht gut, denn obwohl ich über Religion spreche, ist meine Absicht schlecht. Alles hängt von unserer eigenen Motivation ab. Mit Geld oder Macht können nicht alle Probleme gelöst werden; zuerst muß das Problem im menschlichen Herzen gelöst werden, dann lösen sich auch die anderen selbstverursachten Probleme.

Da wir alle in dieser Welt leben müssen, glaube ich, daß wir versuchen müssen, weltweit eine gute innere Einstellung, echte Sympathie für unsere Mitbrüder und -schwestern zu entwickeln. Aus meiner Perspektive kann ich sagen, daß wir Tibeter unseren Kampf für unsere Rechte fortsetzen. Manche behaupten, daß die tibetische Situation allein ein politisches Problem sei, aber ich denke anders. Wir Tibeter haben ebenso wie die Chinesen ein einzigartiges und eigenes kulturelles Erbe. Wir hassen die Chinesen nicht; wir achten zutiefst den Reichtum der chinesischen Kultur, die so viele Jahrhunderte umspannt. Trotz dieses tiefen Respekts und unserer Haltung, die nicht antichinesisch ist, haben wir sechs Millionen Tibeter ein gleiches Recht, unsere eigene, sehr verschiedene Kultur zu bewahren, solange wir anderen dabei nicht schaden. In materieller Hinsicht sind wir rückständig, aber auf spirituellem Gebiet, d. h. in der Entwicklung des Bewußtseins, sind wir reich. Wir Tibeter sind Buddhisten. Der Buddhismus, den wir praktizieren, ist eine sehr umfassende Form des Buddhismus. Und wir haben dieses Erbe aktiv bewahrt. Bis zum letzten Jahrhundert lebten wir als eine friedliche Nation unserer einzigartigen Kultur. Unglücklicherweise wird jetzt, während der letzten Jahrzehnte, diese Nation und Kultur willentlich zerstört. Wir lieben unsere eigene Kultur und unser Land. Wir haben ein Recht, es zu bewahren.

Die sechs Millionen Tibeter sind Menschen, ob sie materiell rückständig sind oder nicht, ist dabei uninteressant. Wir sind sechs Millionen menschliche Seelen mit dem Recht, als Menschen leben zu können. Und nur um dieses Problem geht es uns.

Ich diene unserer Sache mit der Motivation, damit auch der Menschheit zu dienen, nicht um der Macht willen und nicht aus Haß. Nicht bloß als Tibeter, sondern als Mensch denke ich, daß es ein Beitrag für die Weltgemeinschaft ist, diese Kultur, diese Nation zu erhalten. Deshalb halte ich beharrlich an unserem Freiheitsbegehren fest, und obwohl einige Leute das als rein politische Angelegenheit ansehen, weiß ich, daß es um viel mehr geht.

Wir hoffen darauf, daß sich die grundsätzliche Haltung der Volksrepublik China ändert, aber wir sind infolge unserer schlechten Erfahrung vorsichtig. Ich sage das nicht, um Kritik zu üben. Es ist vielmehr eine Tatsache. Wenn Sie die Sache untersuchen, können Sie selbst zu diesem Schluß kommen. Die Zeit wird uns lehren.

Ich glaube, daß menschliche Entschlossenheit und Willenskraft ausreichen, um Druck von außen und Aggression entgegenzutreten. Unabhängig davon, wie stark die böse Kraft ist – die Flamme der Wahrheit wird sich dadurch nicht verringern. Das ist mein Glaube.

Als Freund ist es meine Bitte und mein Wunsch an Sie persönlich und als Organisation, daß Sie versuchen, den Sinn für Bruderschaft und Schwesterschaft zu fördern. Wir müssen heilende Hinwendung und Liebe fördern. Das ist unsere wahre Pflicht. Regierungen sind zu beschäftigt mit der Tagespolitik, um sich derartigen Anliegen zu widmen. Als Privatpersonen haben wir mehr Muße, in diesen Bahnen zu denken – wie wir in der menschlichen Gesellschaft zur Entwicklung von heilender Hingabe und wahrem Gemeinschaftssinn mitwirken können.

Zweifellos glauben Sie, daß ich von einem nicht praktizierbaren Traum spreche. Wir Menschen haben jedoch ein entwickeltes Gehirn und somit unendliche Potentiale. Wenn sogar wilde Tiere allmählich und mit Geduld gezähmt werden können, dann kann das menschliche Bewußtsein erst recht Schritt für Schritt trainiert werden. Wenn Sie meine Argumente geduldig überprüfen, können Sie diese Erkenntnis durch eigene Erfahrung nachvollziehen. Wenn jemand, der schnell ärgerlich wird, versucht, seinen oder ihren Ärger zu kontrollieren, dann kann er oder sie mit der Zeit tatsächlich dieses Ziel erreichen. Dasselbe gilt auch für eine überaus ichsüchtige Person. Zuerst muß dieser Mensch die Fehler einer ichbezogenen und den Nutzen einer weniger ichhaften Motivation erkennen. Danach übt man, die schlechte Seite zu kontrollieren und die gute zu entwickeln. Mit der Zeit wird sich diese Praxis als überaus wirksam erweisen. Das ist die einzige Alternative.

Ohne Liebe ist die menschliche Gesellschaft in einem schlimmen Zustand. Ohne Liebe werden wir in der Zukunft schrecklichen Problemen gegenüberstehen müssen. Liebe ist die Mitte des menschlichen Lebens.

Meditation

Wisdom's Goldenrod, Ithaca, New York

ICH FREUE MICH SEHR, daß ich in Ihr Zentrum gekommen bin. Ich weiß etwas über Ihre Tätigkeit und bewundere Ihre Zielsetzung, daß die verschiedenen Systeme einander kennenlernen sollen. Meine Absicht ist es, zuerst einige Dinge kurz und im Überblick zu erläutern, so daß wir dann in eine informelle Diskussion eintreten können.

Fragt man, ob Menschen Rechte haben, so lautet die klare Antwort: Ja, es gibt Menschenrechte. Wie kommt es, daß Menschen Rechte haben? Menschenrechte beruhen auf der Tatsache, daß unserem Bewußtsein eine Vorstellung von Ich innewohnt; dieses Ich wünscht Glück und möchte dem Leid entgehen. Der Wunsch nach Glück und das Vermeidenwollen von Leiden sind infolge des auf der relativen Existenzebene erscheinenden Ichs der eigentliche Grund dafür, daß es Menschenrechte gibt.

Wir kennen viele Ebenen des Glücks, nach dem wir alle streben, und des Leidens, dem wir entgehen wollen. Viele Millionen Menschen in dieser Welt suchen nach einem Weg, glücklich zu sein und das Leid zu überwinden, und betrachten dabei ihren Weg als die beste Methode. Alle großen Entwürfe, die Fünfjahrpläne und Zehnjahrpläne, gründen in dem Wunsch nach Glück. Wir, die wir heute hier versammelt sind, suchen aber nach einem Weg zum Glück und zur Überwindung von Leid, der sich von den üblichen unterscheidet. Uns geht es um Methoden, die nichts mit Geld zu tun haben, sondern auf der inneren Transformation des Denkens beruhen.

Viele Weise der Vergangenheit haben Methoden zum Wandel, Training und zur Transformation des Bewußtseins entwickelt; und es ist außerordentlich wichtig für uns, alle diese Systeme zu achten, da sie altruistisch orientiert sind und das allen gemeinsame Ziel anstreben. Achtet man diese verschiedenartigen Systeme, so entdeckt man ihre jeweils einzigartigen Methoden und findet heraus, welche für einen selbst am hilfreichsten und geeignetsten sind, um sie dann zu praktizieren. Wir müssen sie anwenden; diese Lehren haben kaum einen Wert, wenn sie nicht in unserem täglichen Leben in die Praxis umgesetzt werden.

Die Grundsätze philosophischer Systeme müssen auf der Basis eines geschulten geistigen Kontinuums praktiziert werden. Deshalb ist Meditation außerordentlich bedeutungsvoll, insbesondere auch am Anfang. Vielleicht können wir heute, da ich dieses Thema erläutere, ein Experiment machen. Möchten Sie daran teilnehmen?

Zuerst achten Sie auf Ihre Sitzhaltung: Stellen Sie Ihre Beine so bequem wie möglich, richten Sie Ihre Wirbelsäule gerade wie einen Pfeil. Legen Sie Ihre Hände in die Haltung meditativen Gleichgewichtes, etwa vier Fingerbreit unter dem Nabel, mit der rechten Hand über der linken, so daß die Daumen einander berühren und ein Dreieck bilden. Diese Position der Hände hängt mit der Stelle im Körper zusammen, an der innere Hitze erzeugt wird.

Indem Sie den Nacken leicht beugen, erlauben Sie Mund und Zähnen ihre normale Haltung, wobei die Zungenspitze den oberen Gaumen direkt hinter der oberen Zahnreihe berührt. Lassen Sie die Augen entspannt nach unten ins Leere blicken; es ist nicht notwendig, daß der Blick auf die Nasenspitze gerichtet wird. Sie können auch auf den Boden blicken, wenn das für Sie natürlicher ist. Öffnen Sie die Augen nicht zu weit, und schließen Sie sie auch nicht gewaltsam, lassen Sie die Augen ein wenig geöffnet. Manchmal fallen sie von selbst zu, das ist in Ordnung. Selbst bei geöffneten Augen wird das, was Ihrem Sehbewußtsein erscheint, nicht störend wirken, wenn Ihr tieferes mentales Bewußtsein mit Stetigkeit bei seinem Objekt bleibt.

Ein Hinweis für diejenigen von Ihnen, die eine Brille tragen: Ist Ihnen aufgefallen, daß nach Abnahme der Brille auf Grund der Unschärfe die Gefahr bei der Meditation geringer ist, daß irgendeine Erregung entsteht, dafür aber das Problem auftaucht, daß man schlaff wird? Haben Sie herausgefunden, ob es einen Unterschied macht, ob man einer Wand gegenübersitzt oder nicht? Wenn Sie einer Wand gegenübersitzen, könnte es sein, daß die Gefahr der Erregung oder Zerstreuung geringer ist. Aber all diese Dinge können Sie durch eigene Erfahrung entscheiden.

Bei Meditationstechniken, die ein Beobachtungsobjekt benutzen, kann es zwei Arten von Objekten geben: äußere und innere. Lassen Sie uns jetzt, statt das Bewußtsein selbst zu meditieren, ein äußeres Beobachtungsobjekt hinzuziehen. Das kann für diejenigen, die gern ein Buddhabild betrachten, die Gestalt des Buddha sein, für diejenigen, die gern ein Kreuz betrachten, ein Kreuz, oder welches Symbol für Sie auch immer geeignet ist. Visualisieren Sie geistig, daß das Objekt etwas mehr als einen Meter vor Ihnen steht, und zwar in der Höhe der Augenbrauen. Das Objekt sollte etwa fünf Zentimeter groß sein und Licht ausstrahlen. Versuchen Sie, die Vorstellung zu erzeugen, daß das Objekt schwer ist, denn das wird unerwünschter Erregung vorbeugen. Seine Strahlkraft wirkt der Schlaffheit entgegen. Wenn Sie sich nun konzentrieren, müssen Sie zwei Dinge anstreben: Erstens soll das Beobachtungsobjekt sehr deutlich werden, zweitens soll es unbeweglich werden.

Ist etwas in Ihrem Bewußtsein erschienen? Stören die Sinnesobjekte vor Ihren Augen? Wenn ja, so schließen Sie jetzt ruhig die Augen. Sehen Sie bei geschlossenen Augen dann aber vielleicht einen rötlichen Schimmer? Sollte das der Fall sein, oder sollten Sie bei geöffneten Augen von dem, was Sie sehen, gestört werden, dann ist Ihr Sehbewußtsein zu stark, und Sie sollten die Aufmerksamkeit vom Sehbewußtsein weg auf das tiefere mentale Bewußtsein lenken.

Das, was die Unbeweglichkeit des Beobachtungsobjekts verhindert und Ursache der geistigen Fluktuation ist, ist die Erregung oder – allgemeiner gesprochen – die Zerstreuung. Um sie zu bremsen, muß man das Bewußtsein stärker einwärts kehren, so daß die Intensität der Wahrnehmungsweise zu sinken beginnt. Um das Bewußtsein nach innen zu kehren, ist es hilfreich, an etwas zu denken, das Sie nüchterner, vielleicht sogar ein wenig traurig macht. Solche Gedanken können nämlich eine erhöhte Wahrnehmungsweise des Meditationsobjekts verursachen. Das Bewußtsein war zu angespannt, es löst sich nun etwas, wodurch es in die Lage versetzt wird, besser bei dem Meditationsobjekt zu bleiben.

Es genügt nicht, nur Unbeweglichkeit oder Stabilität zu erzielen, sondern wir müssen auch Klarheit oder Deutlichkeit erlangen, was allerdings durch die Schlaffheit erschwert wird. Ursache der geistigen Schlaffheit sind ein übermäßiges Zurückziehen und unmäßiges energetisches Absenken der Bewußtseinskraft. Zuerst wird dann das Bewußtsein schlaff; dies kann zu einer Lethargie führen, in die man wie in eine Dunkelheit hineinfällt, wobei das Beobachtungsobjekt verlorengeht. Am Ende schlafen wir vielleicht sogar ein. Wenn das passiert, muß man die Wahrnehmungsintensität erhöhen. Eine hilfreiche Technik dafür ist der Gedanke an etwas, das man mag, an etwas Erfreuliches. Oder man begebe sich auf ein hochgelegenes Plateau, von dem aus man einen weiten Blick genießt. Diese Technik verursacht eine Erhöhung der Wahrnehmungskraft für ein erschlafftes Bewußtsein.

Wir müssen lernen, aus eigener Erfahrung zu erkennen, wann die Wahrnehmungskraft zu erregt oder zu schlaff geworden ist, so daß wir die besten Mittel zur Abschwächung oder Erhöhung derselben einsetzen können.

Das Beobachtungsobjekt, das man visualisiert, muß mit Achtsamkeit festgehalten werden. Dann ergründet man – gleichsam als Unbeteiligter, aber immer noch im Zustand der Achtsamkeit des Bewußtseins –, ob das Objekt deutlich und unbeweglich ist. Die Fähigkeit zu dieser begleitenden Beobachtung nennt man Introspektion. Wenn man starke und beständige Achtsamkeit erreicht hat, wird Introspektion hervorgebracht. Die spezifische Aufgabe der Introspektion ist die zeitweilige Prüfung des Bewußtseins, das selbst feststellt, ob es unter den Einfluß von Erregung oder Schlaffheit geraten ist. Wenn man Achtsamkeit und Introspektion gut entwickelt, wird man fähig, Schlaffheit und Erregung kurz vor dem Moment ihres Entstehens zu fassen, so daß man ihr Entstehen unterbinden kann.

Das ist in Kürze die Methode, Meditation mittels eines äußeren Beobachtungsobjekts zu vollziehen und aufrechtzuerhalten. Eine andere Meditationsweise besteht darin, daß man das Bewußtsein selbst betrachtet. Versuchen Sie, Ihr Bewußtsein ganz lebendig in einem natürlichen Stadium zu belassen, ohne daß Sie an Ereignisse in der Vergangenheit oder an Pläne für die Zukunft denken, ohne also irgendeine Art von Begrifflichkeit zu entwickeln. Wo mag das Bewußtsein jetzt sein? Ist es im Sehen, oder wo ist es? Höchstwahrscheinlich haben Sie das Gefühl, daß es irgendwie mit den Augen verbunden ist, weil wir einen großen Teil unserer Bewußtheit in bezug auf die Welt vom Sehen ableiten. Das ist so, weil wir uns zu sehr auf das Bewußtsein der Sinne gestützt haben. Die Existenz eines davon getrennten mentalen Bewußtseins kann man aber feststellen: Wenn die Aufmerksamkeit zum Beispiel durch ein Geräusch abgelenkt wird, bemerkt man das, was dem Sehbewußtsein erscheint, nicht. Dies zeigt an, daß ein separates mentales Bewußtsein in diesem Moment dem vom Hörbewußtsein gehörten Geräusch größere Aufmerksamkeit schenkt als der Wahrnehmung des Sehbewußtseins.

Durch anhaltende Praxis kann man das Bewußtsein schließlich als reine Lichthaftigkeit und Erkennen wahrnehmen, dem alles erscheinen kann und das im Bild eines jedweden Objekts erzeugt werden kann, wenn entsprechende Bedingungen vorhanden sind. Solange dem Geist die äußeren Umstände der Begrifflichkeit nicht aufgelegt werden, wird er leer bleiben, ohne daß ihm irgend etwas erscheint. Er ist wie klares Wasser, und sein Wesen ist reine Erfahrung. Indem wir dieser Natur des Geistes gewahr werden, haben wir erstmals das Beobachtungsobjekt dieser inneren Art der Meditation lokalisiert. Die beste Zeit, diese Meditation zu üben, ist der frühe Morgen, wenn das Bewußtsein sehr klar und wach ist. Man übe aber an einem ruhigen Ort.

Es gibt noch eine andere Meditationsmethode, die uns befähigt, die letztgültige Natur der Erscheinungen zu erkennen. Im allgemeinen unterteilt man die Erscheinungen in zwei Arten: mentale und physische Aggregate – oder Erscheinungen, die von einem Ich gebraucht werden, und das Ich, das sie gebraucht. Um die Natur dieses Ich zu bestimmen, wollen wir ein Beispiel benutzen. Wenn wir sagen: »Johannes kommt«, so gibt es eine Person, die durch den Namen Johannes bezeichnet ist. Bezeichnet dieser Name seinen Körper? Nein. Bezeichnet er sein Bewußtsein? Würde er sein Bewußtsein bezeichnen, könnten wir nicht von dem Bewußtsein *des* Johannes sprechen. Bewußtsein und Körper sind also Erscheinungen, die von der Person »Johannes« gebraucht werden. Es scheint beinahe so, als ob es ein von Bewußtsein und Körper getrenntes Ich gäbe. Wenn wir zum Beispiel denken: »Oh, mein zerbrechlicher Körper!« oder »Mein verdrehter Verstand!«, so ist doch für unsere eigene angeborene Erscheinungsweise das Bewußtsein selbst nicht das Ich, nicht wahr? Welcher Johannes ist das also, der weder sein Bewußtsein noch sein Körper ist? Sie können das natürlich auch auf sich selbst anwenden, auf Ihr eigenes Ich-Empfinden – wo ist dieses Ich angesichts der Unterscheidung in Bewußtsein und Körper?

Wenn mein Körper krank ist, kann man auf Grund der Krankheit des Körpers feststellen, daß ich krank bin, obwohl mein Körper ja nicht das Ich ist. Und es ist ja tatsächlich für das Wohlbefinden des Ich manchmal nötig, einen Teil des Körpers zu entfernen. Obwohl der Körper nicht das Ich ist, gibt es zwischen beiden eine Beziehung; der Schmerz des Körpers kann der Schmerz des Ich sein. Ähnlich ist es, wenn das Sehbewußtsein etwas sieht: Dem Verstand erscheint es so, als würde das Ich etwas wahrnehmen.

Was ist die Natur des Ich? Wie erscheint es Ihnen? Wenn Sie kein künstliches Konzept in Ihrem Verstand bilden oder schaffen, scheint dann Ihr Ich eine von Bewußtsein und Körper getrennte Identität zu haben? Aber wenn Sie danach suchen, können Sie es auch finden? Ein Beispiel: Jemand klagt Sie an: »Du hast das gestohlen« oder »Du hast diesen oder jenen zugrunde gerichtet«, und Sie empfinden: »Ich habe das nicht getan!« Wie erscheint in diesem Moment das Ich? Erscheint es als etwas fest Bestehendes? Erscheint Ihrem Bewußtsein ein festes, beständiges und starkes Wesen, wenn Sie denken oder sagen: »Ich habe das nicht getan«?

Dieses scheinbar feste, konkrete, unabhängige, sich selbst setzende Ich, das unter seiner eigenen Kontrolle steht und in einem solchen Moment tatsächlich erscheint, existiert überhaupt nicht;

und diese spezifische Art des Nicht-Existierens nennt man Nicht-Selbst. Außerhalb von Analysen und rationaler Untersuchung wird ein Ich wie in »Ich möchte das und das« oder »Ich werde dies oder das tun« als gegeben angenommen, aber die Nicht-Existenz eines unabhängigen oder selbstmächtigen Ich konstituiert die Nicht-Selbst-Realität der Person. Dieses Nicht-Selbst findet man, wenn man analytisch nach dem Ich sucht.

Diese nicht-inhärente Existenz des Ich ist eine letztgültige absolute Wahrheit. Das Ich, das dem nicht-analytischen alltäglichen Bewußtsein erscheint, ist das in Abhängigkeit von Ursachen entstandene Ich, das als Grundlage für die alltäglichen Handlungen, als Subjekt von Handlungen usw. dient. Es ist eine konventionelle oder relative Wahrheit. In der Analyse der Subsistenzweise oder des Status des Ich wird deutlich, daß es nicht inhärent existiert trotz des äußeren Anscheins, daß es also so etwas wie eine Illusion ist.

Auf diese Weise analysiert man die letztgültige Natur des Ich, die Leere. So wie das Ich dieses Wesen hat, so sind auch alle anderen Erscheinungen, die vom Ich gebraucht werden, leer in bezug auf inhärente Existenz. In der Analyse kann man sie nicht finden, aber außerhalb der Analyse und rationalen Untersuchung existieren sie. Ihr Wesen ist dem des Ich gleich.

Die relative Existenz des Ich wie auch die von Wohlbefinden und Schmerz zwingen uns dazu, heilende Hinwendung und Uneigennützigkeit entstehen zu lassen. Und da die letztgültige Natur der Erscheinungen diese Leere inhärenter Existenz ist, gilt es auch, Weisheit zu kultivieren. Werden diese beiden Aspekte – heilende Hinwendung und Weisheit – zugleich praktiziert, wird die Weisheit tiefer, und die dualistische Wahrnehmungsweise verringert sich. Wenn das Bewußtsein in und mit der Bedeutung der Leere umgeht, werden die dualistischen Erscheinungen transparent, und gleichzeitig wird das Bewußtsein an Subtilität zunehmen. Wird das Bewußtsein immer subtiler und erreicht schließlich die subtilste Ebene, wird es schließlich in die allem zugrunde liegende Geistwirklichkeit transformiert, in den ursprünglichen Geistgrund des Klaren Lichtes, der unmittelbar die Erfahrung der Leere hat und mit der Leere im meditativen Gleichgewicht identisch ist, wo jede dualistische Erscheinung, die in die Leere eingemischt wäre, aufgehoben ist. In dieser allumfassenden Selbigkeit kann alles und jedes erscheinen. Dies nennt man: »Alles in einem Geschmack, ein Geschmack in allem.«

Jetzt könnten wir vielleicht zur Diskussion übergehen. Haben Sie Fragen?

Frage: Warum ist es besser, am Morgen zu meditieren?
Antwort: Es gibt zwei Gründe. Physisch gesehen sind am frühen Morgen – ist man einmal daran gewöhnt – die Nervenzentren frisch. Und das ist von Vorteil. Es gibt aber auch einen Unterschied, was die Zeit als solche anlangt. Ferner ist man nach gutem Schlaf morgens frisch und wach; das kennt jeder aus eigener Erfahrung. Abends komme ich an einen Punkt, wo ich mich nicht mehr konzentrieren kann. Nach dem Schlafen, am frühen Morgen, erscheint eine Sache, die ich am Abend nicht mehr durchdenken konnte, automatisch klarer. Dies zeigt, daß die Bewußtseinskraft am Morgen schärfer ist.

Frage: Können Sie etwas über die Mantra- und Klang-Meditation sagen?
Antwort: Bezüglich der Mantras, die man in der Meditation verwenden kann, unterscheidet man äußere Klänge, die durch hörbare Wiederholung erzeugt werden, und innere Klänge, die durch geistige Wiederholung entstehen. Es gibt aber auch natürliche Klänge, die mantrische Laute sind und von selbst entstehen, wie zum Beispiel die Atemgeräusche beim Ein- und Ausatmen.

Man kann die Buchstabenformen so anordnen, daß sie auf einer flachen Mondscheibe oder innerhalb des Lichtes im Herzen zu stehen kommen. Wenn es für Sie eine angenehme Vorstellung ist, so imaginieren Sie sich selbst in der Mitte des Ganzen, als wären Sie im Haus Ihres Leibes. Wenn Sie die Empfindung haben, daß ein Hauptstrom des Bewußtseins in Augennähe fließt, können Sie Licht hinter den Augen imaginieren. Dann identifiziert man sich selbst ganz intensiv damit, so daß man in der Mitte dieses Lichtes ist, und zieht das Licht und das Bewußtsein hinab in das Zentrum des Mantrakreises, das sich im Herzen befindet. Wenn Sie das viele Male wiederholen, werden Sie allmählich ein Gespür entwickeln, daß Sie genau hier im Herzen sind. Wenn Sie dann im Zentrum des Mantra sind, können Sie gleichsam die Buchstaben des Mantra um sich herum lesen, nicht laut, sondern mental, d. h., Sie rezitieren das Mantra mit dem Geist, nicht mit dem Mund. Aber es gibt sehr viele verschiedene Techniken.

Frage: Was ist das zweckmäßigste Mittel, einen Widerstand gegen Meditation zu überwinden?
Antwort: Als Hindernisse für die Meditation gelten in unserer Tradition fünf Fehler. Der erste ist Trägheit. Der zweite ist, den Ratschlag hinsichtlich des Objekts nicht zu beachten, d. h. das Objekt zu vergessen. Dann kommen Schlaffheit und Erregung. Danach das Versäumnis, ein Gegenmittel anzuwenden, wenn sich Schlaffheit oder Erregung bemerkbar macht. Und der letzte Fehler besteht darin, die Gegenmittel gegen Schlaffheit und Erregung weiter anzuwenden, auch wenn diese bereits überwunden worden sind. Dies nennt man die fünf Fehler. Dagegen kennen wir acht Gegenmittel. Die Mittel gegen Trägheit sind: Zuerst der *Glaube*, der den Wert meditativer Stabilisierung einsieht und erkennt, der ja darin besteht, daß ohne meditative Stabilisierung die höheren Wege nicht beschritten werden können. Indem man die guten Qualitäten meditativer Stabilisierung feststellt, entsteht ein *Trachten* danach, diese guten Eigenschaften zu erlangen. Dadurch kommt eine *Anstrengung* zustande, vermittels deren man eine *Beweglichkeit* erreicht, die Körper und Geist erlaubt, frei von ungünstigen Zuständen und dienstbar für tugendhafte Zwecke zu sein, so daß alles Tugendhafte, was man tut, wirkungsvoll ist. Dies sind die vier Gegenmittel gegen den ersten Fehler: Trägheit.

Es ist hilfreich, die Meditation anfangs nicht zu lang auszudehnen. Überfordern Sie sich nicht. Die Höchstgrenze sind etwa fünfzehn Minuten. Wichtig ist nicht die Länge der Meditationssitzung, sondern ihre Qualität. Wer zu lang meditiert, kann schläfrig werden, und dann besteht die Gefahr, daß man sich an diesen Zustand gewöhnt. Das wäre nicht nur Zeitverschwendung, sondern auch eine Gewohnheit, die sich in der Zukunft nur schwer korrigieren läßt. Beginnen Sie also am Anfang mit häufigen, aber kurzen Meditationssitzungen – selbst acht oder sechzehn tägliche Sitzungen sind möglich –, und wenn Ihnen die in der Meditation ablaufenden Prozesse vertraut geworden sind, wird auch die Qualität besser werden, und dann werden die Sitzungen ganz natürlich länger.

Ein Zeichen dafür, daß Ihre meditative Stabilisierung gute Fortschritte macht, ist das Gefühl, daß die Meditationssitzung nur kurz gedauert hat, obwohl nach der Uhr eine viel längere Zeit verflossen ist. Wenn Ihnen aber scheint, Sie hätten eine sehr lange Zeit meditierend verbracht, während die Zeitspanne tatsächlich nur sehr kurz war, so ist das ein Anzeichen dafür, daß Sie die Dauer der Meditationssitzung verkürzen sollten. Das kann am Anfang sehr wichtig sein.

Frage: Im buddhistischen System spricht man von verschiedenen Erkenntnisebenen, denen entsprechende Arten von Objekten zugeordnet sind. Wer ist auf jeder Ebene der Erkenner oder das Subjekt dieser verschiedenen Arten der Erkenntnis?
Antwort: Es gibt viele Bewußtseinsebenen, denen jeweils verschiedene Arten der Objektwahrnehmung entsprechen, aber sie sind alle gleich, insofern sie ein Kontinuum von Lichthaftigkeit und Erkennen sind, und in der Tatsache, daß es das in Abhängigkeit von dem Bewußtseinskontinuum bestimmte Ich ist, das sie erkennt. Beantwortet das Ihre Frage?

Einige der buddhistischen Lehrsysteme sprechen von Typen des Bewußtseins, die analog zum Ich gedacht werden. Im höchsten und tiefgründigsten System jedoch, der Konsequenz-Schule des Mittleren Weges *(Prāsaṅgika-Mādhyamika)* ist das Ich das bloße Ich, das in Abhängigkeit vom Bewußtseinskontinuum bestimmt ist.

Frage: Was ist der Unterschied zwischen Bewußtsein und Ich?
Antwort: Es gibt sehr viele verschiedene Erscheinungsweisen des Ich. Einmal erscheint das Ich so, als wäre es tatsächlich verschieden von den Aggregaten des Bewußtseins und des Körpers sowie dauerhaft, eigenen Wesens und selbstmächtig. Ein andermal kann es so

erscheinen, als wäre es faktisch nicht verschieden von den Aggregaten, wobei es als Träger der Lasten der Aggregate oder ihr Meister erscheint, d. h. als substantiell existentes und sich selbst genügendes Ich. Wieder eine andere Art der Erscheinung ist die, daß es nicht dadurch bestimmt ist, einem Bewußtsein zu erscheinen, sondern von seiten seiner eigenen besonderen Subsistenzweise her gesetzt ist. Noch eine andere Möglichkeit ist die, daß das Ich inhärent oder durch seinen eigenen Anspruch zu existieren scheint, also keineswegs nur nominal existiert. Und dann gibt es eine Erscheinungsweise, bei der das Ich zwar durch seinen eigenen Anspruch zu existieren *scheint*, wobei aber ein bloßes Ich alles ist, was gedacht werden kann. Das Konzept dieser letzten Erscheinungsweise ist von allen die einzig gültige Erkenntnis.

Was ist das Ich? Sucht man es auf analytischem Wege, so ist es nicht auffindbar. Nichts, was zu den mentalen und physischen Aggregaten zählt, weder ihr Kontinuum noch ihre Summe, können als etwas, das das Ich wäre, begriffen werden. Wenn ein verschmutztes Stück Seil in der Dunkelheit dem Betrachter auf Grund der schlechten Sichtverhältnisse als Schlange erscheint, dann ergeben weder die Einzelteile des Seiles noch die Summe aller Teile, noch das Kontinuum dieser Teile über einen Zeitabschnitt hinweg eine Schlange. Die Schlange existiert nur durch die Bewußtseinskraft des Menschen, der sich fürchtet. Auf seiten des Seiles gibt es nichts, das eine Schlange ausmachen würde.

Wie in diesem Beispiel kann nichts, was zu den mentalen und physischen Aggregaten zählt, die ja Grundlage für die Bezeichnung des Ich sind, weder einzeln noch zusammengenommen, noch als Kontinuum über einen Zeitabschnitt hinweg als Ich aufgefaßt werden. So ist es auch völlig unmöglich, das Ich als ein Faktum ausfindig zu machen, das getrennt von Bewußtsein und Körper – die ja der Bezeichnungsgrund für das Ich sind – existieren würde. Wenn Sie nun daraus den Schluß ziehen sollten, daß das Ich darum überhaupt nicht existiert, würde dieser Schluß von der konventionell gültigen Erkenntnis zunichte gemacht. Denn daß das Ich existiert, ist offensichtlich.

Die Existenz des Ich wird durch Erfahrung und gültige Erkenntnis bestätigt, in den Grundlagen für seine Bezeichnung [Bewußtsein und Körper] ist es jedoch nicht zu finden. Somit existiert das Ich nur als Bezeichnung durch die Macht der Nominalität oder Begrifflichkeit, durch eine subjektive Kraft also. Wovon hängt es nominal ab? Seine bloß nominale Existenz ist gegeben in Abhängigkeit von seiner Bezeichnungsbasis.

Hinsichtlich der mentalen und physischen Aggregate, die Grundlage seiner Bezeichnung sind und bei denen es viele weniger subtile und subtile Ebenen gibt, ist die subtilste von allen das zeitlose Bewußtsein, das sich durch alle Wiedergeburten hindurch erstreckt. Deshalb wird gesagt, daß das Ich durch die Kraft der Nominalität bezeichnet wird in Abhängigkeit von dem anfangs- und endlosen Bewußtseinskontinuum, das die wesentliche Grundlage für seine Bezeichnung ist. Das Ich existiert nur nominal und wird bezeichnet in Abhängigkeit von diesem Bewußtseinskontinuum. Daraus folgt, daß es außer einem Selbst, das durch die Kraft der Nominalität existiert, kein Selbst gibt, d. h. ein Selbst, das durch sich selbst existieren würde. Diesen Mangel an Existenz des Objekts durch sich selbst nennen wir Nicht-Selbst.

Sie könnten nun fragen: »Wenn das Ich und so weiter durch die Kraft der Begrifflichkeit existiert, durch wessen Begrifflichkeit ist es bezeichnet – durch meine, deine, eine vergangene, gegenwärtige oder zukünftige oder eine noch andere?« Dies wiederum ist ein Fall, wo man durch Analyse das bezeichnete Objekt zu finden sucht. Man wird es nicht finden. Deshalb gilt: Existenz durch die Kraft der Begrifflichkeit existiert selbst aus der Kraft der Begrifflichkeit. Der Buddha hat gesagt, daß alle Erscheinungen nur nominal sind und daß Nominalität selbst nur nominal ist. Die Leere selbst ist leer. Selbst der Buddha ist leer in bezug auf inhärente Existenz. Durch die Lehre von der Leere wird das Extrem der Verdinglichung der Existenz vermieden. Weil die Dinge aber nicht völlig nicht-existent sind, sondern in gegenseitiger Abhängigkeit entstehen, wird durch diese Lehre das Extrem äußerster Nicht-Existenz vermieden.

Frage: Woher kommt das Bewußtsein?
Antwort: Wir sagen, daß Bewußtsein von Bewußtsein kommt. Be-

wußtsein muß von Bewußtsein hervorgebracht sein, da es nicht durch Materie als seiner wesentlichen Ursache hervorgebracht sein kann. Teilchen können keine Wesenheit von Lichthaftigkeit und Erkenntnis schaffen. Weder kann Materie die wesentliche Ursache des Bewußtseins sein, noch kann Bewußtsein die wesentliche Ursache der Materie sein. In der Nur-Bewußtseinsschule wird allerdings behauptet, daß Materie und Bewußtsein gleichen Wesens seien – fast so, als gäbe es nichts außer dem Bewußtsein. Dies wird in der Konsequenz-Schule des Mittleren Weges nicht angenommen, denn dieser These wird durch die Vernunft widersprochen. In dieser Schule werden deshalb Bewußtsein und Materie getrennt behandelt.

Es gibt keine Möglichkeit, Bewußtsein einsichtig darzustellen, es sei denn, man begreift es als eine Fortdauer früherer Bewußtseinsmomente. Demzufolge kann Bewußtsein keinen Anfang haben, was bedeutet, daß die Kette der Wiedergeburten auch keinen Anfang hat. Der Geist, ganz allgemein gesprochen, hat keinen Anfang. Seine Dauer ist anfangs- und endlos. Es gibt aber spezifische Bewußtseinsphänomene, die anfangs- und endlos sind, und wiederum andere, die anfangslos sind und doch ein Ende haben.

Frage: Meine Frage betrifft das Problem der zwei Wahrheiten. Konventionelle oder relative Wahrheit geht von der inhärenten Existenz von Subjekt und Objekt aus, und letztgültige oder absolute Wahrheit bedeutet die nicht-inhärente Existenz von Subjekt und Objekt. Das scheint klar zu sein. Wenn aber gesagt wird, daß die relative Wahrheit von der absoluten Wahrheit nicht verschieden ist, habe ich größte Verständnisschwierigkeiten.

Antwort: Die Konsequenz-Schule akzeptiert nicht, daß Subjekt und Objekt inhärent existieren, auch nicht auf der konventionellen Ebene. Auf Grund falscher Interpretation dieser Ansicht der Konsequenz-Schule werfen die anderen Systeme den Konsequentialisten vor, in das Extrem des Nihilismus verfallen zu sein. Das zeigt immerhin, daß auch nach ihrer Ansicht die Konsequenz-Schule die inhärente Existenz nicht einmal auf konventioneller oder relativer Ebene anerkennt.

Wir sagen nicht, daß die beiden Wahrheiten eins seien, sondern daß sie einer Wesenheit sind. Tatsächlich schließen sie einander gegenseitig aus. So sind zum Beispiel die Rück- und Vorderseite einer Hand zwei Seiten der einen Hand, als Rück- und Vorderseite schließen sie aber einander aus. In ähnlicher Weise wird das konventionell existierende Ich als Basis oder Substrat aufgefaßt, und seine Leere in bezug auf inhärente Existenz wird als Subsistenzweise aufgefaßt. Demzufolge ist die Leere in bezug auf inhärente Existenz die Natur, Grundbestimmung oder ein Attribut des Ich, und das Ich ist sein Substrat oder die Basis. Es gibt eine Wesenheit des bloßen Ich und seiner Leere, aber während man das Ich durch die konventionelle oder relativ gültige Erkenntnis findet, wird seine Leere durch letztgültige oder absolut gültige Erkenntnis gefunden, und daher schließen das Ich und seine Leere einander aus – das eine ist nicht das andere. Demzufolge sind die beiden Wahrheiten einer Wesenheit im Sein, technisch gesprochen sind sie verschiedene Isolate.

Der Hauptgrund dafür, daß das Ich oder jede andere Erscheinung leer ist, liegt darin, daß es sich um Dinge handelt, die in gegenseitiger Abhängigkeit entstehen. Abhängig und unabhängig sind Qualitäten, die eine Dichotomie bilden. Wird eine ausgeschlossen, ist die andere bejaht. Betrachten Sie zum Beispiel die Begriffe »menschlich« und »nicht-menschlich«: Ist eine Sache durch eins der beiden Attribute qualifiziert, wird ausgeschlossen, daß es die andere Qualität hat, und umgekehrt. Wenn hinsichtlich einer bestimmten Erscheinung ausgemacht werden soll, ob sie abhängig oder unabhängig ist, bedeutet die Bezeichnung, sie sei abhängig, gleichzeitig, daß sie leer in bezug auf Unabhängigkeit ist, und das ist es, was wir »Leere in bezug auf inhärente Existenz« nennen. Weiterhin gilt: Wenn der Beweis der Leerheit einer Sache dadurch, daß ihr abhängiges Entstehen erwiesen ist, schlüssig vollzogen ist, dann ist sie gleichzeitig als existent und abhängig charakterisiert. Denn was nicht existiert, kann nicht abhängig sein.

Wenn Sie sich mit der Logik des Entstehens in gegenseitiger Abhängigkeit vertraut gemacht haben, ist die bloße Tatsache, daß etwas existiert, zureichender Grund dafür, daß es leer in bezug auf inhärente Existenz ist. Während jedoch in den meisten Systemen die Existenz einer Sache als Indikator dafür angesehen wird, daß sie durch sich selbst existiert und nicht leer in bezug auf inhärente Existenz ist, gebrauchen wir die Logik des Entstehens in gegenseitiger Abhängigkeit, um die weiteren Implikationen des Existenzbegriffs zu reflektieren.

Frage: Könnten Sie bitte etwas über die Fünf Buddhas sagen?
Antwort: Dies sind die Buddhas der fünf Sukzessionslinien. Man kann sie erklären in der Begrifflichkeit der fünf Grundbestandteile, der fünf Aggregate, der fünf leidverursachenden Leidenschaften und der fünf Weisheitsaspekte des gewöhnlichen Bewußtseinszustandes. Wollen wir uns die fünf Grundbestandteile, die in dem Kontinuum einer Person beschlossen sind, anschauen: Erde, Wasser, Feuer, Luft bzw. Lebensenergie und Raum. Diese fünf Grundbestandteile sind die Ausgangspunkte zur Reinigung, die in die fünf Buddha-Sukzessionslinien transformiert werden. Hinsichtlich des Formaggregats ist wichtig, zu verstehen, daß dieser grobstoffliche Körper nicht mit uns fortlebt, wenn wir sterben, da es aber ein subtileres Formaggregat gibt, das im Zwischenzustand bis hinein ins nächste Leben fortdauert. Wenn wir also das Formaggregat betrachten, ohne die Unterscheidung in ein grobstoffliches und ein subtiles anzubringen, können wir von einem anfangs- und endlosen Kontinuum des Formaggregats sprechen. Der gereinigte Aspekt dieses Formaggregats [skt. *rūpa*, tib. *gzugs*] wird Vairocana genannt.

Bewußtsein wird unterteilt in Bewußtseinsebenen und mentale Faktoren, und zwar zählt man sechs Bewußtseinsebenen und einundfünfzig mentale Faktoren. Eine Gruppe der mentalen Faktoren besteht aus den fünf allgegenwärtigen Faktoren. Einer davon ist das Fühlen, d. h. das Gefühlsaggregat [skt. *vedanā*, tib. *tshor ba*]. Die gereinigte Form des Gefühlsaggregats wird Ratnasambhava genannt. Der gereinigte Aspekt des Aggregats der verstandesmäßigen Unterscheidungskraft [skt. *saṁjñā*, tib. *'du shes*] ist Amitābha; das Aggregat der zusammengesetzten Bewußtseinsfaktoren [skt. *saṁskāra*, tib. *'du byed*] ist – in gereinigter Form – Amoghasiddhi. Der gereinigte Aspekt des Aggregats des [intentional] grundlegenden Bewußtseins [skt. *vijñāna*, tib. *rnam shes*] schließlich ist Akṣobhya.

Während die fünf Aggregate in grobe und subtile Formen unterteilt werden können, beziehen sich die fünf Buddha-Sukzessionslinien auf die subtileren Aggregate, die existiert haben.

Frage: Sind die subtileren Aggregate gleichbedeutend mit den Buddhas der fünf Sukzessionslinien?
Antwort: Die fünf subtileren Aggregate werden letztendlich in die Buddhas der fünf Sukzessionslinien transformiert werden. Sie befinden sich jetzt in einem Zustand, der gleichsam durch die Behaftung mit mentalen Verunreinigungen charakterisiert ist. Werden die Verunreinigungen beseitigt, werden diese Faktoren nicht grobstofflicher oder subtiler. Ihre Natur bleibt bestehen. Von den Fehlern der mentalen Verschmutzung aber abgetrennt, sind sie die Buddhas der fünf Sukzessionslinien. Fragt man also, ob die Buddhas der fünf Sukzessionslinien jetzt in unserem Kontinuum gegenwärtig sind, dann ist die Antwort, daß diese Faktoren gegenwärtig durch Fehler gebunden sind, und da es keinen Buddha geben kann, der einen Fehler hat, sind sie nicht Buddhas. Man ist noch nicht völlig erleuchtet, aber das, was einmal zur Buddhaschaft erwachen wird, ist gegenwärtig. Deshalb sind diese Faktoren, die gegenwärtig in unseren Kontinua existieren, Samen der Buddhaschaft. Man nennt sie Buddha-Natur oder die Essenz dessen, der So-Gegangen ist *(Tathāgatagarbha)*.

Wollen wir noch etwas spezifischer vorgehen und die subtilste Geistebene und den Wind bzw. die Energie [skt. *prāṇa*, tib. *rlung*] betrachten, die als ihr Träger dient, dann ist es der reine Faktor der Lichthaftigkeit und des Erkennens der subtilsten Geistebene selbst wie auch die damit verbundenen Trägerenergien, die in den Geist und Körper eines Buddha transformiert werden. Das ist das Bewußtsein, das sich in ein allwissendes Bewußtsein wandeln wird, in den Geist eines Buddha. Es ist dieses Bewußtsein, das transformiert werden wird, nicht ein von außen kommendes Bewußtsein. Mit anderen Worten: Die Buddha-Natur ist innen, sie wird nicht von irgendwoher eingeführt.

Das ist wahr, weil das eigentliche Wesen des Geistes, seine Natur, die in reiner Lichthaftigkeit und Erkenntnis besteht, nicht von Befleckungen verunreinigt ist. Diese reichen nicht bis in das Wesen des Geistes hinab. Selbst wenn wir den leidverursachenden Emotionen verfallen sind, ist das Wesen des Geistes *immer noch* reine Lichthaftigkeit und Erkenntnis. Und weil dem so ist, können wir die leidverursachenden Emotionen überwinden.

Es ist angemessen, sich vorzustellen, daß die Buddhas der fünf Sukzessionslinien *des gewöhnlichen Zustandes* jetzt in uns existieren, wie wir ja auch davon sprechen, daß drei Buddha-Körper des gewöhnlichen Zustandes gegenwärtig in uns sind. Aber es wäre unangebracht, davon zu sprechen, daß unbefleckte und erleuchtete Buddhas, die alle Fehler abgestreift haben und alle guten Qualitäten besitzen, jetzt in uns existieren. Wenn man Wasser in einem Teich umrührt, wird es trüb vom Schlamm, aber die Natur des Wassers ist deshalb nicht schmutzig. Läßt man es wieder zur Ruhe kommen, wird sich der Schlamm setzen und das Wasser rein zurücklassen.

Wie kann man die Verunreinigungen beseitigen? Sie können nicht von außen beseitigt werden oder dadurch, daß man sie läßt, wie sie sind; sie werden durch die Kraft meditativer Gegenmittel überwunden. Um das zu verstehen, können wir das Beispiel des Ärgers heranziehen. Aller Ärger wird durch unangemessene Begrifflichkeit hervorgerufen und beschmutzt. Wenn wir mit jemandem ärgerlich sind, sollten wir fragen, wie diese Person ist. Wie erscheint er oder sie unserem Bewußtsein? Wie nehmen wir diese Person wahr? Diese Person scheint aus und durch sich selbst zu bestehen, und wir begreifen sie als wirklich dinghaft und mächtig. Und unsere Gefühle erscheinen uns ebenso substantiell.

Sowohl das Objekt unseres Ärgers als auch das Subjekt desselben, nämlich wir selbst, scheinen konkret und wie durch ihre spezifische Eigenart zu existieren; so als seien sie total unabhängig. Aber wie ich vorhin gesagt habe, existieren die Dinge überhaupt nicht auf diese konkrete Weise. Je tiefer unsere Einsicht in das Nichtsein inhärenter Existenz wird, um so schwächer wird unser Konzept von inhärenter Existenz, das den Ärger unterstützt. Ein Zeichen dafür, daß unsere Wahrnehmungen ein »Gut« oder »Schlecht« auf die

Dinge auftragen, das so gar nicht vorhanden ist, ist, daß wir etwas als gut oder schlecht empfinden, solange wir unter dem Einfluß von Verlangen oder Ärger stehen. Überdenken wir aber später diese Erfahrung, so finden wir es geradezu lächerlich, daß wir das Objekt in dieser Weise betrachtet haben, wir begreifen, daß unsere Wahrnehmung nicht wahr war. Diese verunreinigten Bewußtseinsmomente haben überhaupt keine gültige Grundlage. Der Verstand, der analytisch nach der inhärenten Existenz eines Objekts sucht, ermittelt die nicht-inhärente Existenz durch gültige logische Urteile, und daher hat diese Einsicht eine gültige Grundlage. Wie in einer Debatte vor Gericht beruht eine Wahrnehmungsweise auf Vernunft und Wahrheit, während das für die andere nicht gilt. Wenn die Beweise ausreichen, besiegt in solch einer Debatte die wahre Ansicht schließlich die andere, denn sie kann der Analyse standhalten.

Es ist dem Verstand nicht möglich, ein Objekt gleichzeitig in kontradiktorischer Weise zu erfassen. Wenn man sich also hinsichtlich eines Objekts an das Verständnis seiner inhärenten Nichtexistenz gewöhnt hat, ist es nicht nur unmöglich, gleichzeitig ein Konzept inhärenter Existenz zu entwickeln, sondern auch der Begriff des Gegenteils schwächt sich in dem Maße ab, wie die korrekte Erkenntnis zunimmt. Um solche Weisheit zu erzeugen, üben wir uns in Meditation, denn unsere Bewußtseinskräfte sind so, wie sie jetzt sind, nicht sehr intensiv. Normalerweise ist unser Bewußtsein zerstreut; seine Energien müssen kanalisiert werden, so wie das Wasser in einem Wasserkraftwerk kanalisiert wird, um Energie zu erzeugen. Dies erreichen wir, indem wir in der Meditation das Bewußtsein bündeln und dadurch intensivieren, so daß es schließlich benutzt werden kann, um Weisheit entstehen zu lassen. Da alle Bedingungen zur Erleuchtung in uns existieren, sollten wir die Buddhaschaft nicht anderswo suchen. Was die Reinigung der leidverursachenden Emotionen betrifft, so haben wir es hier also mit Ärger als Bewußtseinsbefleckung zu tun, die bereinigt und in Akṣobhya transformiert werden kann, weil die Basis dieses befleckten Bewußtseins nichts als Lichthaftigkeit und Erkenntnis ist. Wie ich ja vorhin sagte, wird die Natur des Geistes nicht befleckt, selbst wenn wir eine dieser Leidenschaften erzeugen, ja, das befleckte Bewußtsein selbst ist durchdrungen vom Faktor der Lichthaftigkeit und Erkenntnis. Auch der Haß ist als solcher ein Bewußtseinszustand und hat deshalb die Natur reiner Lichthaftigkeit und Erkenntnis, auch wenn er sein Objekt auf völlig falsche Weise begreift.

So sind also die Substanzen, die schließlich zur Buddhaschaft gebracht werden können, schon in uns, nicht aber die aktualisierte Buddhaschaft. Sollten Sie angenommen haben, daß die verwirklichte Buddhaschaft tatsächlich schon dasein müßte, weil ihre Ursachen gegeben sind, so wären Sie dem Fehlschluß verfallen, den Dharmakīrti in bezug auf eine solche Annahme aufgezeigt hat: An der Spitze eines einfachen Grashalms, an der ein kleiner Wurm hängt, seien die hundert Elefanten gegenwärtig, in denen sich der Wurm in Zukunft reinkarnieren wird auf Grund des Karma, das jetzt bereits in seinem Kontinuum ruht. Der Unterschied aber besteht darin, daß die Keime für die Wiedergeburt als Elefant jeweils neu durch das Handeln angehäuft werden, während die Keime der Buddhaschaft der fünf Sukzessionslinien von Natur her in uns subsistieren.

Frage: Verbinden Sie die Sonne oder eine Solargottheit mit einem der Buddhas der fünf Sukzessionslinien?
Antwort: Obwohl Ihre Frage kurz ist, verlangt sie eine ausführliche Antwort. Die Sonnen- und Mondgottheiten sind im Buddhismus sozusagen gewöhnliche göttliche Wesenheiten. Um die Ebenen zu verstehen, müssen wir die Einteilung in die drei Wirklichkeitsbereiche nachvollziehen: den Bereich der Begierden, den Bereich der Form und die Formlosen Bereiche. In jedem dieser Bereiche gibt es verschiedene Klassen von göttlichen Wesenheiten. Es gibt vier Hauptgruppen im Formlosen Bereich und siebzehn im Bereich der Form. Im Bereich der Begierden gibt es zwei Typen: Klassen von göttlichen Wesenheiten und Klassen von nicht-göttlichen Wesen, wie zum Beispiel die Menschen. Bei den göttlichen Wesenheiten im Bereich der Begierden gibt es sechs Untergruppen: die göttlichen Wesenheiten der Vier Großen Königlichen Sukzessionslinien, den Himmel der Dreiunddreißig, die Kampffreien, die Seligen, solche, die sich emanieren, und solche, die Kontrolle über die Emanationen

anderer ausüben. Die Sonnen- und Mondgottheiten sind vermutlich im Himmel der Dreiunddreißig anzusiedeln. Sie alle sind aber noch dem Kreislauf der Wiedergeburten unterworfen.

Frage: Könnten Sie bitte etwas über das Wesen der Mandalas sagen?
Antwort: Allgemein gesprochen bedeutet Mandala das, was das Wesen herauskristallisiert. Der Gebrauch des Wortes Mandala hängt vom Kontext ab. Eine Art des Mandala ist die geistige Darbringung des gesamten Weltgebäudes, mit seinen größeren und kleineren Kontinenten, an die höheren Wesen. Es gibt gemalte Mandalas, Konzentrationsmandalas, solche, die aus Sand gemacht sind, Mandalas des relativen Erleuchtungsgeistes, Mandalas des letztgültigen absoluten Erleuchtungsgeistes und so weiter. Weil man aus allen eine Bedeutung herauskristallisieren kann, indem man sie praktiziert, werden sie alle Mandalas genannt.

Wir können zwar diese Bilder und konstruierten Gebilde Mandalas nennen, aber ihr wesentlicher Sinn besteht darin, daß man selbst in das Mandala eintritt und dabei an Wesenskraft gewinnt, daß man also einen Segen real empfängt. Beim Eintritt in das Mandala gelangt man zur Herrlichkeit. Weil man dabei Segen empfängt und auf Grund dessen Geist-Erfahrungen macht, handelt es sich um den Eintritt in das Wesentliche.

Frage: Wie wählt man einen geistigen Lehrer und weiß, ob ein Lehrer vertrauenswürdig ist?
Antwort: Das sollte in Übereinstimmung mit Ihrem Interesse und Ihren Voraussetzungen geschehen und gut durchdacht werden. Bevor Sie sich einen Lama oder Guru aussuchen, sollten Sie herausfinden, ob er wirklich qualifiziert ist oder nicht. In den Büchern über die Disziplin *(Vinaya)* heißt es: Wie ein Fisch, der unter der Wasseroberfläche schwimmt, an den Wellenbewegungen, die er verursacht, erkannt werden kann, so können mit der Zeit auch die inneren Qualitäten eines Lehrers zumindest in der Tendenz an seinem äußeren Verhalten erkannt werden.

Wir müssen das Wissen der betreffenden Person prüfen, ihre Fähigkeit, die Dinge zu erläutern, und ob sie diese Lehren in ihrer Lebensführung anwendet. Ein Tantra sagt, daß man dies sehr genau untersuchen müsse, selbst wenn es zwölf Jahre dauern sollte. So muß man seinen Lehrer wählen.

Ich bin sehr erfreut, daß Sie ernsthaft über diese Dinge nachdenken und gute Fragen stellen. Wir können jetzt ins Schweigen eintreten und meditieren.

Buddhismus auf dem Weg von Ost nach West

Buddhistische Zentren in Nordamerika

WIR SIND HEUTE HIER VERSAMMELT, weil jeder von uns auf der Suche nach einer tieferen Bedeutung des Lebens ist. Während der letzten Tage habe ich wiederholt gesagt, daß neben materiellem Fortschritt auch die innere Entwicklung des Menschen wichtig und hilfreich ist. Sie können selbst beobachten, daß innerlich starke Menschen im Vorteil sind, wenn sie Probleme bewältigen müssen. Im Falle Tibets und meiner eigenen Erfahrung, wie begrenzt sie auch sein mag, hat sich das als richtig erwiesen. Jemand in meiner Lage – in einer komplizierten Situation und mit sehr großer Verantwortung – könnte leicht entmutigt sein. Aber wie Sie von meinem Gesicht ablesen können, bin ich nicht besonders beunruhigt. Natürlich sehen wir die unglaublich großen Probleme, die Tragödie, doch wir nehmen sie als Tatsachen hin und versuchen, was in unserer Macht steht, zu tun. Ohne Zweifel kann dabei eine Haltung der inneren Stärke helfen, denn sie hat Einfluß darauf, wie wir Problemen begegnen und sie zu lösen versuchen.

Weil jeder Mensch im Grunde gleichen Wesens ist, bietet religiöse Praxis, in diesem Fall der Buddhismus, Vertiefung und Nutzen für das Leben jedes Menschen. Das schließt nicht notwendig das Streben nach guter Wiedergeburt oder ähnliches ein; doch wenn wir in diesem einen Leben eine richtige Einstellung zu unseren Mitmenschen entwickeln, erfahren wir dadurch große Genugtuung. Die Prinzipien sind gute Motivation und heilende Hinwendung.

Obwohl das Wesen der heilenden Hinwendung hauptsächlich im Schrifttum, das sich mit der Bodhisattvaschaft befaßt – dem Großen Fahrzeug *(Mahāyāna)* –, erläutert wird, beruhen alle buddhistischen Ideen auf dem Prinzip heilender Hinwendung. Alle Lehren des Buddha können in zwei Sätzen zusammengefaßt werden. Der erste lautet: »Du mußt anderen helfen.« Das schließt alle Lehren des Großen Fahrzeugs ein. »Vermagst du es nicht, sollst du anderen kein Leid antun.« Dies faßt die ganze Lehre des Kleinen Fahrzeugs *(Hīnayāna)* bzw. des Theravādayāna zusammen und formuliert die Grundlage aller Ethik: Höre damit auf, anderen Leid anzutun. Beide Lehren gründen in dem Gedanken der Liebe und der heilenden Hinwendung. Ein Buddhist sollte, wenn möglich, anderen helfen. Ist das nicht möglich, so soll er anderen wenigstens kein Leid zufügen.

Grundlage aller weiteren Praxis ist die Selbstkontrolle, durch die wir solche Verhaltensweisen vermeiden können, die anderen Leid zufügen. Das geschieht gleichsam defensiv. Haben wir darin Fortschritte gemacht, sollten wir anderen aktiv und zielgerichtet helfen. Im Anfangsstadium brauchen wir für unsere eigene innere Entwicklung Zeiten der Einsamkeit. Später, wenn Vertrauen und innere Stärke gefestigt sind, muß man in der Gesellschaft und im Kontakt mit den Menschen bleiben und ihnen in jedem möglichen Bereich dienen – im Gesundheitswesen, der Erziehung, der Politik, überall.

Es gibt Menschen, die von sich behaupten, sie seien religiös, und versuchen, dies dadurch zu zeigen, daß sie sich in besonderer Weise kleiden, einen bestimmten Lebensstil pflegen und sich von der übrigen Gesellschaft absondern. Das ist falsch. Eine Schriftstelle über das Bewußtseinstraining sagt: »Transformiere deine innere Anschauung, aber laß deine äußere Erscheinung, wie sie ist.« Das ist überaus wichtig. Da der eigentliche Zweck der Praxis im Großen Fahrzeug darin besteht, anderen zu dienen, darf man sich nicht von der übrigen Gesellschaft absondern. Um zu dienen und zu helfen, muß man in der Gesellschaft bleiben.

Das ist die eine Sache. Die andere ist die, daß wir besonders in der buddhistischen Praxis Verstand *und* Herz benutzen müssen. Ethische Anforderungen müssen wir mit einem guten und liebevollen Herzen erfüllen. Weil aber der Buddhismus sehr viel mit Vernunft und Logik zu tun hat – das ist der Aspekt der Weisheit –, ist auch Intelligenz gefordert. So müssen wir eine Verbindung von Verstand und Herz anstreben. Ohne Erkenntnis, ohne die volle Ausnutzung der Intelligenz kann man die Tiefe der buddhistischen Lehre nicht ergründen, d. h. kaum zur konkreten oder in allen Aspekten entwickelten Weisheit gelangen. Ausnahmen kann es geben, aber das ist die Regel.

Hören, Denken und Meditation müssen eine Verbindung eingehen. Der Ga-dam-ba- *(bKa'-gdams-pa-)* Lehrer Drom-dön (*'Brom-ston*, 1004–1064) sagte: »Beim Hören unterziehe ich mich auch der Anstrengung des Denkens und der Meditation. Beim Denken suche ich auch danach, mehr zu hören, und meditiere. Und in der Meditation gebe ich weder das Hören noch das Denken auf.« Er fügte hinzu: »Ich bin ein ausgewogener Ga-dam-ba.« Das bedeutet, daß er Hören, Denken und Meditation im Gleichgewicht hielt.

Beim Hören muß man die Bewußtseinskräfte in sich sammeln und mit dem, was man hört, vertraut machen. Das Studium der Religion ist etwas anderes als das Studium der äußeren Menschheitsgeschichte. Religionsstudien müssen unter innerer Beteiligung des Bewußtseinskontinuums betrieben werden, der Verstand sollte davon durchtränkt werden. Ein Sūtra sagt, daß religiöse Praxis wie ein Spiegel ist. Die Aktivitäten von Körper, Rede und Bewußtsein sind wie ein Gesicht, das man im Spiegel sehen kann. Durch religiöse Praxis sollte man Fehler erkennen und allmählich überwinden. In der mündlichen Überlieferung heißt es dazu: »Wenn zwischen dir und deinem Praktizieren genug Raum bleibt, daß jemand hindurchgehen kann, übst du nicht richtig.« In diesem Fall wird die Praxis zu einer Art Unterhaltung. Ist es einmal so weit gekommen, wird sie leicht zum Gegenstand des Meinungsstreites, der schließlich sogar zum offenen Kampf führen kann. Und das ist wahrlich nicht der Sinn von Religion.

Bereits während wir die Lehren erlernen, müssen wir sie in unserem eigenen Verhalten verwirklichen. Es gibt eine Geschichte über einen Yogi und Gelehrten des Ga-dam-ba, der im Buch der Verhaltensregeln *(Vinaya)* las, daß es nicht gut sei, ein Tierfell als Sitzpolster zu verwenden. Da er auf einem Bärenfell saß, zog er es sofort unter sich weg. Doch als er weiterlas, erfuhr er, daß man bei kaltem Wetter oder bei Krankheit ein Fell benutzen dürfe, und so legte er das Fell sorgfältig auf den Sitz zurück. Das ist echte Praxis – sofort anzuwenden, was man gerade lernt.

Beschäftigt man sich mit Religion oder speziell mit Buddhismus auf rein akademischer Ebene, so ist das von vornherein anders, da man nur sein Wissen in einem neuen Studienfach vergrößern möchte. Wir jedoch, als Buddhisten, von denen erwartet wird, daß sie praktizieren, sollten versuchen, die Lehren anzuwenden, *während* wir sie lernen. Nur dann können wir ihren wirklichen Wert erfahren.

Ich möchte mich nun einem dritten Gesichtspunkt zuwenden. Wenn Sie mit der Praxis beginnen, sollten Sie nicht zuviel erwarten. Wir leben in einer Zeit der Computer und der Automation, so daß man denken könnte, die innere Entwicklung des Menschen sei auch ein automatischer Prozeß, für dessen Ablauf man nur einen Knopf drücken müsse, und sofort würde sich alles verändern. Das ist nicht so. Innere Entwicklung ist nicht leicht und braucht Zeit. Das jetzige Niveau äußeren Fortschritts – wie etwa die letzten Raumflüge usw. – wurde auch nicht in kurzer Zeit, sondern über Jahrhunderte hinweg erreicht, indem jede Generation das weiterentwickelte, was vorangegangene Generationen erreicht hatten. Im Hinblick auf die innere geistige Entwicklung ist das jedoch wesentlich komplizierter, denn innere Reifung kann nicht von Generation zu Generation weitergegeben werden. Die Erfahrung ihres vorigen Lebens beeinflußt zwar Ihr jetziges Leben außerordentlich stark, und die Erfahrung dieses Lebens wird dann zur Grundlage für die Entwicklung in der nächsten Wiedergeburt, aber eine Übertragung der inneren Entwicklung von einer Person auf die andere ist nicht möglich. Deshalb hängt es ganz allein von Ihnen ab, und das braucht Zeit.

Ich habe Leute aus dem Westen getroffen, die zu Beginn voller Begeisterung praktizierten, einige Jahre später aber alles vergessen hatten, ohne daß die einstige Praxis irgendwelche Spuren hinterlassen hatte. Der Grund ist, daß sie am Anfang zuviel erwartet hatten.

Śāntidevas *Eintritt in das Leben zur Erleuchtung* hebt die Praxis von Geduld und Toleranz besonders hervor. Diese Haltung der Toleranz gilt nicht nur gegenüber dem Gegner, sondern meint auch die Hingabe, die Entschlossenheit, mit der die Trägheit der Entmutigung überwunden wird. Sie sollten Geduld und Toleranz mit großer Entschlußkraft praktizieren. Das ist wichtig.

Lassen Sie mich mein eigenes Schicksal als Beispiel anführen. Ich wurde in eine buddhistische Familie hineingeboren, in einem Land, das überwiegend buddhistisch ist, obwohl es auch Christen, Muslime und Anhänger der alten tibetischen Bön-Religion gibt. Ich konnte den Buddhismus in meiner Muttersprache kennenlernen und wurde Mönch, als ich noch sehr jung war. So hatte ich hinsichtlich der Möglichkeiten zur Praxis der buddhistischen Lehre günstigere Voraussetzungen als Sie. Was aber meine eigene selbständige Entwicklung anlangt, so stellte sich etwa mit fünfzehn oder sechzehn Jahren eine wirkliche Begeisterung für die Praxis ein. Seitdem praktiziere ich, und jetzt bin ich vierundvierzig Jahre alt. Blicke ich auf diese Jahre zurück, kann ich feststellen, daß es jeweils in Zwei- oder Dreijahresperioden Fortschritte gegeben hat. Innerhalb weniger Wochen kann ich davon kaum etwas bemerken. Deshalb ist Entschlossenheit zur Praxis, ohne daß man in der Anstrengung nachläßt, sehr wichtig.

Die innere Entwicklung vollzieht sich schrittweise. Man könnte denken: »Gegenwärtig ist meine innere Ruhe, mein geistiger Frieden sehr gering.« Und doch, wenn man vergleicht und fünf, zehn oder fünfzehn Jahre zurückblickt und fragt: »Wie habe ich damals gedacht? Wieviel inneren Frieden hatte ich damals im Vergleich mit heute?«, so wird einem deutlich, daß man Fortschritte gemacht hat, daß dies wertvoll ist. Deshalb sollte man nicht mit heutigen und gestrigen Gefühlen vergleichen oder mit denen des letzten Monats, des letzten Jahres, sondern mit denen vor fünf Jahren. Dann kann man feststellen, welche Entwicklung sich innerlich vollzogen hat. Fortschritt kommt aus der andauernden Anstrengung in der täglichen Praxis.

Manchmal werde ich gefragt, ob der Buddhismus – eine sehr alte Lehre aus dem Osten – für westliche Menschen geeignet ist oder nicht. Meine Antwort ist, daß sich alle Religionen in ihrem Wesen mit den grundlegenden menschlichen Problemen beschäftigen. Solange Menschen – ob nun aus dem Westen oder dem Osten, ob weiß, schwarz, gelb oder rot – unter Geburt, Krankheit, Alter und Tod leiden, sind sie von daher gesehen alle gleich. Solange es diese grundlegenden Leiden gibt, ist die Frage überflüssig, ob diese Religion geeignet ist oder nicht, denn in ihrem Kern geht es um ebendieses Leid.

Und doch bleibt die Frage stehen, wenn man die unterschiedlichen geistigen Voraussetzungen der Individuen im Blick hat. Während manche Menschen die eine Speise bevorzugen, meinen andere, daß eine andere Nahrung für sie besser ist. In ähnlicher Weise hilft auch eine Religion einigen Menschen mehr, während eine andere Religion für andere Menschen mehr Hilfe bringt. Unter diesen Umständen ist die Vielfalt der Lehren, die wir in der Menschheitsgeschichte antreffen, notwendig und nützlich. Zweifellos gibt es auch im Westen Menschen, die im Buddhismus eine Antwort auf ihre Probleme finden.

Sprechen wir jedoch vom Wesen einer Religion, so ist die Frage nach »geeignet« oder »ungeeignet« nicht angebracht und die Änderung der grundlegenden Lehren nicht erforderlich. In äußerlichen Dingen jedoch ist Veränderung möglich. Ein burmesischer Mönch der Theravāda-Tradition, den ich neulich in Europa traf und den ich sehr schätze, macht die Unterscheidung von kulturellem Erbe und der eigentlichen Religion. Ich nenne dies den Unterschied zwischen dem Wesen einer Religion und der äußeren Ebene der Riten und Zeremonien. In Indien, Tibet, China, Japan oder wo auch immer ist vom religiösen Aspekt her gesehen der Buddhismus gleich, während das kulturelle Erbe in jedem Land verschieden ist. So hat der Buddhismus in Indien die indische und in Tibet die tibetische Kultur in sich aufgenommen. Daher könnte die Einfügung des Buddhismus in die westliche Kultur auch möglich sein.

Das Wesen der buddhistischen Glaubenslehren verändert sich nicht: Wo immer es hingelangt, ist es geeignet und der Situation entsprechend. Die äußeren Aspekte jedoch – gewisse Rituale und Zeremonien – sind nicht notwendigerweise für eine neue Umgebung geeignet; diese Dinge unterliegen dem Wandel. Wie sie sich in einer anderen Umwelt verändern werden, läßt sich nicht vorhersagen. Es geschieht mit der Zeit. Als der Buddhismus von Indien nach Tibet kam, konnte niemand mit Vollmacht sagen: »Jetzt ist der Buddhismus in einem neuen Land, jetzt müssen wir ihn in dieser oder jener Weise praktizieren.« Solch eine Entscheidung gab es nicht. Allmählich, mit der Zeit, hat sich eine einzigartige Tradition herausgebildet. Das könnte in bezug auf die Entwicklung im Westen auch so sein. Allmählich könnte sich ein Buddhismus formen, der sich mit westlicher Kultur verbindet. Wie dem auch sei, diese Generation – Ihre Generation –, die damit beginnt, diese Ideen in neuen Ländern zu praktizieren, hat die große Verantwortung, das Wesen zu erkennen und der eigenen Umwelt einzupassen.

Dazu bedarf es der kritischen Intelligenz. Man sollte in keines der Extreme verfallen – zu konservativ ist nicht gut, zu radikal auch nicht. So wie in unserer Theorie des Mittleren Weges sollte man einen Mittelweg gehen. Es ist überhaupt in jeder Beziehung sehr wichtig, die maßvolle Mitte zu wählen. Selbst in unseren täglichen Speisegewohnheiten müssen wir dies tun. Ist der Magen zu voll, fühlen wir uns unwohl, zuwenig Essen ist ungenügend. So ist es in unserem täglichen Leben – wie überhaupt in unserem ganzen Leben – wichtig, die Mitte zu bewahren und Extreme zu vermeiden. Der Verstand muß die Umwelt und das kulturelle Erbe vollständig ergründen und erkennen, was im täglichen Leben wertvoll und was nutzlos ist, auch wenn es vielleicht Teil des kulturellen Erbes ist. Im Fall der tibetischen Kultur zum Beispiel können bestimmte, in der Vergangenheit geformte Traditionen in der Zukunft nicht mehr nützlich sein. Wenn sich unter veränderten Umständen das soziale System und die sozialen Denkgewohnheiten ändern, können gewisse Aspekte einer Kultur überflüssig werden. Das trifft auch auf die Vereinigten Staaten und Kanada zu; sind Aspekte der alten Kultur im modernen täglichen Leben hinfällig geworden, sollten sie modifiziert werden, während andere Aspekte, die noch Bedeutung haben und nützlich sind, bewahrt werden sollten. Sie sollten versuchen, diese Kultur mit dem Buddhismus zu verbinden.

Wenn Sie sich wirklich für Buddhismus interessieren, so ist die

Anwendung, die Praxis, das Wichtigste. Buddhismus zu studieren, um ihn dann in der Kritik anderer Theorien und Ideologien als Waffe zu benutzen, ist falsch. Der eigentliche Sinn der Religion besteht darin, daß man sich selbst zu kontrollieren lernt, und nicht darin, andere zu kritisieren. Vielmehr müssen wir uns selbst kritisch betrachten: Was tue ich wirklich gegen meinen Ärger? Was tue ich dagegen, daß ich mich noch an die Dinge klammere, was tue ich gegen meinen Haß, meinen Stolz und meine Eifersucht? Diese Dinge müssen wir mit unserem Wissen von den buddhistischen Lehren im täglichen Leben überprüfen. Ist Ihnen das klar?

Als Buddhisten praktizieren wir unsere eigenen Lehren, gleichzeitig aber müssen wir andere Glaubensrichtungen wie etwa das Christentum oder das Judentum achten. Wir müssen ihren jahrhundertelangen Beitrag zur menschlichen Gesellschaft erkennen und anerkennen und darum bemüht sein, gemeinsam der Menschheit zu dienen. Wer erst seit kurzem Buddhist ist, muß besonders darauf achten, daß er eine richtige Haltung anderen Glaubenslehren gegenüber einnimmt!

Auch innerhalb des Buddhismus gibt es verschiedene Schulen, unterschiedliche Praxissysteme, und wir sollten nicht meinen, daß eine Lehre besser als die andere sei. Sektenmentalität und Kritik an anderen Lehren oder Schulen sind sehr schädlich, vergiftend und sollten vermieden werden.

Am wichtigsten ist Praxis im täglichen Leben, denn dadurch können wir allmählich den wahren Wert der Religion erfahren. Die Lehre ist nicht nur zur bloßen Anhäufung von Wissen da, sondern zur Verbesserung unseres Geistes und seiner Qualitäten. Um dies zu erreichen, muß religiöse Praxis Teil unseres Lebensvollzugs sein. Wenn Sie religiöse Lehren in ein Gebäude einsperren und beim Verlassen des Gebäudes die Lehren vergessen, können Sie niemals ihren Wert erkennen.

Ich hoffe, daß Sie praktizieren, und zwar mit einem guten Herzen und unter der Motivation, damit der westlichen Gesellschaft etwas Gutes zu tun. Das ist mein Gebet und mein Wunsch.

Frage: Wie kann man tiefsitzende Angst am wirkungsvollsten bekämpfen?
Antwort: Es gibt verschiedene Methoden. Die erste ist, den Zusammenhang von Ursache und Wirkungen zu bedenken. Wenn sich etwas Schlechtes ereignet, sagen wir gewöhnlich: »Oh, Pech gehabt!«, und wenn sich etwas Gutes ereignet, sagen wir: »Oh, Glück gehabt!« In Wirklichkeit sind die Bezeichnungen Pech und Glück völlig unzutreffend. Es muß nämlich eine Ursache geben, auf Grund deren wir zu einem bestimmten Zeitpunkt Glück oder Unglück empfinden, aber normalerweise fragen wir nicht hinter »Glück« und »Pech« zurück. Die Ursache ist nach buddhistischem Verständnis unser *karman*, unsere früheren Handlungen.

Eine andere Möglichkeit, der Angst zu begegnen, ist, sie als Resultat der eigenen Handlungen und Verhaltensweisen in der Vergangenheit zu begreifen. Außerdem sollte man, wenn man sich vor einem bestimmten Schmerz oder Leid fürchtet, prüfen, ob man etwas dagegen tun kann. Ist das möglich, braucht man sich nicht weiter zu fürchten. Kann man nichts tun, muß man sich auch nicht weiter sorgen.

Eine andere Methode ist, nach dem Subjekt der Furcht zu fragen, d. h. zu ergründen, wer es ist, der Angst hat. Man muß nach dem Wesen des Selbst fragen. Wo ist dieses Ich? Wer ist Ich? Was ist die Natur des Ich? Gibt es ein Ich außerhalb meines Körpers und meines Bewußtseins? Das kann helfen.

Weiter: Wer sich in der Praxis der Bodhisattvaschaft übt, sucht das Leid anderer auf sich selbst zu nehmen. Wenn man sich ängstigt, kann man denken: »Andere haben ganz ähnliche Angst, ich will all ihre Angst auf mich nehmen.« Und obwohl man sich dadurch für größeres Leid öffnet und größeres Leiden auf sich nimmt, wird die Furcht geringer werden.

Noch eine andere Möglichkeit besteht darin, die Aufmerksamkeit von dem Gedanken der Furcht abzulenken, indem man sie auf etwas anderes richtet, so daß sich die Furcht verliert. Das ist eine Methode, die nur vorübergehend wirkt. Haben Sie Angst, weil Sie sich unsicher fühlen, so können Sie zum Beispiel, wenn Sie sich niederlegen, imaginieren, daß Ihr Haupt in Buddhas Schoß liegt. Das hilft manchmal psychologisch. Eine andere Methode ist die Mantrarezitation.

Frage: In dieser Gesellschaft begegnen Männer und Frauen einander sehr frei, und da die alten Werte nicht mehr akzeptiert werden, gibt es viel Unsicherheit über die richtige Verhaltensweise. Wie können die Beziehungen zwischen Mann und Frau Teil buddhistischer Praxis werden?
Antwort: Es gibt verschiedene Ebenen. Mönche und Nonnen sollen im Zölibat leben, und wer das nicht kann, hat die Möglichkeit, als Laie zu praktizieren. Verheiratete sollen die Ehe nicht brechen. Außerdem gibt es einen Unterschied zwischen Verheirateten und Unverheirateten.

Frage: Bitte, sagen Sie etwas zum Thema Liebe und Ehe.
Antwort: Ich habe dazu nicht viel zu sagen. Meine schlichte Meinung ist, daß geschlechtliche Zuwendung in Ordnung ist, was aber die Ehe betrifft, so sollte man nichts übereilen. Man sollte sicher sein, daß man für immer zusammenbleiben möchte, wenigstens für dieses Leben. Das ist wichtig, denn wenn man übereilt heiratet, ohne sich im klaren zu sein, was man tut, beginnen die Schwierigkeiten nach einem Monat oder einem Jahr, und man will sich scheiden lassen. Unter juristischen Gesichtspunkten ist Scheidung möglich, und wenn keine Kinder da sind, kann man sie vielleicht akzeptieren; aber mit Kindern ist Scheidung nicht akzeptabel. Es ist unzureichend, wenn sich ein Ehepaar nur um die eigenen Liebesaffären und das eigene Glück kümmert. Sie haben die moralische Pflicht, an ihre Kinder zu denken. Lassen sich die Eltern scheiden, wird das Kind zu leiden haben, und zwar nicht nur vorübergehend, sondern für sein ganzes Leben. Denn das Vorbild für einen Menschen sind die eigenen Eltern. Streiten sie dauernd und lassen sich schließlich scheiden, wird das Kind unbewußt, ganz in der Tiefe, einem bösen Einfluß ausgesetzt. Dieser Einfluß wird tief in das Kind eingegraben, denke ich. Das ist eine Tragödie. Deshalb ist mein Rat: Eile ist in bezug auf Ehe unangebracht. Gehen Sie sehr sorgfältig vor, heiraten Sie nur, wenn Sie einander sehr gut verstehen. Dann

werden Sie auch eine glückliche Ehe führen. Glück im Haus führt zum Glück in der Welt.

Heilende Hinwendung und Güte, die Menschen im Umgang miteinander entwickeln, können von zweierlei Art sein: Eine ist vermischt mit Leidenschaften, die andere ist es nicht. Letztere ist dergestalt, daß sie bei gründlicher Prüfung immer beständiger und klarer wird. Wieviel Zeit auch vergehen mag, sie nimmt zu. Sind jedoch Leidenschaften mit im Spiel, wird sie nach kurzer Zeit, vielleicht schon nach ein oder zwei Tagen, verschwinden.

Frage: Ich fühle mich als Mensch wertlos. Wie kann ich damit fertig werden, wo ich gerade damit beginne, Meditation zu studieren?
Antwort: Lassen Sie sich nicht entmutigen. Das menschliche Potential ist in allen Menschen das gleiche. Ihr Gefühl »Ich bin wertlos« ist unbegründet und falsch. Sie betrügen sich selbst. Wir alle haben die Kraft zu denken – was also fehlt Ihnen? Haben Sie Willensstärke, so können Sie alles tun. Lassen Sie sich aber entmutigen und denken: »Wie kann ein Mensch wie ich überhaupt etwas tun?«, dann berauben Sie sich selbst der Möglichkeit zum Erfolg. Deshalb heißt es im Buddhismus: Du bist dein eigener Meister. Du kannst alles tun.

Frage: Welche Rolle kommt dem Lehrer bei der Praxis zu? Muß man unbedingt einen Lehrer haben?
Antwort: Ja, aber es kommt darauf an, was Sie lernen. Allgemeine Dinge, allgemeine buddhistische Lehren, kann man ohne Lehrer aus Büchern lernen. Aber gewisse, sehr schwierige Themen kann man aus bloßer Lektüre, ohne Unterweisung und Erläuterung durch eine erfahrene Person, sehr schwer verstehen. Allgemein gesprochen braucht man also einen Lehrer.

Frage: Eure Heiligkeit hat von Dienst gesprochen. Wie können wir unserer westlichen Gesellschaft einen Dienst leisten?
Antwort: Wenn Sie auch nur einem Menschen helfen, ist das Hilfe. Es gibt großartige Möglichkeiten zur Hilfe im Bereich der Erziehung, in Schulen, Hochschulen und so weiter. Viele christliche

Brüder und Schwestern tun diese Arbeit, die ich zutiefst bewundere und von der Buddhisten lernen müssen. So können Sie im Bereich von Erziehung und Gesundheit direkt helfen.

Aber auch in anderen Berufen, als Angestellter oder Fabrikarbeiter, dienen Sie indirekt vielleicht der Gesellschaft, auch wenn Sie anderen nicht direkt helfen. Selbst wenn Sie es tun, um Geld zu verdienen, helfen Sie doch indirekt anderen Menschen, und so sollten Sie diese Arbeit mit guter Motivation tun und denken: »Meine Arbeit ist dazu da, anderen Menschen zu helfen.« Wer allerdings Gewehre und Geschosse herstellt und dabei denkt: »Ich tue das, um anderen zu helfen«, wäre ein Heuchler, nicht wahr?

Frage: Kann man Erleuchtung erlangen, ohne der Welt zu entsagen?
Antwort: Gewiß. Der Welt zu entsagen heißt, nicht an der Welt zu hängen, es heißt aber nicht, daß Sie sich von der Welt zurückziehen sollen. Der Sinn der buddhistischen Lehre ist, anderen zu dienen. Und dazu muß man in der Gesellschaft bleiben. Sie sollten sich nicht von der übrigen Gesellschaft absondern.

Frage: Haben Sie während Ihrer Reise durch dieses Land bisher irgendeine Überraschung erlebt oder Dinge bemerkt, die als besonders interessant herausragen? Ich bin neugierig, was Ihr allgemeiner Eindruck von unserem Land ist.
Antwort: Keine besondere Überraschung. Dies ist gewiß ein bedeutendes Land. Ich denke, daß es ziemlich liberal hinsichtlich der verschiedenen Ideen und Traditionen ist. Das ist gut. Im allgemeinen finde ich die Menschen offen und ehrlich. Das gefällt mir.

Die göttlichen Wesenheiten

Newark Museum

AUSSTELLUNGEN WIE DIESE hier über Tibet können dazu beitragen, Menschen in eine Kultur einzuführen. Wir Tibeter haben eine besondere Kultur. In materieller Hinsicht sind wir arm, in der spirituellen und kulturellen Entwicklung jedoch sind wir reich und haben der Welt viel zu geben. Ich weiß zum Beispiel aus eigener Erfahrung, daß die tibetische Medizin eine ganz besondere Bedeutung hat, insbesondere zur Heilung verschiedener chronischer Erkrankungen. Aus diesem Grunde haben die Chinesen, als sie die tibetische Kultur mutwillig zerstört haben, die tibetische Medizin unangetastet gelassen und sogar noch bewahrt und gefördert.

Ausstellungsobjekte repräsentieren eine Kultur nur teilweise, denn das Wesentliche einer Kultur findet man nicht in Malereien und ähnlichem, sondern im Geist. Wenn eine Kultur im täglichen Leben der Menschen lebendig ist, können wir ihre Bedeutung erkennen. Auf Grund der tibetischen Kultur haben zum Beispiel die meisten Tibeter ein heiteres Gemüt. Wir selbst waren uns dessen gar nicht bewußt. Viele Ausländer aber, die Indien besucht haben, bemerkten diese Heiterkeit und fragten uns, was unser »Geheimnis« ist. Allmählich bin ich zu der Erkenntnis gekommen, daß dies das Resultat unserer buddhistischen Kultur ist, die das Bodhisattvaideal der heilenden Hinwendung auf so vielfältige Art betont. Ob nun gebildet oder ungebildet, sind wir es gewöhnt, alle Lebewesen als Vater und Mutter anzusehen, weil wir es so hören und so von ihnen sprechen. Selbst jemand, der wie ein Raufbold aussieht, hat das

»alle Lebewesen sind meine Mutter« auf seinen Lippen. Es ist im täglichen Leben besonders dann hilfreich, wenn wir schweren Problemen gegenüberstehen.

Sie mögen sich vielleicht wundern, warum wir Tibeter auf der einen Seite immerzu von heilender Hinwendung sprechen, wo doch auf der anderen Seite einige der göttlichen Wesenheiten so grimmig aussehen. Lassen Sie mich das erklären.

Im Buddhismus teilt man göttliche Wesenheiten ganz allgemein in zwei Kategorien ein: weltliche und überweltliche. Innerhalb der Kategorie der weltlichen werden viele Arten von göttlichen und halbgöttlichen Wesenheiten beschrieben, die zu den sechs Typen von Wesen gehören, die dem Geburtenkreislauf unterworfen sind – Höllenwesen, hungrige Geister, Tiere, Menschen, halbgöttliche und göttliche Wesenheiten. Im Bereich der Begierden zählt man sechs Arten von göttlichen Wesenheiten, im Bereich der Form unterscheidet man vier Arten, die den vier Arten der Konzentration entsprechen, die wiederum in siebzehn Untergruppen aufgeteilt sind. Im Formlosen Bereich gibt es vier Arten. Dann gibt es böse Geister, die zu den hungrigen Geistern, halbgöttlichen Wesenheiten oder Tieren zählen. Es werden so viele verschiedene Arten von Geistern unterschieden, daß ich hier nicht darauf eingehen werde.

Weil es so viele Klassen von göttlichen Wesenheiten gibt, ist es wichtig, zwischen weltlichen und überweltlichen zu unterscheiden; sonst könnte man eine ortsgebundene und weltliche göttliche Wesenheit fälschlich für eine überweltliche göttliche Wesenheit des Höchsten Yoga-Tantra halten. Es gibt weltliche göttliche Wesenheiten, die von Menschen Besitz ergreifen und sie als Medien benutzen, aber diese Wesenheiten sind wie wir, da sie den leidverursachenden Emotionen von Begierde und Haß unterliegen. Im Zyklus der Wiedergeburten sind wir schon als solche Wesen geboren worden, und diese Wesenheiten sind schon wie wir geboren worden. Nach buddhistischer Anschauung haben die Wesen unendlich verschiedene Arten von gutem und schlechtem Karma, auf Grund dessen sie auf unendlich verschiedene Weise auftreten. Es gibt zwei Arten von überweltlichen göttlichen Wesenheiten: solche, die Bodhisattvas sind und auf dem Weg zur Einsicht in die Wahrheit fortgeschritten sind, und solche, die Buddhas sind. Von denen, die als Bodhisattvas erscheinen, gibt es zwei Arten: solche, die in Wirklichkeit Buddhas sind, aber als Bodhisattvas erscheinen, und solche, die in Wirklichkeit Bodhisattvas sind. Von den Buddhas und Bodhisattvas erscheinen viele als Schutzgottheiten, wie etwa Mahākāla, Mahākālī und so weiter.

Göttliche Wesenheiten, die in Mandalas residieren, gehören zu den weltlichen, die das Stadium erreicht haben, wo es nichts mehr zu lernen gibt. Sie sind Buddhas. Im Yoga-Tantra etwa gibt es Mandalas mit tausend göttlichen Wesenheiten, die Erscheinungen einer göttlichen Wesenheit sind. Im Höchsten Yoga-Tantra-Mandala des Guhyasamāja gibt es zweiunddreißig göttliche Wesenheiten, die Erscheinungen der Reinigungsfaktoren der Grundelemente einer Person sind. Obwohl also in einem Mandala viele göttliche Wesenheiten auftreten, handelt es sich nur um ein Wesen.

Yoga der göttlichen Wesenheiten praktiziert man mit der Absicht, das höchste Ziel der Buddhaschaft zu erlangen, um für alle Lebewesen von größtem Nutzen zu sein. Allgemein gesprochen besteht der tantrische Weg in dem Yoga der Nicht-Dualität des Verborgenen und des Manifesten. Das Verborgene ist die Weisheit, die die verborgene Leere in bezug auf inhärente Existenz erkennt, und das Manifeste ist die gleichzeitige Manifestation dieses Weisheitsbewußtseins als göttlicher Kreis. Der Manifestationsfaktor des Bewußtseins manifestiert sich als eine göttliche Wesenheit, als Mandala-Wohnhaus usw., und der Weisheitsfaktor desselben Bewußtseins erkennt das Fehlen inhärenter Existenz jener Erscheinungen.

Die Initiationspraxis in das Höchste Yoga-Tantra schließt den Gebrauch der subtileren Ebenen des Bewußtseins ein. Im Zusammenhang mit diesem Thema spricht das *Guhyasamāja-Tantra* von den drei Körpern des gewöhnlichen Stadiums [latente Buddhaschaft], die man als die drei Körper auf dem Weg zur Vollkommenheit begreifen kann. Nachdem das Ziel der Buddhaschaft erreicht ist, werden die drei Körper als Buddha-Körper in der Form des Wirkungsstadiums [aktualisierte Buddhaschaft] erscheinen. Hinsichtlich der drei Körper des gewöhnlichen Stadiums gilt, daß unser gewöhnlicher Tod – der Geist des Klaren Lichtes, das beim Tod erscheint – der Wahrheitskörper *[dharmakāya]* des gewöhnlichen Stadiums ist. Dann gibt es – außer im Falle der Wiedergeburt im Formlosen Bereich – einen Zwischenzustand zwischen Tod und Wiedergeburt, der als Vollkommener Seligkeitskörper *[saṁbhogakāya]* des gewöhnlichen Stadiums bekannt ist. Der Moment der Empfängnis, in dem ein neues Leben beginnt, heißt Emanationskörper *[nirmāṇakāya]* des gewöhnlichen Stadiums. Die Bewußtseinszustände während eines Tagesablaufs werden analog klassifiziert: Der Tiefschlaf ist der Wahrheitskörper des gewöhnlichen Zustandes; der Traum ist der Vollkommene Seligkeitskörper des gewöhnlichen Stadiums, und der Wachzustand ist der Emanationskörper des gewöhnlichen Stadiums. Diese Faktoren des gewöhnlichen Existenzbereiches werden auf dem Weg zur Buddhaschaft in solcher Weise transformiert, daß die jeweils entsprechenden Faktoren des vollendeten Buddha erlangt werden. Diese Praxis bezieht sich auf die einzelnen Identifikationsschritte innerhalb des Yoga der göttlichen Wesenheiten. Darüber hinaus aber werden die subtilen Bewußtseinsebenen nutzbar gemacht, damit der Fortschritt auf dem Weg zur Buddhaschaft beschleunigt wird.

Im Yoga der göttlichen Wesenheiten sucht der Praktizierende, letztlich das höchste Ziel der Buddhaschaft zu erlangen. Auf der mittleren Ebene strebt er eines der acht großen Ziele an, und auf niedrigster Ebene sucht er inneren Frieden, Anwachsen der geistigen Kräfte und deren Kontrolle oder ungehinderte Kraftentfaltung – und zwar alles um des Wohls der anderen willen. In solchen Übungen meditiert man sowohl friedvolle als auch zornvolle göttliche Wesenheiten. Der Grund für diese verschiedenen Formen ist folgender: In den Schriften des Fahrzeugs der Hörer gibt es keinen Hinweis darauf, daß man auf dem Weg leidverursachende Emotionen benutzt. In den Bodhisattva-Schriften des Fahrzeugs der Vollkommenheit jedoch gibt es Ausführungen darüber, wie man die leidverursachenden Emotionen der Begierde auf dem Weg zur Buddhaschaft als Mittel benutzt, um das Glück anderer zu erwirken, wie in dem Falle eines Bodhisattva-Königs, der Vater vieler Kinder geworden ist, um dem Königreich zu helfen. Im Mantra-Fahrzeug heißt es, daß sogar Haß auf dem Weg benutzt wird. Das bezieht sich auf die tatsächliche Verwirklichung, nicht auf die Motivation, die in lauterer heilender Hinwendung besteht. Mit heilender Hinwendung als ursächlicher Motivation benutzt der Übende zur Zeit der tatsächlichen Praxis Haß oder Zorn für einen bestimmten Zweck. Diese Technik beruht darauf, daß in unserem Zorn ein hohes energetisches Niveau der Bewußtseinskraft entsteht, d. h., wenn man sich in einen grimmig-wilden Zustand versetzt, ändern sich Energie und Intensität des Bewußtseins gegenüber dem Normalzustand ganz erheblich. Weil man in dieser Weise auch Haß auf dem spirituellen Weg benutzt, gibt es zornvolle Formen der göttlichen Wesenheiten.

Viele friedvolle und zornvolle göttliche Wesenheiten tragen Schädel, Knochen usw. in den Händen. So hält etwa Cakrasaṁvara einen mit Blut gefüllten Schädel in der Hand. Der Schädel bedeutet Seligkeit, und das Blut symbolisiert das Bewußtsein, das die Leerheit in bezug auf inhärente Existenz erfährt. Der Grund dafür, daß ein Schädel mit Seligkeit verbunden wird, ist darin zu suchen, daß der Ort der Seligkeit, wo die polaren Grundkräfte in geschlechtlicher Vereinigung miteinander verschmelzen, in der obersten Spitze des Kopfes liegt. In diesem Zusammenhang scheint mir interessant zu sein, daß ein Medizinprofessor der Universität Virginia erklärt hat, die letzte Quelle für die Erzeugung von Samen befinde sich im Kopf. Deshalb symbolisiert der mit Blut gefüllte Schädel Leere und Seligkeit.

In anderem Kontext symbolisiert ein Schädel Vergänglichkeit und eine Leiche Nicht-Selbst. Bei einer überweltlichen göttlichen Wesenheit bedeuten fünf trockene Schädel die fünf transzendentalen Weisheiten und die fünf Sukzessionslinien der Buddhas. Diese Erläuterungen sind notwendig, wenn man die zornvollen göttlichen Wesenheiten verstehen will.

In den Lobpreisungen auf zornvolle göttliche Wesenheiten wird immer wieder erwähnt, daß sie sich nicht vom Wahrheitskörper oder von der Liebe fortbewegen. Wenn einer, der Tantra übt, solche mit Zorn verbundene Praxis versuchen sollte und nicht die Voraussetzung überaus intensiver heilender Hinwendung mitbringt, würde es schaden statt helfen. Wie der große tibetische Meister von Hlodrak, Nam-ka-gyel-tsen *(Lho-brag Nam-mkha'-rgyal-mtshan)* sagte: Praktiziert man Tantra ohne große Liebe, heilende Hinwendung und Einsicht in die Leere, so kann die Wiederholung zornvoller Mantras zur Wiedergeburt als böser Geist führen, der anderen Schaden zufügen wird. Deshalb ist es außerordentlich wichtig, die richtigen Voraussetzungen und alle Qualifikationen für die Tantrapraxis zu haben.

Ebenso ist es auch schwierig und kann gefährlich sein, den Yoga der inneren Energien und des Atems zu üben. Deshalb soll die Tantrapraxis in Verschwiegenheit und im verborgenen geübt werden. Es ist einfach, die Bilder und Statuen in einem Museum anzuschauen, aber sehr schwierig, sich in der wirklichen Praxis zu üben.

Acht Strophen über das Geistestraining

Lamaistisch-Buddhistisches Kloster Amerikas Washington, New Jersey

ICH FREUE MICH SEHR, eines der ältesten tibetisch-buddhistischen Zentren Amerikas zu besuchen. Ich möchte alle hier sehr herzlich grüßen, besonders auch die amerikanischen Kalmücken, die – im Vergleich zu uns Tibetern – schon viel länger Flüchtlinge sind. Über viele Jahrhunderte hindurch hat es enge Beziehungen zwischen den mongolischen und tibetischen Völkern gegeben, wodurch der Tibetische Buddhismus zum Buddhismus der Mongolei wurde. Bis heute studieren Mongolen die buddhistische Religion hauptsächlich in tibetischer Sprache und beten auch in Tibetisch, und mein eigener Name »Dalai« wurde uns von einem mongolischen Fürsten verliehen. Deshalb hat der Dalai Lama eine besondere Beziehung zum mongolischen Volk.

Unter strahlender Sonne haben sich in diesem herrlichen Park viele versammelt, die ganz unterschiedliche Sprachen sprechen, verschiedene Kleidung tragen und sich vielleicht auch im religiösen Glauben unterscheiden. Wir sind jedoch alle gleich als Menschen. Wir alle haben ursprünglich den Gedanken »Ich« und wünschen uns Glück und nicht Leiden. Jene, die Kameras haben und fotografieren, die Mönche, die hier vor mir sitzen, alle, die unter den Zuhörern sitzen oder stehen, teilen den Gedanken: »Ich möchte glücklich sein und kein Leid erfahren.« Wir verbringen unser ganzes Leben mit diesem Gedanken, der ursprünglich in unserem Bewußtsein erscheint.

Wir alle haben das gleiche Recht auf Glück und darauf, daß uns kein Leid geschieht. Dies zu verwirklichen, gibt es sehr viele verschiedene Möglichkeiten, und jeder von uns hat seine eigene Meinung darüber, welche die beste ist, und gestaltet sein Leben dementsprechend. Versuchen wir, die Natur von Glück und Leiden zu bestimmen, so wird uns deutlich, daß es viele verschiedene Arten gibt. In Kürze lassen sich zwei Arten unterscheiden: körperliches Wohlergehen und Leiden sowie geistiges Wohlergehen und Leiden.

Materieller Fortschritt dient dem Ziel, Glück zu erlangen und Leid zu vermeiden, das vom Körper abhängt. Aber es ist in der Tat schwierig, *alles* Leid auf diesem äußerlichen Weg zu beseitigen und dadurch vollkommene Zufriedenheit zu erreichen. So ist es ein großer Unterschied, ob man das Glück in äußeren Dingen oder in der eigenen inneren geistigen Entwicklung sucht. Selbst wenn das grundlegende Leiden dasselbe sein sollte, erfahren wir dieses Leiden und das dadurch verursachte geistige Unbehagen entsprechend unserer inneren Einstellung dazu. Daraus folgt, daß unsere geistige Einstellung außerordentlich bedeutungsvoll dafür ist, wie wir unser Leben verbringen.

Es gibt viele verschiedene Religionen, die Regeln und Ratschläge geben, wie man seine geistige Einstellung ausrichten soll, und alle ohne Ausnahme befassen sich damit, das Bewußtsein friedvoller, disziplinierter und moralischer zu machen. In dieser Beziehung ist das Wesen aller Religionen gleich, auch wenn auf dem Gebiet der Philosophien viele Differenzen bestehen. In der Tat gäbe es kein Ende des Meinungsstreites, wenn wir uns nur auf die philosophischen Differenzen konzentrieren würden, und unsere Anstrengungen wären ganz umsonst. Weitaus nützlicher und sinnvoller ist es, daß wir versuchen, die Regeln zum Gutsein, die wir in jeder Religion gehört haben, in unserem täglichen Leben zu verwirklichen.

In gewisser Weise ist ein Mensch, der Religion praktiziert, ein Soldat im Kampf. Mit welchen Feinden kämpft er? Mit inneren. Unwissenheit, Ärger, das Verhaftet-Sein und Stolz sind die letztlichen Feinde; sie sind nicht draußen, sondern in uns und müssen mit den Waffen der Weisheit und Konzentration bekämpft werden. Weisheit ist das Geschoß, die Munition. Konzentration – das stete Ruhen des Geistes in einem Punkt – ist die Waffe, die das Geschoß trägt. So wie es im Kampf gegen einen äußeren Feind Verletzungen und Leiden gibt, so entstehen auch beim inneren Kampf Schmerz und Not. Religion ist also zuerst eine innere Angelegenheit, und religiöse Anweisungen haben mit der inneren Entwicklung zu tun.

Betrachten wir dies unter einem anderen Gesichtspunkt: Wir dringen immer tiefer in den Weltraum vor. Das gelingt uns auf Grund der modernen Wissenschaft und Technologie, die durch menschliches Denken entwickelt worden ist. Und doch gibt es in bezug auf die Frage nach der Natur des Bewußtseins noch viel zu erforschen und zu überdenken: ob es eine Ursache hat oder nicht, und – falls es verursacht ist –, was seine substantielle Ursache ist, was seine begleitenden Umstände, Wirkungen usw. sind. Um das Bewußtsein zu entwickeln, gibt es viele Regeln; die wichtigsten davon sind Liebe und heilende Hinwendung. Die buddhistische Lehre kennt viele hochentwickelte und wirkungsvolle Techniken, die das Bewußtsein in der Entwicklung von Liebe und heilender Hinwendung voranbringen können. Ein guter Verstand, ein gutes Herz und ein liebevolles Gemüt sind am wichtigsten. Wer dies hat, fühlt sich selbst wohl, und die Familie, der Ehepartner, Kinder, Eltern und Nachbarn werden auch glücklich sein. Wer dies nicht hat, wird das Gegenteil erfahren. Daß Menschen aller Nationen, von Kontinent zu Kontinent, unglücklich sind, hat genau hier seine Ursache. Deshalb sind in der menschlichen Gesellschaft guter Wille und Güte die wichtigsten Dinge. Sie sind sehr kostbar und für das Leben eines jeden Menschen notwendig, und es ist der Mühe wert, ein gutes Herz zu entwickeln.

Wie man es auch betrachtet, sind wir alle in unserem Wunsch nach Glück und dem Wunsch, Leid zu vermeiden, gleich. Während man selbst jedoch nur einer ist, sind die anderen unzählig. Weil es also viel mehr Zufriedenheit gibt, wenn eine unendliche Zahl von Menschen glücklich ist, als wenn nur man selbst glücklich ist, sind die anderen wichtiger als man selbst. Wenn man selbst, eine Person, Leiden nicht ertragen kann, wie kann es irgendein anderes Lebewesen? Darum ist es richtig, sich selbst für das Wohl anderer zur Verfügung zu stellen, und falsch, andere für eigene Zwecke zu mißbrauchen.

Um alle Fähigkeiten von Körper, Rede und Bewußtsein zum Wohl anderer einsetzen zu können, muß man eine altruistische Geisteshaltung entwickeln, die von dem Wunsch erfüllt ist, das Leid anderer zu überwinden und ihr Glück zu schaffen. Ob man nun an eine Religion glaubt oder nicht, ob man annimmt, daß es frühere und zukünftige Leben gibt oder nicht, es gibt keinen Menschen, der heilende Hinwendung nicht hochschätzt. Von Geburt an erfahren wir die Fürsorge und Güte unserer Eltern. Später dann, gegen Ende unseres Lebens, wenn uns das Leid des Alterns bedrängt, sind wir wieder stark von der Gutherzigkeit und heilenden Hinwendung anderer abhängig. Da wir also zu Beginn und am Ende unseres Lebens auf die Güte anderer angewiesen sind, ist es nur recht und billig, wenn wir in der Zwischenzeit anderen gegenüber Freundlichkeit und Güte kultivieren.

Unabhängig davon, wen ich treffe und wohin ich gehe, gebe ich immer den Rat, uneigennützig und gutherzig zu sein. Ich bin jetzt vierundvierzig Jahre alt, und von der Zeit an, da ich zu denken begann, bis heute habe ich diese altruistische Haltung zu kultivieren gelernt. Das ist das Wesen der Religion. Das ist das Wesen der buddhistischen Lehre.

Wir sollten dieses gute Herz, diesen Altruismus zur Grundlage und inneren Struktur unserer Praxis machen, und alle Tugenden, die wir entwickeln, sollten für sein Wachstum fruchtbar gemacht werden. Unsere Bewußtseinskräfte sollten von dieser Uneigennützigkeit überformt werden, und Wort und Schrift sollten Mittel sein, die uns an diese Praxis erinnern. Solche Worte sind die *Acht Strophen über das Geistestraining*, die von dem Ga-dam-ba Ge-she Lang-ri-tang-ba (*gLang-ri-thang-pa*, 1054–1123) gedichtet worden sind. Sie sind außerordentlich wirkungsvoll, selbst wenn sie nur auf der Ebene eines begeisterten Interesses praktiziert werden.

1. Fest entschlossen, das höchste
Wohl für alle lebenden Wesen zu erlangen,
die großartiger sind als selbst ein wunscherfüllender Edelstein,
möchte ich lernen, sie zutiefst zu lieben.

Nicht darum geht es, andere Lebewesen nicht zu *vernachlässigen*, sondern darum, sie als einen Schatz zu betrachten, durch den vorläufige und letzte Ziele erreicht werden können, und so sollte man sich um alle Lebewesen mit ganzer Hingabe kümmern. Andere sollte man als lieber und wichtiger ansehen als sich selbst. Anfangs erzeugen wir den altruistischen Wunsch nach höchster Erleuchtung in Abhängigkeit von den anderen. In der Mitte des Weges geschieht es in Beziehung zu anderen, daß wir diese gute Bewußtseinskraft vermehren und erhöhen und die Praxis des Weges ausüben, um Erleuchtung zu erlangen. Schließlich, am Ende des Weges, erreichen wir die Buddhaschaft um der anderen willen. Weil die Lebewesen das Ziel und der Grund dieser ganzen wunderbaren Entwicklung sind, sind sie wichtiger als selbst ein wunscherfüllender Edelstein und sollten immer mit Achtung, Güte und Liebe behandelt werden.

Sie werden vielleicht denken: »Mein Bewußtsein ist voll von leidverursachenden Emotionen. Wie kann ich also nach diesen Lehren handeln?« Das Bewußtsein tut, woran es gewöhnt ist. Was wir nicht gewöhnt sind, fällt uns zunächst schwer, aber mit zunehmender Vertrautheit werden Dinge, die einst schwierig waren, einfach. So sagt Śāntideva im *Eintritt in das Leben zur Erleuchtung:* »Es gibt nichts, woran wir uns mit der Zeit nicht gewöhnen können.«

> 2. *In der Gemeinschaft mit anderen werde ich lernen,*
> *von mir als dem niedrigsten von allen zu denken*
> *und die anderen achtungsvoll hochzuschätzen*
> *aus der Tiefe meines Herzens.*

Wenn Sie Liebe, heilende Hinwendung usw. für Ihr eigenes Wohl kultivieren und Ihr eigenes Glück suchen, bleiben Sie an eine ichhafte Betrachtungsweise gefesselt, die keine guten Früchte bringen kann. Sie sollten lieber eine altruistische Haltung, die das Wohl der anderen von Herzensgrund sucht, entwickeln.

Der auf sich selbst gerichtete Stolz, durch den Sie sich selbst als höher und die anderen als niedriger ansehen, ist ein Haupthindernis auf dem Weg zur Entwicklung einer uneigennützigen Haltung, die andere achtet und umsorgt. Deshalb ist es wichtig, gegen den Stolz ein Gegenmittel zu setzen und – gleichgültig, mit wem man zusammen ist – sich selbst als niedriger anzusehen. Nimmt man eine demütige Haltung ein, vermehren sich die guten Charakterqualitäten, ist man hingegen voller Stolz, kann man niemals glücklich sein. Man wird auf andere eifersüchtig, ist ärgerlich mit ihnen und schaut auf sie herab, wodurch eine unfreundliche Atmosphäre geschaffen wird, die das Unglück in der menschlichen Gesellschaft vermehrt.

Auf Grund falscher Voraussetzungen sind wir auf uns selbst stolz und fühlen uns anderen überlegen, und umgekehrt können wir den Stolz überwinden, indem wir über gute Eigenschaften der anderen und unsere eigenen schlechten Eigenschaften nachdenken. Nehmen Sie etwa diese Fliege, die hier um mich herumschwirrt. Einerseits bin ich ein Mensch, ein Mönch, und natürlich viel wichtiger als diese kleine Fliege. Andererseits jedoch ist es nicht verwunderlich, daß diese schwache, unbedeutende Fliege, die beständig im geistigen Dunkel schwebt, keine religiöse Praxis übt. Denn diese Fliege begeht ja keine bösen Taten, die erst auf Grund hochkomplizierter Bewußtseinsdifferenzierung möglich werden. Ich jedoch als Mensch mit vollem menschlichen Potential und hochentwickeltem Bewußtsein könnte meine Fähigkeiten mißbrauchen. Sollte ich – von dem erwartet wird, daß ich ein Übender bin, ein Mönch, ein Mensch, der altruistisches Trachten entwickelt – meine Fähigkeiten falsch einsetzen, dann bin ich viel geringer als eine Fliege. Wenn man in dieser Weise denkt, so hilft es von ganz allein zur Demut.

Unterstützt man eine demütige Einschätzung seiner selbst, um dem Stolz entgegenzutreten, so bedeutet das jedoch nicht, daß man unter den Einfluß von Menschen geraten sollte, die Übles tun. Es ist notwendig, solchen Leuten Einhalt zu gebieten und sie zur Rechenschaft zu ziehen. Obwohl es also sein kann, daß wir jemandem mit aller Deutlichkeit begegnen müssen, sollte es immer mit der Haltung der Achtung für den anderen geschehen.

3. Bei allem Tun will ich lernen, meinen Geist zu erforschen. Und sobald sich Leidenschaften erheben, die mich und andere gefährden, werde ich ihnen fest entgegentreten und sie abwenden.

Läßt man bei der Einübung in solch eine gute, uneigennützige Haltung die leidverursachenden Emotionen so, wie sie sind, werden sie Schwierigkeiten bereiten, da Ärger, Stolz usw. die Entwicklung von Uneigennützigkeit behindern. Daher sollte man sie nicht so lassen, sondern sollte ihnen mit Hilfe ihrer Gegenmittel sofort entgegenwirken. Wie ich schon sagte, Ärger, Stolz, Konkurrenzeifer usw. sind unsere wahren Feinde. Unser Schlachtfeld ist nicht außen, sondern innen.

Da es niemanden gibt, der nicht irgendwann einmal vom Ärger erfaßt wurde, können wir auf Grund unserer eigenen Erfahrung bestätigen, daß Ärger kein Glück hervorbringt. Wer könnte schon glücklich sein, wenn er ärgerlich ist? Welcher Arzt verschreibt Ärger als Medizin? Wer sagt, daß man durch Ärger glücklicher werden kann? Deshalb sollten wir wachsam sein und diese leidverursachenden Emotionen nie entstehen lassen. Obwohl es keinen gibt, der nicht sein Leben liebt, kann uns Ärger an einen Punkt bringen, wo wir Selbstmord begehen möchten.

Wenn man die verschiedenen Arten leidverursachender Emotionen erkannt hat und nur den kleinsten Keim ihres Entstehens in sich bemerkt, sollte man nicht denken: »Soviel ist vielleicht erlaubt«, denn die Leidenschaft wird stärker und stärker, wie ein kleines Feuer, das sich in einem Haus ausbreitet. Es gibt ein tibetisches Sprichwort: Sei nicht freund mit »Es ist vielleicht erlaubt«, denn das ist gefährlich.

Sobald sich eine der leidverursachenden Emotionen ankündigt, sollte man an die entgegengesetzte Eigenschaft denken, indem man die Vernunft benutzt, um die entgegengesetzte Einstellung zu erzeugen. Zum Beispiel: Wenn in Ihnen Begierde entsteht, denken Sie über Häßlichkeit nach, oder zügeln Sie Ihr Bewußtsein mittels der Achtsamkeit, die Sie auf den Körper oder die Gefühle lenken. Werden Sie ärgerlich, so kultivieren Sie Liebe. Entwickeln Sie Stolz, so denken Sie über die zwölf Glieder der Kette des Entstehens in gegenseitiger Abhängigkeit oder die Unterteilungen in die verschiedenen Grundelemente nach. Das grundlegende Mittel gegen all diese schlechten Bewußtseinszustände ist die Weisheit, die Leere erkennt, welche im letzten Vers erörtert werden wird. Wenn eine der leidverursachenden Emotionen auftritt, ist es am wichtigsten, sogleich das entsprechende Gegenmittel anzuwenden, um das weitere Anwachsen der Emotionen zu verhindern. Wenn Sie das nicht können, versuchen Sie wenigstens, Ihre Aufmerksamkeit von der Emotion abzulenken – gehen Sie spazieren, oder konzentrieren Sie sich auf Ihre Ein- und Ausatmung.

Warum ist es falsch, diese leidverursachenden Emotionen zu entwickeln? Wenn das Bewußtsein unter den Einfluß einer der leidverursachenden Emotionen gerät, wird man nicht nur in einen unangenehmen Zustand versetzt, sondern es führt auch zu schlechten körperlichen und verbalen Handlungsweisen, die in der Zukunft Leid verursachen. Ärger etwa kann zu bösen Worten und schließlich sogar zu gewalttätigen körperlichen Handlungen führen, durch die andere Schaden nehmen. Diese Handlungen verursachen Tendenzen im Bewußtsein, die zukünftig Leiden schaffen. Daher heißt es: »Willst du wissen, was du in der Vergangenheit getan hast, so schaue auf deinen jetzigen Körper. Willst du wissen, was dir in der Zukunft widerfahren wird, blicke auf deinen jetzigen Bewußtseinszustand.« Die buddhistische Theorie vom Handeln und seinen Wirkungen besagt, daß unser gegenwärtiger Körper und die allgemeine Situation durch unsere vergangenen Handlungen geformt worden sind und daß unser zukünftiges Glück und Leid in unseren eigenen Händen liegen, und zwar jetzt und hier. Da wir uns Glück und nicht Leid wünschen und da tugendhaftes Handeln zum Glück, nicht-tugendhaftes Handeln aber zum Leid führt, sollten wir nicht-tugendhafte Handlungen aufgeben und Tugenden üben. Obwohl es nicht möglich ist, die vollständige Praxis der Aufgabe von Lastern und der Annahme von Tugenden in wenigen Tagen zu erlernen, kann man sich allmählich in diesen Dingen üben und von Stufe zu Stufe voranschreiten.

4. Ich will lernen, mich um Wesen mit schlechter Natur zu kümmern und um jene, die von schlimmen Sünden und Leiden bedrückt werden, als ob ich einen kostbaren Schatz gefunden hätte, den man nur sehr selten finden kann.

Begegnet man Menschen, die einen schlechten Charakter haben oder an einer besonders schlimmen Krankheit leiden oder durch andere Probleme belastet sind, sollte man sich von ihnen weder abwenden noch mit dem Empfinden, daß sie einem fremd sind, eine Kluft schaffen, sondern ihnen gegenüber eine besonders intensive Haltung der Fürsorge entwickeln und sie liebhaben.

In der Vergangenheit haben in Tibet diejenigen, die sich in dieser Art von Geistestraining übten, die Verantwortung für die Pflege von Leprakranken übernommen, ganz ähnlich, wie das christliche Mönche, Nonnen und andere taten und tun. Da man im Verhältnis zu solchen Menschen sowohl die altruistische Zielsetzung, zur Erleuchtung zu gelangen, als auch Geduld und die freiwillige Annahme von Leiden kultivieren kann, wird es wie der Fund eines kostbaren Edelsteins betrachtet, wenn man mit ihnen in Kontakt kommt.

5. Behandeln mich andere aus Eifersucht schlecht, mit Beschimpfung, Verleumdung und noch mehr, will ich lernen, den Verlust zu ertragen und ihnen den Sieg anzubieten.

Selbst wenn es nach weltlichen Maßstäben richtig ist, in aller Schärfe zu antworten, wenn uns jemand ungerechtfertigt und grundlos anklagt, paßt dies nicht in die Praxis des uneigennützigen Trachtens nach Erleuchtung. Es ist unrichtig, mit Schärfe zu antworten, es sei denn, dies hat einen besonderen Zweck. Wenn uns jemand aus Eifersucht oder Abneigung schlecht behandelt und beschimpft oder gar physisch schlägt, so sollten wir dies nicht mit gleicher Münze heimzahlen, sondern die Niederlage hinnehmen und den anderen den Sieg davontragen lassen. Ist das unrealistisch? Diese Praxis ist in der Tat sehr schwer; wer aber nichts anderes sucht, als eine altruistische Geisteshaltung zu entwickeln, muß diesen Weg gehen.

Das heißt nicht, daß man im Buddhismus immer nur den Verlust auf sich nimmt und absichtlich schlechte Lebensumstände herbeiführt oder sucht. Zweck dieser Praxis ist es, einen großen Gewinn zu erzielen, auch wenn man dabei kleine Verluste einsteckt. Sind die

Umstände so, daß ein kleiner Verlust wenig Frucht bringen würde, kann man auch energischer reagieren, allerdings ohne jeden Haß und unter der Motivation von heilender Hinwendung.

So zum Beispiel ist eine der sechsundvierzig sekundären Regeln des Bodhisattva-Gelübdes, angemessen zu reagieren und jemanden, der Böses tut, daran zu hindern. Es ist notwendig, die böse Tat eines anderen zu verhindern. In einer seiner früheren Geburten war Śākyamuni Buddha, der Barmherzige, als Kapitän wiedergeboren worden. Auf seinem Schiff befanden sich 500 Händler, und einer von ihnen wollte die anderen 499 töten, um sie all ihrer Habe zu berauben. Der Kapitän versuchte immer wieder, dem Mann von solcher bösen Tat abzuraten, aber er hielt an seinem Plan fest. Der Kapitän hatte Mitgefühl für die 499 Menschen, die getötet werden sollten, und wollte ihr Leben retten. Er hatte aber auch Mitgefühl für den Mann, der sie töten wollte und dadurch ein schreckliches schlechtes Karma auf sich ziehen würde. So beschloß er, als kein anderes Mittel mehr half, die karmische Last auf sich zu nehmen, lieber einen Menschen zu töten und dadurch diesem Mann zu ersparen, das Karma des Mordes an 499 Menschen auf sich zu laden. Und er tötete den, der die 499 Menschen töten wollte. Auf Grund seiner Motivation der heilenden Hinwendung erreichte er sogar durch einen Mord positive Bewußtseinsformung. Dies ist ein Beispiel für die Art von Handlungen, die ein Bodhisattva tun muß, um jemanden durch entsprechendes Handeln von einer bösen Tat abzuhalten.

> *6. Wenn jemand, dem ich mit großer Hoffnung Wohltaten erwiesen habe, mich grundlos sehr verletzt, so will ich lernen, diesen Menschen als vortrefflichen geistigen Führer zu betrachten.*

Wenn Sie gütig gewesen sind und jemandem sehr viel geholfen haben, sollte dieser die Freundlichkeit eigentlich in gleicher Weise vergelten. Ist dieser Mensch statt dessen undankbar und verhält sich Ihnen gegenüber schlecht usw., so ist das sehr traurig, doch im Kontext der Praxis von Uneigennützigkeit sollten Sie zu diesem Menschen noch gütiger sein. Śāntideva sagt im *Eintritt in das Leben zur Erleuchtung*, daß jemand, der sich einem gegenüber als Feind verhält, der beste aller Lehrer ist. Unter einem spirituellen Meister kann man wohl ein Verständnis für Geduld entwickeln, hat aber keine Gelegenheit, sich in Geduld zu üben. Die wirkliche Praxis von Geduld ergibt sich in der Begegnung mit einem Feind.

Um wahre, ungeteilte Liebe und heilende Hinwendung zu entwickeln, muß man Geduld entwickeln, und das verlangt Praxis. Deshalb sollte jemand, der sich in Uneigennützigkeit übt, einen Gegner als den besten spirituellen Meister betrachten, ihn in diesem Sinne als Freund verstehen und ihm mit Achtung begegnen.

Es ist nicht nötig, daß jemand oder etwas, wovor Sie Respekt haben und worum Sie sich sorgen, auch eine gute Motivation Ihnen gegenüber hat. So zum Beispiel haben die Lehren, die wir zu verwirklichen trachten, das wahre Aufhören des Leidens usw., überhaupt keine Motivation, und doch pflegen, schätzen und achten wir sie sehr. Das heißt, daß das Vorhandensein oder Fehlen von Motivationen keinen Einfluß darauf hat, ob etwas hilfreich für die Entwicklung guter Qualitäten und positiver Bewußtseinsformung ist. Dennoch ist Motivation – der Wunsch zu schaden – die Grundlage für unsere Einschätzung, ob jemand ein Feind ist oder nicht. Ein Arzt etwa, der operiert, kann uns Schmerzen bereiten; da er es aber mit der Motivation tut, uns zu helfen, betrachten wir ihn nicht als Feind. Nur in Beziehung zu denen, die uns Böses wünschen – Feinden –, können wir wirklich Geduld kultivieren, und daher ist ein Feind unbedingt notwendig. In Beziehung zu Ihrem Lama kann Geduld nicht kultiviert werden.

Es gibt eine tibetische Geschichte, wo ein Mann, während er einen Tempel im Gebet umrundete, jemanden in Meditationshaltung sitzen sah. Er fragte den Meditierenden, was er denn tue, und dieser antwortete: »Ich übe mich in Geduld.« Darauf sagte der Mann etwas sehr Häßliches zu dem Meditierenden, und dieser antwortete sogleich sehr ärgerlich. Das kam daher, daß er zwar Geduld geübt hatte, aber nie jemandem begegnet war, der ihn verletzte oder schlecht zu ihm sprach. Er hatte nie eine Möglichkeit gehabt, Geduld zu *praktizieren*. Daher ist für die Praxis von Geduld ein Feind das beste, und aus diesem Grund sollte jemand, der sich auf dem

Bodhisattvaweg befindet, einen Feind mit sehr großer Achtung behandeln.

Ohne Toleranz, ohne Geduld können wir echte heilende Hinwendung nicht entwickeln. Gewöhnlich ist heilende Hinwendung mit gefühlsmäßiger Bindung vermischt, und darum ist es sehr schwierig, heilende Hinwendung Feinden gegenüber zu praktizieren. Wir müssen an uns arbeiten, um wahre Liebe und heilende Hinwendung, die sich auch auf Feinde erstreckt, d. h. auf solche, die uns schaden wollen, zu entwickeln. Und dazu brauchen wir Erfahrung, wie man mit Feinden umgeht. Die schwierigste Zeit in unserem Leben ist die beste Gelegenheit, echte Erfahrung und innere Stärke zu gewinnen. Verläuft unser Leben problemlos, werden wir weichlich. Gehen wir aber durch tragische Ereignisse hindurch, können wir innerlich gefestigt werden und den Mut aufbringen, diesen Ereignissen ohne emotionale Erregungen zu begegnen. Wer lehrt das? Nicht unser Freund, nicht unser Guru, sondern unser Feind.

7. Kurz, ich will lernen, jedem ohne Ausnahme alle Hilfe und alles Glück direkt und indirekt darzubringen und achtungsvoll Schmerz und Leiden meiner Mütter auf mich zu nehmen.

Dieser Vers behandelt die Praxis des Gebens und Nehmens: aus Liebe unser Glück und die Ursachen des Glücks den anderen zu geben, und aus heilender Hinwendung ihr Leiden und die Ursachen ihres Leidens auf uns zu nehmen. Dies sind die beiden wesentlichen Einstellungen eines Bodhisattva: heilende Hinwendung, die darin besteht, sich um das Leid anderer zu kümmern, und Liebe, die alles Glück den anderen wünscht. Üben wir uns in diesen beiden Tugenden und begegnen Menschen, die offensichtlich leiden, sollten wir Geben und Nehmen praktizieren und denken:

> Dieser Mensch leidet unsäglich, und obwohl er doch Glück wünscht und kein Leid, weiß er nicht, wie er Laster aufgeben und Tugenden üben soll. Deshalb ist er oder sie des Glücks beraubt. Ich werde das Leid dieses Menschen auf mich nehmen und ihm all mein Glück geben.

Obwohl es außergewöhnliche Menschen geben mag, die das auch

wirklich physisch zu tun vermögen, können sich die meisten von uns nur vorstellen, so zu handeln. Diese geistige Übung, das Leid anderer auf uns zu nehmen, ist innerlich sehr hilfreich und bewirkt das Wachstum der Entschlußkraft, dies auch tatsächlich zu tun. Man übt dies in Verbindung mit der Ein- und Ausatmung – den Schmerz anderer ein-, und das eigene Glück zu ihnen ausatmen.

> *8. Ich will lernen, alle diese Übungen rein zu halten von den Befleckungen der acht weltlichen Auffassungsweisen, und indem ich alle Erscheinungen als Illusionen durchschaue, von der Fessel des Anhaftens erlöst zu werden.*

Methodisch gesehen sollten diese Übungen in zielgerichteter Konzentration als Bestandteil des uneigennützigen Trachtens nach dem Wohl anderer praktiziert werden. Sie sollten nicht unter den Einfluß der acht weltlichen Verhaltensweisen geraten: Neigung und Abneigung, Erstreben und Verlieren, Loben und Tadeln, Beachtung von Ruhm und Schande. Tun Sie diese Übungen, um sich selbst aufzuwerten und in den Augen der anderen als religiöser Mensch zu erscheinen oder um Ruhm zu ernten usw., so ist die Praxis nicht rein und durch weltliche Interessen verschmutzt. Statt dessen muß Tugend um der anderen willen gesucht werden.

Der zweite Teil des Verses bezieht sich auf den Faktor der Weisheit: Man soll diese Praxis in dem Wissen tun, daß sowohl heilende Hinwendung selbst als auch der, der heilende Hinwendung ausübt, sowie die Objekte heilender Hinwendung den Täuschungen eines Magiers darin gleichen, daß sie inhärent zu existieren scheinen, was aber nicht zutrifft. Um diese drei Faktoren als Illusionen zu begreifen, muß man wissen, daß, auch wenn diese Faktoren inhärent zu existieren scheinen, sie doch leer sind in bezug auf solche inhärente Existenz.

Wenn zum Beispiel jemand mit dem Ziel der Erleuchtung die uneigennützige Motivation kultivierte und sich selbst oder diejenigen, für die er Erleuchtung sucht, oder die Erleuchtung selbst als inhärent bzw. aus sich selbst existierend ansähe, so würde genau diese Sicht der Dinge verhindern, daß der Meditierende zur Erleuchtung kommt. Statt dessen muß man sich selbst – d. h. denjenigen, der die uneigennützige Motivation kultiviert –, die Erleuchtung, die gesucht wird, und alle anderen Lebewesen, für die man Erleuchtung sucht, als nicht-inhärent existierend betrachten, als Illusionen also, die anders erscheinen, als sie existieren. Auf diese Weise wird man gewahr, daß es inhärente Existenz nicht gibt.

Diese Widerlegung inhärenter Existenz ist nicht die Aufhebung einer Sache, die vorher existiert hätte. Man erkennt vielmehr, daß das, was niemals existiert hat, auch jetzt nicht existiert. Nur auf Grund unserer eigenen Unwissenheit scheinen Phänomene inhärent zu existieren, auch wenn das nicht so ist. Auf Grund dieser Erscheinung von inhärenter Existenz meinen wir, die Dinge existierten so, wie sie erscheinen. Dadurch sind wir in die leidverursachenden Emotionen verstrickt, die uns ins Unglück stürzen. Sie zum Beispiel schauen mich an und denken: »Dort ist der Dalai Lama«, und unmittelbar, ohne jede gedankliche Konstruktion, erscheint es Ihrem Verstand, als wäre da ein Dalai Lama, der von seinem Körper unterschieden werden könnte und sogar von seinem Bewußtsein unabhängig wäre. Oder betrachten Sie sich selbst. Nehmen wir an, Ihr Name ist David. Wir sagen dann: »Davids Körper, Davids Bewußtsein«, und es erscheint Ihnen so, als ob es einen David gäbe, der sein Bewußtsein und seinen Körper besitzt, und ein Bewußtsein und einen Körper, die dieser David besitzt, nicht wahr? Wir sagen: Der Dalai Lama ist ein Mönch, ein Mensch, ein Tibeter. Hat es nicht den Anschein, als ob man dies nicht in bezug auf seinen Körper oder sein Bewußtsein sagt, sondern in bezug auf etwas, das von beiden unabhängig ist?

Personen existieren, aber nur nominal, d. h. abhängig von der Bezeichnung. Wenn sie aber unserem Verstand erscheinen, scheinen sie nicht durch die Kraft der Bezeichnung und Terminologie, sondern durch sich selbst und in ihrem eigenen Recht, sich selbst setzend zu existieren. Obwohl es eine Tatsache ist, daß Erscheinungen nicht in und durch sich selbst existieren, da sie für ihre Existenz auf etwas anderes angewiesen sind, erscheinen sie uns so, als wären sie unabhängig.

Würden die Dinge tatsächlich so sein, wie sie erscheinen, würden sie also so konkret existieren, so sollte diese inhärente Existenz in der Untersuchung und Analyse noch deutlicher, offensichtlicher werden. Sucht man aber in der Analyse nach dem bezeichneten Objekt, kann man es nicht finden. So zum Beispiel gibt es im konventionellen Sprachgebrauch ein Ich, das Freude und Leid unterworfen ist, Karma ansammelt usw., doch wenn wir dieses Ich analytisch suchen, können wir es nicht finden. Was immer das Phänomen ist, innerlich oder äußerlich, der eigene Körper oder irgendeine andere Sache, wenn wir zu entdecken suchen, was es eigentlich ist, das so und so bezeichnet wird, können wir nichts finden, das es wäre.

Das, was die Erscheinung des Ich hervorbringt, ist Bewußtsein und Körper. Teilt man dieses »Das« aber in Bewußtsein und Körper auf und sucht nun nach dem Ich, kann man es nicht finden. Aber auch der Körper wird in Abhängigkeit von dem Zusammentreffen seiner Teile bezeichnet. Unterteilt man den Körper in seine Teile und sucht dann nach dem, was wir »Körper« nennen, kann man wiederum nichts finden.

Selbst die feinsten Teilchen im Körper haben Seiten oder Aspekte und somit Teile. Gäbe es etwas, das keine Teile hat, könnte man vielleicht davon sprechen, daß es unabhängig existierte. Aber es gibt nichts, das keine Teile hat. Vielmehr existiert alles in Abhängigkeit von seinen Teilen und ist überhaupt nur bezeichnet in Beziehung zu seinen Teilen, die Bezeichnungsbasis sind. Diese Bezeichnung ist also das Produkt unserer Begrifflichkeit. Es gibt nichts, was man analytisch finden könnte. Denn es gibt kein Ganzes, das von seinen Teilen getrennt werden könnte.

Nun erscheinen uns diese Dinge aber so, als würden sie objektiv und durch sich selbst existieren. Und so gibt es einen Unterschied zwischen der Art und Weise, in der die Dinge unserem Bewußtsein erscheinen, und der Art und Weise ihrer wirklichen Existenz bzw. unserer Erkenntnis über sie, die wir in der Analyse gewinnen. Existierten sie so, wie sie erscheinen, müßte diese Existenzweise in der analytischen Untersuchung immer klarer hervortreten. Doch durch unsere eigene Erfahrung können wir zu dem Schluß kommen, daß die Suche nach diesen Dingen in der Analyse ergebnislos bleibt. Deshalb sagt man, sie seien wie Illusionen.

Weil uns die Phänomene anders erscheinen, als sie sich in der Analyse erweisen, ist der Beweis erbracht, daß ihre konkrete Erscheinung auf einem Fehler unseres Wahrnehmungsvermögens beruht. Nachdem man erkannt hat, daß die Erscheinungen leer sind in bezug auf inhärente Existenz, erkennt man, daß die Erscheinungen wie Illusionen sind, und zwar deshalb, weil zwei Dinge zusammentreffen: die Erkenntnis des Erscheinungscharakters der Phänomene und die Erkenntnis, daß sie leer sind in bezug auf die Existenzweise, in der sie erscheinen.

Was ist der Nutzen solcher Erkenntnis? Unsere leidverursachenden Emotionen wie Begierde, Haß usw. entstehen, weil wir auf die Erscheinungen weit über das hinaus, was eigentlich in ihnen ist, Gut und Schlecht projizieren. Wenn wir zum Beispiel sehr ärgerlich werden oder etwas sehr begehren, erscheint uns dieses Objekt in diesem Moment als besonders schlecht oder gut, doch wenn sich unsere Gefühle später beruhigt haben und wir dasselbe Objekt betrachten, empfinden wir selbst, daß unsere früheren Wahrnehmungen lächerlich waren. Der Nutzen oder die Hilfe der Weisheit besteht also darin, daß sie uns daran hindert, Gut und Schlecht auf die Dinge zu projizieren, weit über das hinaus, was eigentlich in ihnen ist. Dadurch werden Begierde und Haß in uns unterbunden.

So sind also die beiden Aspekte dieser vereinten ganzheitlichen Praxis Methode und Weisheit – Methode als die Kultivierung einer uneigennützigen Haltung von Liebe und heilender Hinwendung und Weisheit als Einsicht in die nicht-inhärente Existenz aller Erscheinungen. Diese zwei gehören zusammen.

Ich rezitiere diese Verse täglich und denke über ihren Sinn nach, wenn ich auf schwierige Situationen treffe. Es hilft mir. Weil ich denke, daß sie anderen vielleicht auch hilfreich sein könnten, habe ich sie erläutert. Finden Sie es für sich selbst hilfreich, so praktizieren Sie, wenn nicht, lassen Sie es ohne jede Diskussion auf sich beruhen. Dharma oder die Lehre ist nicht zum Diskutieren da. Diese Lehren wurden von den großen Meistern gegeben, um zu helfen, und nicht, damit die Menschen miteinander streiten. Würde ich als Buddhist mit einem Anhänger einer anderen Religion einen Streit anfangen, so würde mich der Buddha gewiß tadeln, wenn er jetzt hier wäre. Die Lehre muß in unseren eigenen Bewußtseinsstrom eingebettet werden, damit er gezähmt wird.

Zum Schluß ist es meine Bitte, mein Appell an Sie, daß Sie versuchen, so gut Sie können, heilende Hinwendung, Liebe und Achtung für andere zu entwickeln. Teilen Sie bitte das Leid anderer, kümmern Sie sich mehr um das Wohl anderer, und werden Sie weniger selbstsüchtig. Ob Sie an Gott glauben oder nicht, ob Sie an Buddha glauben oder nicht, darauf kommt es nicht an. Wichtig ist vielmehr, ein gutes und liebevolles Herz im täglichen Leben zu haben. Das ist der entscheidende Grundsatz im Leben.

OṀ MAṆI PADME HŪṀ

Kalmückisch-Mongolisch-Buddhistische Zentren New Jersey

ES IST SEHR GUT, das Mantra *Oṁ maṇi padme hūṁ* zu rezitieren. Während Sie das tun, sollten Sie aber über seine Bedeutung nachdenken, denn der Sinn dieser sechs Silben ist groß und unausschöpflich. Die erste, *Oṁ*, ist aus drei Buchstaben zusammengesetzt, nämlich A, U und Ṁ. Sie symbolisieren den unreinen Körper, die unreine Rede und das unreine Bewußtsein des Übenden. Gleichzeitig symbolisieren sie aber auch den reinen erhöhten Körper, die reine Rede und das reine Bewußtsein eines Buddha.

Können unreiner Körper, Rede und Bewußtsein in reinen Körper, Rede und Bewußtsein verwandelt werden, oder sind beide völlig voneinander getrennt? Alle Buddhas sind Beispiele, in denen Wesen wie wir selbst auf dem Weg schließlich zur Erleuchtung gelangt sind. Der Buddhismus behauptet nicht, daß es irgend jemanden gäbe, der von Anfang an frei von Fehlern wäre und alle guten Qualitäten besäße. Die Entwicklung eines reinen Körpers, reiner Rede und reinen Bewußtseins geschieht dadurch, daß Schritt für Schritt die unreinen Zustände überwunden und in die reinen transformiert werden.

Wie ist das zu tun? Der Weg dahin wird in den nächsten vier Silben angedeutet. *Maṇi* – das heißt Juwel – symbolisiert die Faktoren der Methode: die uneigennützige Intention, nach Erleuchtung zu streben, heilende Hinwendung und Liebe. Geradeso wie ein Juwel in der Lage ist, die Armut zu vertreiben, kann der uneigennützige Erleuchtungsgeist die Armut oder Schwierigkeiten des Kreislaufs der Wiedergeburten und des nur in Einsamkeit erzielten Friedens beseitigen. Ebenso wie ein Juwel die Wünsche der Lebewesen erfüllen kann, erfüllt der uneigennützige Erleuchtungsgeist die Wünsche der Lebewesen.

Die zwei Silben *padme* – das heißt Lotus – symbolisieren Weisheit. Gerade wie der Lotus aus dem Schlamm emporwächst, ohne daß seine Schönheit von dem Schmutz getrübt würde, so kann uns Weisheit in einen widerspruchsfreien Seinszustand versetzen, während wir in tiefe Widersprüche verstrickt blieben, wenn wir diese Weisheit nicht hätten. Es gibt Weisheit, welche die Vergänglichkeit aller Dinge erkennt, Weisheit, die erkennt, daß Personen leer sind in bezug auf Selbstgenügen oder substantielle Existenz, Weisheit, die Leere in bezug auf Dualität erkennt, d. h. Leere in bezug auf den ontischen Unterschied zwischen Subjekt und Objekt, und Weisheit, die Leere in bezug auf inhärente Existenz erfährt. Obwohl es also verschiedene Arten von Weisheit gibt, ist unter diesen die Weisheit, die Leere erfährt, die wesentliche.

Vollkommene Reinheit muß durch die unteilbare Einheit von Methode und Weisheit erzielt werden, die in der letzten Silbe *hūṁ* – sie bedeutet Unteilbarkeit – symbolisiert wird. Im Sūtra-System bezieht sich die Unteilbarkeit von Methode und Weisheit auf Weisheit, die durch Methode, und Methode, die durch Weisheit beeinflußt ist. Im Mantra- oder Tantra-Fahrzeug bezieht sie sich auf ein Bewußtsein, in welchem die volle Form von Weisheit und Methode als einer unteilbaren Wesenheit gegeben ist. Im System der Wurzelsilben für die Fünf Sieger-Buddhas ist *hūṁ* die Wurzelsilbe des Akṣobhya – des Unbeweglichen, Unveränderlichen, der durch nichts gestört werden kann.

So bedeuten die sechs Silben *oṁ maṇi padme hūṁ*, daß man in Abhängigkeit von der Praxis des Weges, der eine unteilbare Einheit von Methode und Weisheit ist, den eigenen unreinen Körper, unreine Rede und unreines Bewußtsein in den reinen erhöhten Körper, reine Rede und reines Bewußtsein eines Buddha verwandeln kann. Es heißt, daß man nach Buddhaschaft nicht außerhalb seiner selbst suchen solle, denn die Grundbedingungen für die Erlangung der Buddhaschaft liegen in uns. Wie Maitreya in seiner *Höheren*

Wissenschaft des Großen Fahrzeugs (Uttaratantra) sagt, haben alle Wesen die Buddha-Natur in ihrem eigenen Bewußtseinskontinuum. Wir tragen den Samen der Reinheit, des Wesens des So-Gegangenen *(Tathāgatagarbha)*, das verwandelt und zu voller Buddhaschaft entwickelt werden muß, in uns.

Der Weg zur Erleuchtung

Buddhistische Gemeinschaft, Toronto

ICH FREUE MICH SEHR, die Gelegenheit zu einem Vortrag hier in Toronto zu haben und zu Ihnen als einer Versammlung von Buddhisten und solchen, die sich für den Buddhismus interessieren, zu sprechen. Ich möchte gern den Zen-Meistern dieses Tempels und den vielen Tibetern, die bei den Vorbereitungen geholfen haben, sehr herzlich danken. Ich möchte heute über die Stufen des Weges zur Erleuchtung sprechen, indem ich mich auf Dzong-kabas *Drei Hauptaspekte des Weges zur Höchsten Erleuchtung* stütze.

Um vom Kreislauf der Geburten befreit zu werden, muß man zunächst die Absicht haben, diesen Kreislauf verlassen zu wollen. Diese Intention ist der erste der drei Hauptaspekte des Weges zur Erleuchtung. Weiterhin ist die korrekte Einsicht in die Leere notwendig. Zusätzlich muß man, will man die höchste Stufe der Befreiung erreichen, d. h. das Stadium der Allwissenheit im Großen Fahrzeug, die uneigennützige Absicht zur Erleuchtung erzeugen, die Erleuchtungsgeist genannt wird. Diese drei: der Entschluß zur Befreiung aus dem Kreislauf der Geburten, die korrekte Einsicht in die Leere und der altruistische Erleuchtungsgeist, sind die drei Hauptaspekte des Weges.

Bei uns ist es Sitte, vor einem Vortrag zuerst die Hindernisse auszuräumen. In Japan und Tibet tut man dies gewöhnlich durch Rezitation des *Herz-Sūtras*, in welchem es um die Lehre von der Leere in bezug auf inhärente Existenz geht. Dann, um die Wirkung negativer Wesenheiten aufzuheben und Hindernisse zu beseitigen, ist es hilfreich, das Mantra einer zornvollen weiblichen Manifestationsform der Vollkommenen Weisheit zu rezitieren. Beim Rezitieren von Mantras bedienen wir uns zur Zählung gewöhnlich eines Rosenkranzes, wobei wir die Perlen als Symbol für den von der Rezitation einfließenden Segen nach innen bewegen. Besteht der Sinn der Rezitation jedoch in der Beseitigung von Hindernissen, werden die Perlen in entgegengesetzter Richtung bewegt, d. h. nach außen, um die Beseitigung jener Hindernisse zu symbolisieren.

Danach bringen wir ein Mandala dar. Seine Bedeutung wird von den Handlungen des Buddha hergeleitet, der in früheren Leben während der Praxis des Weges sehr große Entbehrungen auf sich nahm, ohne an seinen Körper, die Familie oder seinen Lebensunterhalt zu denken, um die Lehren ungestört hören und praktizieren zu können. Als Symbol für diese Hingabe und Selbstlosigkeit vollziehen wir ein geistiges Opfer unseres Körpers, aller Lebensgrundlagen und der Wurzeln der Tugend, bevor wir die Lehren Buddhas hören. Das gesamte Weltsystem, das durch unser kollektives Karma geformt worden ist, wird dargebracht und im verherrlichten Aspekt in aller Pracht und voller Wunder visualisiert.

Ob wir über die Lehre reden oder ob wir sie anhören, in jedem Fall muß unsere innere Haltung mit dem Bewußtsein der Zuflucht und des Altruismus, anderen helfen zu wollen, verbunden sein. Um dies zu erreichen, wird ein Vers der Zuflucht und entsprechenden Bewußtseinsformung dreimal in Verbindung mit geistiger Reflexion und Meditation rezitiert:

> Bis zur Erleuchtung nehme ich Zuflucht beim Buddha, der Lehre und der höchsten Gemeinschaft.
> Möge ich durch die Läuterung beim Hören der Lehre Buddhaschaft erlangen, damit ich den Wesen im Kreislauf der Geburten helfen kann.

Weil gute oder schlechte Wirkungen durch gute oder schlechte Motivation verursacht werden, ist die Kultivierung einer uneigennützigen Motivation von allergrößter Bedeutung. Während der Vers rezitiert wird, sollte daher seine Bedeutung in der Meditation vertieft werden.

Schließlich rezitiert man zu Beginn eines Vortrags über die Lehre einen Vers zum Lob des Buddha, wobei man die Aufmerksamkeit auf seine Güte richtet. Dieser Vers entstammt Nāgārjunas *Abhandlung über den Mittleren Weg (Madhyamakaśāstra, dbU ma'i bstan bcos)*. Die Sitte, gerade diesen Vers zu rezitieren, geht auf einen meiner Lehrer, Ku-nu Lama Den-dzin-gyel-tsen *(bsTan-dzin-rgyal-mtshan)*, zurück:

Ich ehre Gautama, der,
Von heilender Hinwendung erfüllt,
Die unübertreffliche Lehre lehrte,
Um alle [falschen] Ansichten auszuräumen.

Ganz allgemein gesprochen, sind wir hier zusammengekommen, weil uns ein Interesse an den buddhistischen Lehren verbindet. Wir hoffen, durch unsere Bemühungen mehr Frieden in unser Leben zu bringen und soviel Leid wie möglich zu überwinden. Weil wir einen Körper haben, brauchen wir Kleidung, Nahrung, Unterkunft usw., aber dies allein genügt nicht, denn die Wünsche des Menschen lassen sich durch die Befriedigung solcher Grundbedürfnisse allein nicht erfüllen. Wie gut auch unsere physische Umgebung sein mag, wenn unser Geist keinen Frieden hat, verhindern Unruhe, Depression und anderes mehr, daß wir mit uns im reinen sind. Wir müssen in der Lage sein, *geistiges* Glück zu suchen und zu finden, und das Wissen um den Weg dahin wird uns befähigen, auch physisches Leid zu überwinden. Darum müssen unsere Bemühungen um Verbesserung der äußeren Bedingungen unbedingt mit den Bemühungen, die auf innere Dinge gerichtet sind, verbunden werden.

Die westliche Zivilisation hat in der materiellen Entwicklung große Fortschritte erzielt und tut dies noch. Wenn wir aber auch Methoden zur Erlangung inneren Glücks entwickeln können, wird die moderne Gesellschaft weit mehr vorankommen. Ohne ein solches inneres Wachstum werden wir zu Sklaven äußerer Dinge, und auch wenn wir uns noch Menschen nennen, gleichen wir eher den Rädchen einer Maschine. Deshalb wird sich unsere Diskussion heute damit beschäftigen, wie geistiges Glück und Fortschritt erzielt werden können.

In der gesamten Menschheitsgeschichte sind immer wieder Lehrer aufgetreten, die auf Grund ihrer eigenen Erfahrung anderen Rat gaben und sie zu fruchtbareren Lebensmöglichkeiten führten. Unter diesen vielen Systemen weiser Ratschläge ist eins, über das ich sprechen möchte. Es wurde der Menschheit durch den gütigen Lehrer Śākyamuni Buddha geschenkt und enthält verschiedene Formen und Ebenen der Praxis des Geistestrainings, um den unterschiedlichen Fähigkeiten seiner Anhänger entsprechen zu können. Diese Praxisebenen gliedern sich in zwei größere Abteilungen oder Fahrzeuge: das Kleine Fahrzeug *(Hīnayāna, Theg dman)* und das Große Fahrzeug *(Mahāyāna, Theg chen)*. Innerhalb des Großen Fahrzeugs lehrte der Buddha ein Sūtra-System und ein Mantra-System, die sich durch verschiedene Elemente in den allgemeinen Erörterungen des Weges zur Erlangung der Buddha-Körper unterscheiden.

Zusätzlich definierte der Buddha vier voneinander zu unterscheidende philosphische Hauptschulen: die Schule des Großen Kommentars *(Vaibhāṣika, Bye brag smra ba)*, die Sūtra-Schule *(Sautrāntika, mDo sde pa)*, die Nur-Bewußtseinsschule *(Cittamātra, Sems tsam pa)* und die Schule des Mittleren Weges *(Mādhyamika, dbU ma pa)*. Diese Lehren der zwei Fahrzeuge und der vier philosophischen Schulen wie auch die Sūtra- und Tantra-Systeme sind in den etwa einhundert Textbänden enthalten, die hauptsächlich vom Sanskrit ins Tibetische übersetzt wurden. Nahezu zweihundert Kommentarbände zu diesen Schriften wurden von indischen Gelehrten verfaßt und dann auch ins Tibetische übersetzt.

Die Schriften werden in vier Hauptgruppen unterteilt: Texte zur Disziplin, die im wesentlichen Praktiken des Kleinen Fahrzeugs enthalten, eine Abteilung über die Vollkommenheit der Weisheit, eine Sammlung verschiedener Sūtras und eine Abteilung über Tantra. Nach dem *Vajrapañjara Tantra*, einem erläuternden Tantra, gibt es innerhalb des tantrischen Systems vier Tantraklassen: das Tantra der [kultischen] Handlung, das Tantra der Vollzugspraxis, das Yoga-Tantra und das Höchste Yoga-Tantra.[2]

Die Systeme von Sūtra und Tantra, von Kleinem und Großem Fahrzeug verbreiteten sich über ganz Tibet. Mit der Zeit entstanden geringfügige Unterschiede in Interpretation und Anwendung, was an unterschiedlichen Überlieferungsmethoden der einzelnen Lehrer und unterschiedlichem Gebrauch gewisser philosphischer Begriffe liegt. Es entstanden viele verschiedene Schulen in Tibet, und diese können – in Kürze – auf vier Hauptschulen reduziert werden, die bis heute die Lehre des Buddha ungebrochen überliefern: Nying-ma, Sa-gya, Ga-gyu und Ge-luk. Trotz einiger Unterschiede in Einzelheiten pflegen alle Schulen das gleiche Gedankengut.

Der heutige Text *Drei Hauptaspekte des Weges* ist eine Wiedergabe der vielen Stufen des Weges in drei Hauptlinien, wie sie Dzong-ka-ba (1357–1419) beschrieben hat. Obwohl sich dieser Text mit dem gesamten Korpus der Schriften befaßt, sind die Sūtras der Vollkommenheit der Weisheit seine Hauptquelle.

Inwiefern sind diese Lehren von den Sūtras der Vollkommenheit der Weisheit abgeleitet? In jenen Sūtras sind die explizite Lehre von der Leere sowie die verborgene Lehre der Stufen des Weges enthalten. In bezug auf die drei Hauptaspekte des Weges stammt der Aspekt, bei dem es um die korrekte Sicht der Wirklichkeit geht, aus den expliziten Lehren über die Leere. Die Darstellungen der korrekten Sicht im Großen Fahrzeug stimmen mit denen der Nur-Bewußtseinsschule und der Schule des Mittleren Weges überein. Dzong-ka-bas Text basiert ausschließlich auf dem System des Mittleren Weges, und in bezug auf die Unterteilung innerhalb dieser Schule ist er eindeutig auf die Konsequenz-Schule *(Prāsaṅgika, Thal' gyur pa)* bezogen und nicht auf die Schule der unabhängigen Gründe *(Svātantrika, Rang rgyud pa)*, denn er präsentiert in bezug auf die Leere genau die Ansicht der Konsequenz-Schule. Die übrigen Aspekte des Weges – der Entschluß, vom Kreislauf der Wiedergeburten befreit zu werden, und der uneigennützige Erleuchtungsgeist – sind von den verborgenen Lehren in den Sūtras der Vollkommenheit der Weisheit abgeleitet, die sich mit den Wegen und Stufen zur Erlangung klarer Geisterfahrung befassen.

Zwei Arten von Kommentaren zu den Sūtras der Vollkommenheit der Weisheit haben sich entwickelt: das Interpretationssystem, das von Mañsjuśrī über Nāgārjuna vermittelt wurde und die expliziten Lehren über die Leere enthält, und das von Maitreya über Asaṅga vermittelte, das die verborgenen Lehren über die Stufen des Weges enthält. Maitreyas *Schmuck der klaren Geisterfahrung (Ab-*

hisamayālaṁkāra, mNgon rtogs rgyan) ist der Grundtext, der die verborgene Lehre über den Stufenweg darlegt. Er umfaßt acht Kapitel: Die ersten drei behandeln die drei erhabenen Arten des Wissens; die nächsten vier beschreiben die Praktiken der vier Arten der Übung; und das achte Kapitel beschreibt den Wirkung-Wahrheits-Körper *[dharmakāya]*. Ein Vergleich von Maitreyas Text mit den Sūtras der Vollkommenheit der Weisheit zeigt, daß jene Sūtras tatsächlich die Quelle für die Lehren im *Schmuck der klaren Geisterfahrung*, die als verborgene Lehren über den Stufenweg bezeichnet wurden, sind.

Motivation für das Hören dieser Lehre über die drei Hauptaspekte des Weges sollte nicht der persönliche Nutzen sein, sondern der Wunsch, Gesundheit und Glück für alle lebenden Wesen an allen Orten zu erwirken, weil ein jedes von ihnen Glück und nicht Leid wünscht.

Jetzt wollen wir uns mit dem Text selbst beschäftigen. Es ist üblich, daß der Autor zu Beginn einer Abhandlung einem höheren Wesen oder Objekt die Ehre gibt, und dies können sehr verschiedene Gegenstände der Verehrung sein. Hier ehrt Dzong-ka-ba die »höchsten heiligen Lamas«, denn nur mit Hilfe eines erfahrenen Lama können die drei Hauptaspekte des Weges verwirklicht werden.

Der hohe Titel »Lama« besagt noch nicht, daß jemand wirklich als Lama qualifiziert ist; er muß auch die guten Eigenschaften, die mit dem Titel verbunden werden, besitzen. Die drei Worte – höchster *(rje)*, heiliger *(btsun)* und Lama *(bla ma)* – bezeichnen die drei Qualitäten, die ein Lama haben sollte. »Höchster« beschreibt einen Menschen, der weniger Wert auf die Angelegenheiten dieses Lebens legt, sondern sich hauptsächlich mit zukünftigen Wiedergeburten und tieferen geistigen Problemen befaßt. Solch ein Mensch hat eine weiter reichende Perspektive als der Kurzsichtige, der sich in erster Linie um die alltäglichen Dinge des gegenwärtigen Lebens bemüht, und daher ist er für solche, die sich im Alltag verlieren, »der Höchste« oder ein geistiger Meister. »Heilig« bezieht sich auf jemanden, der nicht an den wunderbaren Dingen dieser Existenz hängt, da er Entsagung übt und Befreiung vom Kreislauf der Wiedergeburten sucht. Ein Heiliger hat das Verhaftet-Sein an äußere Dinge überwunden und seine Aufmerksamkeit auf die wesentlicheren Dinge, die es im Kreislauf der Geburten zu erlangen gilt, gelenkt. Er hat sein Bewußtsein nach innen gerichtet. Im Wort »Lama« bedeutet »La« hoch, und »ma« ist ein Negativum, das anzeigt, daß es nichts Höheres gibt. Er ist einer, der von der Sorge um sich selbst zur Fürsorge an anderen fortgeschritten ist, der sich also von der niederen Sorge um den persönlichen Vorteil dem höheren Ziel, für andere das Beste zu erreichen, zugewandt hat.

Wir wollen diese drei Worte auf die Lehren in Dzong-ka-bas *Großer Ausführung über den Stufenweg (Lam rim chen mo)* anwenden. Das Wort »höchster« wird mit dem Weg eines Wesens mit geringen Fähigkeiten verbunden, das Wort »heilig« mit dem Weg eines Wesens, das mittlere Fähigkeiten hat, und das Wort »Lama« bezieht sich auf den Weg eines Wesens mit großen Fähigkeiten. Einer, der über alle umfassenden Fähigkeiten verfügt, ist ein »höchster heiliger Lama«. Ein tibetischer Meister der Vergangenheit hat diese drei Worte zu den drei Ebenen des Weges in Beziehung gesetzt, um die Qualifikationen eines Lama zu beschreiben, aber es ist keineswegs zwingend, diese drei Worte strikt und immer in diesem Sinne zu verstehen. Es ist sehr wichtig, den Kontext der Begriffe in buddhistischen Texten zu berücksichtigen; einem Begriff eine einzige Bedeutung in verschiedenen Kontexten beizumessen, kann den Sinn des Textes völlig entstellen.

Dzong-ka-ba ehrt die höchsten heiligen Lamas, die diese Qualifikationen haben, um seine Achtung zum Ausdruck zu bringen. Man verehrt seinen Lama, um diese drei Verwirklichungsformen des Bewußtseins in seinem eigenen Bewußtseinskontinuum zu erzeugen. Die Bedeutung des tibetischen Wortes, das für »Ehrerbietung« steht, gewinnt man durch Zerlegung in die einzelnen Silben: ein unveränderliches oder konzentriertes Bewußtseinsstadium erlangen zu wollen. Durch die Ehrerbietung drückt Dzong-ka-ba also seinen Wunsch nach einem unveränderlichen und konzentrierten Verständnis dieser drei Themen aus.

Dzong-ka-ba hat sehr viele Lamas der Nying-ma, Sa-gya und Ga-gyu-Orden getroffen und bei ihnen studiert; besonders wichtig war jedoch seine Begegnung mit Mañjuśrī, dessen Güte ihn zur tiefen, fehlerfreien Einsicht führte, in der er das Wesen der Leere erfuhr. Und schließlich war es die Quintessenz der Instruktionen Mañjuśrīs, alle Lehren des Weges in diesen drei Hauptaspekten zusammenzufassen. Daher ehrt Dzong-ka-ba am Anfang des Textes diese heiligen Lamas.[3]

Ehrerbietung den höchsten heiligen Lamas.

Das Versprechen, den Text zu schreiben, steht im ersten Vers:

Ich werde, so gut ich kann,
Die wesentliche Bedeutung aller Schriften der Überwinder erklären,
Den Weg, der von den vortrefflichen Überwinderkindern gepriesen wird,
Den Hafen für die Glücklichen, die nach Befreiung trachten.

Es ist sinnvoll, die letzten drei Zeilen dieses Verses so zu interpretieren, daß sie sich auf eine Sache beziehen. Dann heißt es: »... die wesentliche Bedeutung aller Schriften der Überwinder, *die* der Weg *ist*, der von den vortrefflichen Überwinderkindern gepriesen wird, *und* die der Hafen für die Glücklichen *ist*, die nach Befreiung trachten.« Diese Zeilen können aber auch so verstanden werden, daß sie je einzeln auf die drei Hauptaspekte des Weges verweisen. Die erste, »die wesentliche Bedeutung aller Schriften der Überwinder«, repräsentiert dann den Entschluß, vom Kreislauf der Wiedergeburten befreit zu werden. »Der Weg, der von den vortrefflichen Überwinderkindern gepriesen wird«, bezieht sich auf die uneigennützige Absicht, erleuchtet zu werden, und »der Hafen für die Glücklichen, die nach Befreiung trachten«, zeigt die korrekte Einsicht in das Wesen der Leere an.

Inwiefern bezieht sich »die wesentliche Bedeutung aller Schriften der Überwinder« auf den Entschluß, vom Kreislauf der Wiedergeburten befreit zu werden? Dazu sagt Dzong-ka-ba in seinem *Lob auf das Entstehen in Abhängigkeit (rTen 'brel stod pa)*:[4]

All deine verschiedenen Lehren
Beruhen allein auf Entstehen-in-Abhängigkeit
Und dienen unserem Abschied vom Leid.
Du hast nichts, das nicht Friede bringt.

Alle Lehren des Buddha haben für den, der sie praktiziert, die Freiheit vom Kreislauf der Wiedergeburten zum Ziel. Buddha hat nichts gelehrt, das nicht Frieden bringt. Weil der Entschluß zur Befreiung vom Kreislauf der Wiedergeburten die Wurzel des Weges bildet und das unfehlbare Mittel zur Erlangung der Befreiung ist, ist er der wesentliche Punkt in allen Schriften der Überwinder.

In der nächsten Zeile, »der Weg, der von den vortrefflichen Überwinderkindern gepriesen wird«, bezieht sich der Begriff »Überwinderkinder« *(Jinaputra, rGyal sras)* auf Bodhisattvas, d. h. Wesen, die aus dem Wort des Überwinder-Buddha geboren sind. Der von ihnen gepriesene Weg ist die uneigennützige Absicht, erleuchtet zu werden. Durch Erzeugung dieses uneigennützigen Erleuchtungsgeistes wird man zu einem Bodhisattva, und auf diesem Wege ist man in der Lage, anderen zu helfen.

»Der Hafen für die Glücklichen, die nach Befreiung trachten«, bezieht sich auf die korrekte Einsicht in die Leere. Denn durch diese Einsicht können wir vom Kreislauf der Wiedergeburten befreit werden. Wie Āryadeva in seinen *Vierhundert (Catuḥśataka, bZhi brgya pa)* sagt:[5] »...das Tor zum Frieden, neben dem es kein zweites gibt«. Befreiung erlangen wir nur, nachdem die leidverursachenden Emotionen überwunden sind, und dies wird dadurch erreicht, daß wir in unserem Bewußtseinskontinuum die richtigen Gegenmittel gegen sie erzeugen, nämlich die korrekte Einsicht, in der die Leere in bezug auf inhärente Existenz erfahren wird, womit wir immer mehr vertraut werden müssen. Haben wir diese korrekte Einsicht in die Leere nicht, können wir niemals vom Kreislauf der Wiedergeburten befreit werden, auch wenn wir viele andere gute Qualitäten entwickelt haben sollten.

Im ersten Vers sagt Dzong-ka-ba, daß er diese drei Aspekte erläutern will, *so gut er kann.* Dies bedeutet entweder, daß er zum Schreiben des Textes eine demütige Haltung einnehmen will, oder daß er sein Bestes tun will, diese drei Aspekte *in Kürze* zu erläutern. Bevor Dzong-ka-ba die *Drei Hauptaspekte des Weges* schrieb, hatte er bereits viel früher in seinem Leben den Entschluß gefaßt, vom Kreislauf der Wiedergeburten frei zu werden, und die uneigennützige Absicht zur Erleuchtung entwickelt sowie die Ansicht über die Leere gemäß der nicht allgemeinen Interpretation der Konsequenz-Schule angenommen. Auch hatte er das Stadium der Vollendung des Höchsten Yoga-Tantra erreicht, d. h., er hatte entweder die erste Ebene der verbalen Isolation oder die zweite Ebene der mentalen Isolation erreicht, die als erste der fünf Ebenen des Vollendungsstadiums im Höchsten Yoga-Tantra durch das *Guhyasamāja Tantra* beschrieben werden.[6]

Im nächsten Vers ermahnt Dzong-ka-ba jene, die geeignete Gefäße für die Lehre sind und dieser Lehre folgen können:

Wer nicht an den Vergnügungen weltlichen Lebens hängt,
Wer strebt, um Muße und Glück Sinn zu geben,
Wer auf einem Weg geht, der dem Überwinder Buddha wohlgefällt,
Jene Glücklichen sollten klaren Geistes hören.

Die drei in diesem Vers genannten Themen kann man auch auf die drei Hauptaspekte des Weges anwenden. Nicht an den Vergnügungen weltlichen Lebens hängen bezieht sich auf den Entschluß, vom Kreislauf der Wiedergeburten befreit zu werden. Muße und Glück Sinn zu geben, legt nahe, daß wir mit der uneigennützigen Absicht, erleuchtet zu werden, unsere Muße und unser Glück in bedeutungsvoller und sinnvoller Weise nutzen können.

Auf dem Weg zu gehen, der dem Überwinder Buddha gefällt, bezieht sich auf die Anstrengung eines interessierten und gläubigen Menschen, die korrekte Einsicht in die Leere in der Meditation zu erlangen; denn schreitet man auf einem unfehlbaren Weg zur Befreiung fort, erfüllt man die Absicht, die der Buddha hatte, als er den Weg lehrte. Ein wahrer Hörer dieses Textes sollte ein tiefes Interesse für die drei Hauptaspekte des Weges zur Erleuchtung haben, das aus dem Grunde seines Herzens kommt. Deshalb sagt Dzong-ka-ba: »... jene Glücklichen sollten... hören.«

Nun spricht Dzong-ka-ba über das Ziel der Absicht, vom Kreislauf der Wiedergeburten befreit zu werden:

Ohne den kompromißlosen Wunsch, den Kreislauf der Wiedergeburten zu verlassen,
Gibt es keine Möglichkeit, die Suche nach Vergnügen im Ozean der Existenz zu überwinden.

Die Begierde nach dem Kreislauf des Lebens kettet den Verkörperten an.
Deshalb muß man zu Beginn die Entscheidung zum Verlassen des Kreislaufs treffen.

Ohne diese kompromißlose Entschlossenheit gibt es keine Möglichkeit, die Suche nach lustvollen Erfahrungen im Ozean der Existenz zu beenden. Und es ist diese Begierde, durch die alle Wesen in Ketten gelegt sind. Das veranschaulicht der Text hier an jenen, die einen Körper haben. Deshalb ist es für den Weg zur Erleuchtung wichtig, eine klare Entscheidung zu treffen, aus dem Kreislauf der Geburten auszubrechen. Nur dann kann man sich auf den Weg zur Erleuchtung begeben. Dazu sagt Āryadeva:[7]

Wie könnte jemand, der nicht entsetzt darüber ist, sich auf die Suche nach Frieden begeben?

Ein Mensch, der nicht ein gewisses Entsetzen verspürt, wenn er die Gebilde und Leiden des Kreislaufs der Wiedergeburten betrachtet, ist unfähig, eine innere Haltung einzunehmen, die Frieden sucht.

Um so denken zu können, muß man zuerst die Vorteile der Befreiung und die Nachteile des Kreislaufs der Wiedergeburten verstehen. Dharmakīrti beschreibt den Kreislauf als die Bürde der mentalen und physischen Aggregate, die durch verunreinigtes Handeln und Leiden aufgeladen wird.[8] Somit ist der Kreislauf der Wiedergeburten nicht ein Ort oder ein Gebiet, sondern ein Zustand in uns selbst. Weil unsere Aggregate, unser Bewußtsein und Körper also, eine Folge früherer verunreinigter Handlungen und leidverursachender Emotionen sind, stehen sie nicht unter unserer eigenen Kontrolle. Das bedeutet, daß wir, obwohl wir doch Glück wünschen und Leid vermeiden wollen, dennoch von vielen ungewollten Leiden und Mangel an Glück bedrängt werden, da ja unsere Bewußtseinskräfte und körperlichen Funktionen durch frühere Handlungen und Emotionen gesteuert werden. Haben wir solche verunreinigten Aggregate einmal aufgebaut, werden sie zur Basis für das Leid, das wir in der Gegenwart erfahren, und führen auch zukünftiges Leiden herbei.

Wir schätzen besonders das, was wir unser eigen nennen. Wir sagen »mein Körper« oder »meine geistigen und physischen Aggregate« und schenken ihnen unsere ganze Aufmerksamkeit. Aber das, woran wir uns hängen, ist leidvoller Natur. Obwohl wir Geburt, Alter, Krankheit und Tod gar nicht wollen, sind diese ungewollten Leidenszustände doch das Resultat der verunreinigten geistigen und physischen Aggregate, die wir so sehr schätzen. Um dieses Leid lindern zu können, müssen wir ergründen, ob es eine Technik gibt, mit der die verunreinigten geistigen und körperlichen Aggregate beseitigt werden können. Sind diese Aggregate durch Ursachen entstanden, oder haben sie keine Ursache? Hätten sie keine Ursache, könnten sie sich nicht verändern. Wir wissen aber, daß sie dem Wandel unterliegen, und das zeigt ihre Abhängigkeit von Ursachen an. Die geistigen und physischen Aggregate haben jeweils ihre entsprechenden Hauptursachen und begleitenden Umstände. Gerät unser Bewußtsein unter den Einfluß der leidverursachenden Emotionen, begehen wir Taten, die wiederum im Bewußtsein bestimmte Prägungen erzeugen, die Grundlage für zukünftige Wiedergeburten sind. Das ist der Verunreinigungsprozeß, der unsere mentalen und physischen Aggregate so ausformt, daß sie leidvoller Natur werden.

Wir besitzen mentale und physische Aggregate jetzt, und wir werden sie auch noch besitzen, wenn wir die Buddhaschaft erlangen. Aber die Ursache dafür, daß mentale und physische Aggregate erzeugt werden, die zum Kreislauf der Geburten drängen, liegt in dem Verunreinigungsprozeß, der aus einem unkontrollierten Bewußtsein und den Handlungen, die es erzeugt, resultiert. Darum ist es möglich, die mentalen und physischen Aggregate von dem Prozeß, der zur Verunreinigung führt – und darum die leiderfüllte Natur der Aggregate erzeugt –, zu trennen. Und so bleibt ihr Kontinuum in gereinigter Form zurück.

Um nun die Aggregate von den leiderfüllten Zuständen, die durch den Einfluß der Verunreinigung entstanden, zu trennen, muß man sowohl die Neuanhäufung verunreinigter Handlungen und ihrer Impulse *(karman, las)* verhindern als auch die Energiezufuhr zu bereits vorhandenen verunreinigten Karmas, die früher erzeugt wurden, unterbinden. Dazu bedarf es der Überwindung der leidverursachenden Emotionen.

Es gibt viele verschiedene Arten von leidverursachenden Emotionen. Wie Vasubandhus *Schatzhaus des Wissens (Abhidharmakośa, Chos mngon pa'i mdzod)* sagt:[9] »Die Wurzeln des Kreislaufs der Wiedergeburten sind die sechs subtilen Vermehrer [von Verunreinigung].« Dieser Text spricht von fünf Ansichten und fünf Nicht-Ansichten. Die fünf Ansichten werden in einer zusammengefaßt und ergeben dann, verbunden mit den fünf Leiden der Nicht-Ansichten, die sechs grundlegenden Leiden, die Wurzel für alles Weitere sind: Begierde, Ärger, Stolz, Zweifel, getrübte Ansicht und Verdunkelung. Die Wurzel all dieser Leiden ist die Verblendung *[avidyā ma rig pa]*.

Verblendung kann sehr unterschiedlich verstanden werden. Vom Standpunkt des höchsten Systems, der Konsequenz-Schule des Mittleren Weges, wird sie beschrieben als die Auffassung, daß Objekte inhärente Existenz hätten, obwohl sie diese in Wirklichkeit nicht haben. Durch die Macht einer derartigen Verblendung werden dann die anderen leidverursachenden Emotionen hervorgebracht. Fragen wir, ob diese Verblendung der Natur des Geistes selbst inhärent ist, so werden wir – mit den Worten Dharmakīrtis – finden:[10] »Die Natur des Geistes ist das Klare Licht. Die Verunreinigungen sind sekundär.« Wenn aber die Verunreinigungen nicht in der Natur des Geistes subsistieren, ist es möglich, sie durch die Erzeugung eines Gegenmittels zu beseitigen.

Wir sind daran gewöhnt, die Existenz von Objekten als absolut wahr anzunehmen, aber diese Annahme hat keinen haltbaren Grund. Das Gegenteil davon ist die Einsicht, daß die Erscheinungen nicht inhärent existieren, und obwohl wir an diese Sicht nicht gewöhnt sind, gibt es Gründe, die die nicht-inhärente Existenz der Erscheinungen beweisen. Diese Sicht hat also eine haltbare Begründung, und indem wir uns mit den Gründen, die sie stützen, vertraut machen, können wir jene Weisheit hervorbringen, die das Gegenteil von Verblendung ist.

Obwohl Verblendung und Weisheit, die das nicht-inhärente Existieren erkennt, beide das gleiche Beobachtungsobjekt haben – nämliche alle Erscheinungen –, ist ihre Art der Auffassung des Objekts genau entgegengesetzt. Weisheit hat eine gültige Grundlage und ist wohlbegründet, während Verblendung der gültigen Grundlage entbehrt und fehlerhaft ist in bezug auf das, was sie begreift. So können wir aus eigener Erfahrung bestätigen, daß sich Verblendung abschwächt, wenn Weisheit wächst. Geistige Qualitäten bleiben stabil, solange sie unvermindert wirken. Es bedarf keiner erneuten Anstrengung, um ihr weiteres Existieren sicherzustellen. So kann man schließen, daß Weisheit, die das Nicht-Selbst realisiert, erzeugt werden kann und schließlich bis ins Unendliche wächst, wenn man in und mit ihr immer vertrauter wird. Wenn sie zur vollen Blüte gelangt ist, verdrängt die Weisheit Schritt für Schritt alle Verblendung, d. h. ein Bewußtsein, das das Gegenteil, nämlich inhärente Existenz, erfaßt, bis diese schließlich gänzlich verschwindet.

So werden Leiden und Verunreinigungen aus dem Bereich der Wirklichkeit verbannt. Wegen der Aufhebung der sekundären Verunreinigungen durch die Kraft ihres Gegenmittels nennt man diesen gereinigten Wirklichkeitsbereich die Befreiung. Weil das Wesen des Geistes Lichthaftigkeit und Erkenntnis ist, kann Befreiung erreicht werden.

Von einem anderen Gesichtspunkt aus können wir sagen: Befreiung wird dadurch erlangt, daß man das tiefste Wesen des Geistes selbst erkennt; man empfängt sie also nicht von außen, und sie wird uns auch nicht von irgend jemand anders verliehen. Durch die Befreiung werden alle leidverursachenden Emotionen beseitigt, und auf Grund dessen erzeugen wir keine weiteren leidverursachenden Emotionen und häufen auch kein neues Karma an, ganz unabhängig von den äußeren Bedingungen, unter denen wir stehen. Der Befreiungsprozeß ist also abhängig von der Beseitigung der leidverursachenden Emotionen, von denen Verblendung die grundlegende ist; dies geschieht durch die Erzeugung des entsprechenden Gegenmittels, nämlich Weisheit. Da Weisheit von dem Entschluß abhängt, daß man vom Kreislauf der Wiedergeburten Befreiung finden möchte, ist Befreiung ohne diese Entschlossenheit nicht möglich. Darum ist also am Anfang der Entschluß wichtig, den Kreislauf verlassen zu wollen. Durchschaut man die Nachteile des Seins im Kreislauf, verliert man Interesse an ihm, und damit entsteht der

Wunsch nach Befreiung. Wird dieser Wunsch stärker, wird man sich auch darum bemühen, die Techniken zu erlernen, um dem Kreislauf der Wiedergeburten zu entrinnen.

Der nächste Vers beschreibt, wie man sich in diese Haltung einübt:

Muße und Glück sind schwer zu finden,
Und das Leben ist nicht von Dauer.
Wird man mit dieser Einsicht vertraut,
Kehrt sich das Interesse an den Erscheinungen dieses Lebens um.

Vertrautheit mit der Tatsache, daß Muße und Glück schwer zu finden sind und das Leben nicht von Dauer ist, bewirkt, daß sich unser gewöhnliches Interesse an den Erscheinungen dieses Lebens umkehrt. In diesem Text heißt es, daß der Entschluß, den Kreislauf der Wiedergeburten zu verlassen, durch Nachdenken in zwei Stufen entsteht: Zuerst beseitigt man die Ausrichtung auf die Erscheinungen dieses Lebens, und dann überwindet man auch die Ausrichtung auf Erscheinungen in zukünftigen Lebenszeiten. In Dzong-ka-bas *Großer Ausführung über den Stufenweg* werden die Praktiken für Wesen mit geringen und mittleren Fähigkeiten sowie die aus ihnen resultierenden zeitlichen Früchte getrennt beschrieben. Hier in den *Drei Hauptaspekten* jedoch sind diese Praktiken in dem einen Gedanken zusammengefaßt, die Absicht zu entwickeln, den Kreislauf der Wiedergeburten zu verlassen.

Es hat keinen Sinn, sich zu sehr an dieses Leben zu hängen. Wir können vielleicht einhundert Jahre leben, aber ganz unabhängig von unserer Lebensdauer müssen wir schließlich doch sterben und verlieren dieses wertvolle menschliche Leben. Außerdem ist der Zeitpunkt des Todes völlig unbestimmt – er kann jeden Augenblick eintreten. Dieses Leben wird zerfallen, und auch unser Reichtum wird uns nichts nützen. Eine Verlängerung des Lebens können wir uns nicht erkaufen, auch wenn wir Millionäre wären, am Tage unseres Todes kann uns das nicht helfen. Wir müssen alles zurücklassen. In dieser Hinsicht gleichen der Tod eines Millionärs und der eines wilden Tieres einander. Obwohl wir materielle Güter zum Leben benötigen, sind sie gewiß nicht etwas letztgültig Erstrebenswertes. Und trotz des vielen Wohlstandes und Fortschritts bleiben viele

Formen des Leidens bestehen, einfach, weil wir ein menschliches Leben führen, das wieder und wieder auf sehr verschiedene Weise Unglück bringt.

Ist es die Natur des menschlichen Lebens, elend zu sein? Ist das unveränderbar? Unter den gegenwärtigen Umständen unserer Erfahrung, die Resultat des Prozesses der Bedingheit sind, ist die Natur des Lebens wirklich elend. Durch den Gebrauch unserer Vernunft jedoch, die uns – wie oben gezeigt – lehrt, daß wir die Möglichkeit zur Befreiung haben, können wir erkennen, daß die Ursachen des Elends überwunden werden können, wenn wir den Geist von den leidverursachenden Emotionen ablösen. So wird deutlich, daß Elend der menschlichen Existenz nicht notwendigerweise inhärent ist. Sind wir in der Lage, uns des Denkens in geeigneter Weise zu bedienen, können wir etwas sehr Wertvolles erlangen, während wir die Gelegenheit, die mächtigen, uns verfügbaren Kräfte des menschlichen Bewußtseins zu nützen, verschwenden, wenn wir uns nur für die Angelegenheiten dieses Lebens interessieren. Wie die Investition eines Vermögens in eine unbedeutende Sache ist auch der Gebrauch des menschlichen Gehirns für eine weniger wichtige Angelegenheit sehr zu bedauern. Indem wir die Schwäche solchen Handelns erkennen, müssen wir zu der Einsicht kommen, daß die übermäßige Betonung der Angelegenheiten dieses Lebens einfach töricht ist. Wenn wir diese Haltung kultivieren, die in dem Entschluß, den Kreislauf der Geburten zu verlassen, gipfelt, werden wir dieses Leben nicht mehr so ausschließlich betonen.

Diesem Leben zu entsagen bedeutet nicht, daß wir die wichtigen Bedürfnisse wie etwa Hunger einfach ignorieren, sondern daß wir danach streben, unser *Anhaften* an Dingen, die auf dieses Leben beschränkt sind, zu vermindern. Nicht nur dieses Leben, sondern auch der gesamte wunderbare Überfluß und die grenzenlosen Quellen des Kreislaufs der Wiedergeburten sind leidvoller Natur, denn schließlich wird alles vergehen. Auch wenn man vielleicht ein gutes zukünftiges Leben erreichen könnte, wird es danach ein anderes geben und noch ein anderes und noch ein weiteres – ohne eine Garantie, daß sie alle gut wären. Deshalb müssen wir nicht nur das Verhaftet-Sein an die Erscheinungen dieses Lebens, sondern ebenso an alle zukünftigen Leben überwinden. Wir müssen zu der Einsicht kommen, daß jedes Leben, das unter dem Einfluß verunreinigter Handlungen und Leiden steht, ohne Wesentlichkeit und inneren Kern ist.

Dzong-ka-ba sagt:

Denkst du unablässig
Über das Handeln und seine unvermeidbaren Folgen
Sowie die Leiden des Kreislaufs der Geburten nach,
Wirst du weniger Gewicht auf die Erwartungen
Zukünftiger Lebenszeiten legen.

Zahllose Wiedergeburten liegen vor uns, gute und schlechte. Die Wirkungen von Karma (Handlungen) sind unvermeidbar, denn in vergangenen Leben haben wir negatives Karma angesammelt, das seine Früchte in diesem oder in nächsten Leben mit Gewißheit zeitigt. So wie jemand, der von der Polizei bei einer kriminellen Tat beobachtet wird, schließlich verhaftet und bestraft werden wird, müsesn auch wir den unvermeidbaren Folgen unserer schlechten Handlungen, die wir in der Vergangenheit begangen haben, entgegensehen, und zwar auch dann, wenn wir jetzt noch nicht im Gefängnis sind. Haben wir einmal Prädispositionen für Leid, die aus tugendlosem Verhalten in der Vergangenheit resultieren, erworben, können wir uns nicht mehr wohl fühlen. Diese Handlungen sind unumkehrbar. Wir werden schließlich ihre Wirkungen auf uns nehmen müssen.

Sind wir unfähig, das negative Karma, das wir durch schlechtes Tun in der Vergangenheit angehäuft haben und das keimartig bereits jetzt in unserem Bewußtsein vorhanden ist, zu beseitigen, besteht wenig Hoffnung, daß wir eine wirklich gute Wiedergeburt erlangen oder dem Leid im Kreislauf der Geburten entrinnen können. Nicht nur das: Betrachten wir die bessere Seite des Kreislaufs der Geburten genauer, finden wir, daß auch sie nicht über die leidvolle Natur des Kreislaufs hinausreicht, denn alles geht letztendlich zugrunde. Das Leben ist gezeichnet von drei Arten des Leidens: dem Leiden des Schmerzes selbst, dem Leiden des Wandels und dem alldurchdringenden Leiden der Verursachung.

Analysieren wir die unvermeidlichen Folgen früheren falschen

Verhaltens sowie die leidvolle Natur sogar der Reichtümer des Kreislaufs der Geburten, können wir unser Verhaftet-Sein in diesem und in zukünftigen Leben verringern und den Sinn dafür entwickeln, daß wir Befreiung erlangen müssen. Durch Verbindung dieser beiden Gedanken – die Überwindung des Verhaftet-Seins in den Erscheinungen dieses Lebens sowie den Reichtümern des Kreislaufs der Wiedergeburten im allgemeinen – wird der Entschluß zur Befreiung vom Kreislauf der Geburten schnell reifen.

Das, was uns in das Leiden wirft – ein ungezähmtes Bewußtsein –, liegt nicht außerhalb, sondern in unserem eigenen Bewußtseinskontinuum. Denn dadurch, daß die leidverursachenden Emotionen in unserem Bewußtsein erscheinen, werden wir in verschiedenartige schlechte Verhaltensweisen verstrickt. Diese schlechten Vorstellungen überlagern die Grundsphäre des wahren Wesens des Bewußtseins, das von Natur rein ist, und durch ihre Macht begehen wir schlechte Handlungen, die zum Leiden führen. Wir müssen diese Vorstellungen mit größter Aufmerksamkeit in die Sphäre der wahren Geistnatur aufheben, so wie Wolken, die sich am Himmel zusammenbrauen und später zurück in die Himmelssphäre verfliegen. Die schlechten Handlungen, die aus diesen falschen Vorstellungen entstehen, hören dann ebenfalls auf. Wie Mi-la-re-ba *(Mi-la-ras-pa)* sagt: »... wenn Entstehen, dann Entstehen, das im Raum bleibt, wenn Auflösung, dann Auflösung in den Raum zurück«. Wir müssen den Status der Dinge gut kennen und verstehen, was Irrtum ist und was nicht, um dann in der Lage zu sein, diese Vorstellungen zurück in die Leere des Raumes hinein aufzulösen.

Glück entsteht durch das Zähmen des Bewußtseins. Ohne Zähmung des Bewußtseins gibt es keine Möglichkeit, glücklich zu sein. Grundlage dafür ist der wohldurchdachte Entschluß, vom Kreislauf der Wiedergeburten befreit zu werden. In den buddhistischen Schriften heißt es, daß das Bewußtsein keinen Anfang hat und daß demzufolge der Zyklus der eigenen Wiedergeburten auch ohne Anfang ist. In der logischen Beweisführung wird deutlich, daß Bewußtsein niemals die substantielle Ursache für Materie sein kann, und daß Materie niemals substantielle Ursache für das Bewußtsein sein kann. Deshalb kann nur ein früheres Bewußtsein substantielle

Ursache des Bewußtseins sein. Auf diese Weise schließt man auf frühere und zukünftige Leben.

Hat man einmal erkannt, daß es zukünftige Leben gibt, kann man weiter schließen, daß man im Tod, unabhängig davon, wie reich man in diesem Leben gewesen ist – und auch als Millionär –, nicht einen Pfennig mit sich nehmen kann. Und ob man nun viele Freunde gehabt hat oder nicht, am Ende muß man alle zurücklassen. Was man mitnimmt, ist die Kraft der eigenen positiven Bewußtseinsformungen, die guten Taten. Deshalb ist es sehr gefährlich, wenn man sich hundertprozentig an Dinge verliert, die sich nur auf diese Lebenszeit beziehen. Gewiß wäre es auch nicht praktikabel, wollte man all seine Zeit in tiefe Angelegenheiten investieren, die in zukünftigen Leben helfen können. Es wäre gut, fünfzig Prozent unserer Energie in Angelegenheiten dieses Lebens und fünfzig Prozent in tiefere Angelegenheiten zu investieren. Wir müssen leben, wir haben einen Magen, der gefüllt sein will, aber dieses Leben kann im Höchstfall etwa einhundert Jahre dauern, und das ist sehr kurz im Vergleich mit zukünftigen Wiedergeburten. Es ist lohnend, auch an die zukünftigen Leben zu denken und sich darauf vorzubereiten, indem man sein Engagement für die auf dieses Leben begrenzten Dinge verringert.

Ist es nicht so, daß wir, untersuchen wir die Reichtümer des Kreislaufs der Geburten genauer, feststellen müssen, daß sie in Wahrheit leidvoller Natur sind? Denn sie bereiten uns keineswegs immer Vergnügen. Wenn Sie zum Beispiel viele Häuser haben, können Sie doch, da Sie nur eine Person sind, höchstens ein Haus benutzen, und die anderen Häuser bleiben leer. Wechseln Sie in eines der anderen Häuser, ist Ihnen das erste nicht mehr von Nutzen. Ähnlich ist es, wenn Sie viel Geld haben und einen großen Vorrat an Nahrungsmitteln anhäufen und doch nur einen Mund und einen Magen haben. Sie können nicht mehr essen, als ein Mensch vertragen kann; versuchten Sie, für zwei zu essen, würden Sie sterben. So ist es besser, sich gleich zu Beginn Grenzen zu setzen und genügsam zu sein.

Ist man nicht genügsam, sondern gierig nach diesem und jenem, so kann das Verlangen doch nie völlig gestillt werden. Selbst wenn man über die ganze Welt herrschen würde, würde das noch nicht genügen. Begierde kann nicht gestillt werden. Wenn man verlangt und immer wieder mehr verlangt, wird man viele Widrigkeiten, Enttäuschungen, Unglück und Schwierigkeiten auf sich ziehen. Große Begierde kennt nicht nur keine Erfüllung, sie schafft selbst auch Schwierigkeiten.

Vergnügen und Schmerz sind Wirkungen. Daß Vergnügen und Schmerz der Veränderung unterliegen, zeigt, daß sie von Ursachen abhängen. Sind sie einmal als verursacht erkannt, kann das gewünschte Glück dadurch erreicht werden, daß man die Ursachen erzeugt, und Leiden dadurch vermieden werden, daß man die Ursachen abstellt. Selbst wenn man ein Leid nicht wünscht, muß man es erleiden, solange die Ursache für dieses Leid im eigenen Bewußtseinskontinuum bestehen bleibt.

Weil Vergnügen und Schmerz in den Prozeß von Ursache und Wirkung eingebunden sind, können wir also erkennen, was uns in der Zukunft erwartet, da ja zukünftige Erscheinungen von unseren jetzigen Handlungen und Gedanken abhängen. So betrachtet wird es uns deutlich, daß wir in jeder Minute viele Karmas – Handlungen – anhäufen, die unsere zukünftigen Wiedergeburten beeinflussen werden. Daraus können wir schließen, daß es kein Ende des Leidens geben wird, solange wir nicht eine Methode anwenden, durch die alle Ursachen beseitigt werden, die den Prozeß des Kreislaufs der Geburten in Gang halten.

Unsere mentalen und physischen Aggregate, die unter dem Einfluß verunreinigter Handlungen und Leiden stehen, sind leidvoller Natur. Die *früheren* Ursachen unserer Aggregate sind unrein; für ihre *gegenwärtigen* Seinszustände dienen Bewußtsein und Körper als Grundlagen des Leidens. In bezug auf die *Zukunft* verursachen sie Leiden, das später erfahren wird.

Zuerst erfahren wir Leiden während der Geburt und dann in der Kindheit. Am Ende des Lebens ist es das Alter – die körperliche Altersschwäche, Unbeweglichkeit, die Verschlechterung der Sehkraft, Verlust des Gehörs, verbunden mit vielen Unbequemlichkeiten und Schmerzen – und schließlich das Leiden des Todes. Zwischen den Leiden der Geburt und des Todes werden wir von verschiedenen Arten des Leidens gefangengehalten, so etwa von Krankheit oder daß wir nicht bekommen, was wir uns wünschen, oder daß uns zuteil wird, was wir nicht mögen. Auf diese Weise dienen die Aggregate des Bewußtseins und des Körpers als Grundlagen des Leidens.

Ist dies eine pessimistische Lehre? Keineswegs. Denn in dem Maße, wie man Leiden erkennt, bemüht man sich auch darum, sie zu besiegen. Ein Beispiel: Man arbeitet fünf Tage der Woche schwer, um mehr zu verdienen und um sich mehr Komfort leisten zu können. Um später im Leben glücklich leben zu können, strengt man sich in früheren Jahren mehr an. Für größeren Komfort bringt man Opfer.

Je tiefer wir das Leiden durchschauen, um so näher kommen wir dem Ziel der Befreiung vom Leiden. Deshalb sollten wir uns nicht an der Möglichkeit freuen, in zukünftigen Leben diese Art von Körper und Bewußtsein wiederzugewinnen, die ja auch unter dem Einfluß verunreinigter Handlungen und leidverursachender Emotionen stehen. Vielmehr sollten wir nach einem Zustand trachten, in dem die Aggregate, die als Grundlage des Leidens wirken, völlig ausgelöscht sind. Die Ausbreitung der Wirklichkeit, in die hinein alle Verunreinigungen, die Leid bewirken, aufgehoben [transformiert] worden sind, nennt man Befreiung.

Wir sollten uns nicht nur von der Anziehungskraft der Erscheinungen dieses Lebens abwenden, sondern auch von der Anziehungskraft der Reichtümer des Lebenskreislaufs in zukünftigen Leben. Denn solange wir diese verunreinigten Aggregate haben, gibt es keine Hoffnung für wahren Frieden. Denken wir in dieser Weise über die Beschwerden des Lebenskreislaufs nach, ist es möglich, den Wunsch nach Befreiung vom Geburtenkreislauf zu entwickeln.

Solche Art von Untersuchung verlangt nach einer Methode, die analytische Meditation und stabilisierende Meditation miteinander verbindet. Zuerst untersucht man analytisch die Gründe für den Entschluß, den Kreislauf der Geburten zu verlassen, und dann, wenn sich eine Überzeugung geformt hat, stabilisiert man – ohne weitere Analyse –, was man verstanden hat. Wird das Verständnis wieder schwächer, kehrt man zur analytischen Meditation zurück, wechselt dann wieder zur stabilisierenden Meditation usw.

Woran kann man die Tiefe des Entschlusses, den Geburtenkreislauf zu verlassen, messen, nachdem man auf diese Weise praktiziert hat?

Wenn man nach solcher Meditation für das Schauspiel des Geburtenkreislaufs
Keinerlei Bewunderung mehr empfindet, auch nicht für einen Augenblick,
Und wenn das Trachten nach Befreiung Tag und Nacht anhält,
Dann ist die Bestimmtheit des Entschlusses, den Kreislauf zu verlassen, erzeugt.

Hat man sowohl das Interesse an den Dingen dieses Lebens als auch die Betörung durch die Wunder des Lebenskreislaufs überhaupt durch die wiederholte Einübung in diese Gedanken überwunden und sucht spontan und kontinuierlich Befreiung vom Geburtenkreislauf, ohne daß man auch nur für einen Augenblick durch das Verhaftet-Sein abgelenkt würde und in der Tiefe des Herzens spürte: »Dies ist wunderschön«, »Ich möchte das haben«, »Oh, könnte ich dies doch besitzen« usw., dann hat man den Entschluß, vom Kreislauf der Geburten befreit zu werden, in vollkommener Weise gefaßt.

Diese Haltung muß, damit sie wirksam wird, tatsächlich verwirklicht werden und darf nicht nur verbalisiert werden. Wie Śāntideva sagt:[11]

Wäre einem Kranken geholfen,
Wenn er nur einen medizinischen Text läse?

Es genügt nicht, nur etwas über Medizin zu lesen; man muß die Medizin einnehmen, die Heilung bringen soll.

Über die Lehre einen Vortrag zu halten oder etwas darüber zu hören, ist einfacher, als sie in die Praxis umzusetzen. Ohne diese Umsetzung in die Praxis aber können die Lehren keine guten Resultate bringen. Ist die Ursache nur eine verbale Erläuterung, kann die Wirkung auch nur auf dieser Ebene liegen. Wenn wir hungrig sind, verlangen wir nach wirklicher Nahrung; bloße Beschreibungen eines schmackhaften französischen oder chinesischen Gerichtes können uns nicht ernähren. So sagte der Buddha: »Ich zeige euch den Weg zur Befreiung. Wißt aber, daß die Befreiung von euch selber abhängt.«

Beim ersten Hören könnte es scheinen, daß diese buddhistischen Ideen, die wir erörtert haben, sehr ungewöhnlich und vielleicht gar nicht praktizierbar sind. Śāntideva jedoch sagt:[12]

Es gibt nichts, das nicht
Leichter würde, wenn man daran gewöhnt ist.

Es gibt nichts, was man schließlich nicht erreichen könnte, wenn man sich mehr daran gewöhnt hat. All diese Stufen des Weges können Schritt für Schritt erreicht werden, indem man sie immer gründlicher kennenlernt. Der Prüfstein dieser Lehren ist, daß man sich um ihre Verwirklichung über längere Zeiträume hinweg bemüht. Wie der Buddha in einem Tantra (umschreibend) sagt: »Wenn ihr das, was ich euch gelehrt habe, mit aller Anstrengung praktiziert und dabei nichts erreicht, so ist die Lehre nicht wahr.« Deshalb muß man zuerst üben und Erfahrung sammeln. Nur so wird man die Wahrheit der Lehren Buddhas erfassen.

Damit schließen wir die Erörterungen über die Erzeugung des Entschlusses, vom Kreislauf der Wiedergeburten befreit sein zu wollen: seine Ursachen, die Methoden zur Erzeugung dieses Entschlusses und das Maß, an dem seine Qualität gemessen werden kann.

Der zweite der drei Hauptaspekte des Weges ist die uneigennützige Absicht, Erleuchtung zu erlangen. Dzong-ka-ba sagt, daß der Entschluß, den Kreislauf der Geburten zu verlassen, mit der uneigennützigen Absicht, erleuchtet zu werden, verbunden werden muß. Ohne die Verbindung dieser beiden Aspekte wird ihre Übung nicht zur Buddhaschaft führen. Daher gibt der nächste Vers den Grund für die Kultivierung der uneigennützigen Haltung an:

Wenn der Gedanke, mit Bestimmtheit den Kreislauf zu verlassen,
Nicht verbunden wird mit dem Ziel, höchste Erleuchtung zu erlangen,

Kann er nicht zur Grundlage für die Seligkeit unübertroffener Erleuchtung werden.
Darum sollte der Weise die höchste uneigennützige Absicht zur Erleuchtung in sich kultivieren.

Die uneigennützige Absicht, erleuchtet zu werden, oder der Erleuchtungsgeist, ist die besondere Einstellung, nach der eigenen vollkommenen Erleuchtung zum Buddha um der anderen Lebewesen willen zu trachten, wobei das Wohl der Lebewesen der wesentliche Inhalt dieser Absicht ist. Um solche Haltung zu erreichen, muß man die große heilende Hinwendung üben, die alle Lebewesen achtet und in dem Wunsch besteht, daß sie frei vom Leid und seinen Ursachen sein mögen. Um so zu empfinden, muß man darüber nachdenken, auf welche Art die Lebewesen leiden. Dies geschieht dadurch, daß man die eigene Erkenntnis des Leidens und seiner Ursachen, zu der man während der Kultivierung des Entschlusses, den Kreislauf der Geburten zu verlassen, gekommen war, auf alle Lebewesen überträgt.

Die nächsten beiden Verse beschreiben die Mittel, durch die die uneigennützige Absicht, Erleuchtung zu erlangen, kultiviert werden kann. Zuerst werden die Formen des Leidens vor Augen gestellt, die charakteristisch für die Existenz im Kreislauf der Geburten sind:

(Alle gewöhnlichen Wesen) werden getragen von dem Kontinuum der vier mächtigen Ströme.
Sie sind gebunden in den engen Fesseln von Handlungen, von denen man schwer lassen kann.
Sie sind eingetreten in den eisernen Käfig der Anschauung eines (inhärent existierenden) Selbst,
Sie sind völlig umwölkt mit dichter Dunkelheit der Verblendung.
Sie werden im Kreislauf der Geburten endlos wiedergeboren,
In diesen Geburten werden sie unablässig von den drei Leiden gequält.
Denkt also an den Zustand eurer Mütter, die in eine solche Situation geraten sind.

Und entwickelt die höchste uneigennützige Absicht,
Erleuchtung zu erlangen.

Diese Gedanken sind überaus kraftvoll und können, in rechter Weise auf unsere eigene Situation angewendet, den Wunsch verstärken, den Kreislauf der Geburten zu verlassen. Wendet man diese Erkenntnis dann auf die Erfahrung anderer Lebewesen an, entsteht heilende Hinwendung.

Was bedeutet: »werden getragen von dem Kontinuum der vier mächtigen Ströme«? Es gibt verschiedene Interpretationen, aber die wesentliche Bedeutung ist hier, daß alle Wesen von den vier mächtigen Strömen Geburt, Alter, Krankheit und Tod überwältigt werden. Obwohl wir diese Leiden nicht wollen, können wir ihnen nicht entgehen; so als würden wir von einem mächtigen Strom fortgetragen, stehen wir unter ihrer Macht. Daß wir machtlos von diesen vier mächtigen Strömen hinweggetragen werden, rührt daher, daß wir an die engen Fesseln unserer eigenen früheren Handlungen und die aus ihnen resultierenden Prägungen im Bewußtsein gebunden sind, denen man schwer widerstehen kann. Wir sind durch diese engen Fesseln gebunden, weil wir uns unter dem Einfluß der leidverursachenden Emotionen wie Verlangen und Haß befinden, die dadurch entstehen, daß wir uns in den sehr harten, ausweglosen und schwer durchdringbaren Käfig der ursprünglichen Annahme eines inhärent existierenden »Ich« und »mein« begeben haben.

Betrachten wir unser Ich oder Selbst, meinen wir fälscherlicherweise, es existiere inhärent, und durch diesen Fehler entstehen in uns die leidverursachenden Emotionen, durch die wir zu Handlungen motiviert werden, die uns in Fesseln legen und dazu führen, daß wir von den vier mächtigen Strömen des Leidens weggefegt werden. Diese falsche Ansicht eines inhärent existierenden Ich ist verursacht durch die Dunkelheit, die daher rührt, daß wir wiederum fälschlich meinen, die anderen Erscheinungen, vor allem die mentalen und physischen Aggregate – die als Basis für die Bezeichnung eines Ich dienen –, würden inhärent existieren. Auf dieser Grundlage kommen wir zu dem Fehlschluß, daß auch das »Ich« und »mein« inhärent existieren würden. Das wiederum ist die Grundlage für die

Entstehung der leidverursachenden Emotionen wie Verlangen und Haß, durch die wir in verunreinigte Handlungen hineingezogen werden und Karmas erzeugen, die uns fesseln.

Dieser kausale Prozeß fesselt die Wesen an mentale und physische Aggregate, die jene leidvollen Momente von Geburt, Alter, Krankheit und Tod in sich bergen. Wegen dieser kausalen Kette sind wir den drei Arten des Leidens unterworfen, nämlich physischem und geistigem Schmerz, dem Leid des Wandels und dem alldurchdringenden Leid der Bedingtheit, das einfach darin besteht, daß wir unter dem Einfluß des verunreinigten Prozesses der Verursachung stehen. Analysieren wir diesen Leidenszustand sowie den Ursprung des Leidens im Blick auf uns selbst, unterstützt dies den Entschluß, aus dem Kreislauf der Geburten befreit zu werden, während das Nachdenken über die zahllosen anderen, die in früheren Leben unsere Mütter waren und nun unablässig von solchem Leid gequält werden, in uns Liebe, heilende Hinwendung und die uneigennützige Absicht, ein Buddha zu werden, hervorruft, damit wir ihnen allen helfen können. Wir selbst wünschen Glück und kein Leid. Dasselbe gilt für alle Lebewesen, die in das Elend des Kreislaufs der Geburten gedrückt sind. Jene, die so leiden, wissen nicht, was sie tun und lassen müssen, um glücklich zu sein und Leid zu vermeiden. Wie Śāntideva in seinem *Eintritt in das Leben zur Erleuchtung* sagt:[13]

> Obwohl [die lebenden Wesen] vom Leid frei sein wollen,
> Laufen sie dem Leid ganz offensichtlich entgegen.
> Obwohl sie Glück erlangen möchten,
> Zerstören sie aus Verwirrung ihr eigenes Glück
> wie ein Feind.

Die Menschen möchten nicht leiden, und doch werfen sie sich dem Leid in die Arme: Sie wünschen Glück, und doch bewirken sie auf Grund von Verwechslung das Gegenteil.

Um den Lebewesen auf dem Weg zur Befreiung zu helfen, müssen wir ihnen helfen, die Techniken zu verstehen, durch die sie Glück erlangen und Leid überwinden können, indem sie mit fehlerfreier Klarheit erkennen lernen, was man tun und lassen muß. Dharmakīrtis *Kommentar zu (Dignāgas) »Kompendium der gülti-*

gen Erkenntnismittel« (Pramāṇavarttika, Tshad ma rnam 'grel) sagt:[14]

> Um (anderen) bei der Überwindung von Leiden zu helfen,
> Bedienen sich die Barmherzigen (bestimmter) Methoden.
> Sind die Zusammenhänge von Ursache und Wirkung dieser Methoden (einem selbst) unklar,
> Ist es schwer, sie (anderen) zu erklären.

Wenn wir selbst die Dinge nicht kennen, die nötig sind, um anderen helfen zu können, können wir überhaupt nichts tun. Um für andere Lebewesen wirklich das Gute zu erwirken, müssen wir diese Dinge in ihrer Subtilität kennen, nämlich die wesentlichen Aspekte dessen, was man tun und lassen sollte. Außerdem müssen wir die Voraussetzungen, Interessen usw. derer kennen, denen wir helfen möchten. Deshalb müssen die Hindernisse für die Erkenntnis aller Erkenntnisobjekte ausgeräumt werden. Sind alle Hindernisse beseitigt, hat man die Allwissenheit eines Buddha erlangt, die erhöhte Weisheit, die alle Aspekte der Erkenntnisobjekte erkannt hat.

Weil Bodhisattvas allen Lebewesen helfen möchten, suchen sie vor allem das zu überwinden, was sich diesem großen Wissen entgegenstellt, und suchen Gegenmittel gegen diese Hindernisse. Denn wenn man nicht alles weiß, kann man zwar einer kleinen Anzahl von Wesen helfen, nicht aber sehr vielen. Deshalb gilt es, die Buddhaschaft zu erlangen, um allen Lebewesen wirkungsvoll dienen zu können.

Wer das Leid der Lebewesen nicht ertragen kann, ohne etwas dagegen zu tun, entwickelt starke Liebe und heilende Hinwendung und wünscht, daß die Wesen frei vom Leid sein und Glück erfahren mögen. Indem man dann erkennt, daß es keine andere Möglichkeit gibt, dieses Ziel zu erreichen, als die Buddhaschaft zu erlangen, entwickelt man die uneigennützige Absicht, Erleuchtung zu erlangen. Diese Absicht, selbst die Allwissenheit eines Buddha zu erlangen, um anderen dienen zu können, heißt uneigennütziger Erleuchtungsgeist *(bodhicitta)*. Er umfaßt zwei Bestrebungen – das Trachten nach dem Wohl *anderer* durch das Streben nach *eigener* Erleuchtung.

Dzong-ka-ba hat nicht ausdrücklich erwähnt, nach welchem

Maßstab wir den Grad des uneigennützigen Erleuchtungsgeistes beurteilen können, weil wir dies aus den früheren Erläuterungen über den Maßstab für die Stärke des Entschlusses zur Befreiung vom Kreislauf der Geburten ableiten können. Wenn man bei jeder nur möglichen Tätigkeit den intensiven Wunsch für das Wohl aller Wesen und darum das Trachten nach Erleuchtung im Bewußtsein behält, hat man den uneigennützigen Erleuchtungsgeist vollkommen entwickelt.

Es muß uns klar sein, daß wir unsere Persönlichkeit nicht plötzlich vollkommen wandeln können, nur weil wir derartige Gedanken zu entwickeln versuchen. Unsere Natur, unsere charakteristischen Voraussetzungen und Gewohnheiten ändern sich nur allmählich. Unterschiede sind nicht sofort, sondern über längere Zeiträume hinweg sichtbar. Wenn wir die uneigennützige Absicht, zur Erleuchtung zu gelangen, langsam und stetig kultivieren und nach fünf oder zehn Jahren die Veränderungen, die sich in unserer Denkweise und unserem Handeln vollzogen haben, betrachten, wird das Resultat unserer Bemühungen, die Verbesserung, deutlich.

Es wird allgemein angenommen, daß Buddha Śākyamuni sechs Jahre in einfachster Lebensweise und Askese verbracht hat. Er entsagte den Freuden seines Familienlebens, wurde Mönch, verzichtete auf alle weltlichen Möglichkeiten und zog sich in asketische Einsamkeit zurück, um die Schwierigkeiten des Weges zu zeigen, den seine Schüler gehen sollten. Wie sollte es möglich sein, daß wir die Wandlung schnell und ohne viel Anstrengung erzielen können, während der Buddha soviel außerordentliche Energie dafür aufwenden mußte? Wir können es nicht.

Wenn wir den Punkt erreicht haben, wo im Bewußtsein ständig der Wunsch nach Buddhaschaft um der anderen Wesen willen lebendig ist, müssen wir diesen Wunsch nun mit der Praxis gezielter Bewußtseinsformung verbinden, um ihn dauerhafter zu machen. Außerdem ist es notwendig, an den Ursachen zu arbeiten, die ein Verkümmern dieses Bewußtseinsstrebens in diesem oder in zukünftigen Leben verhindern.

Aber es genügt nicht, beim bewußten Streben nach dem Erleuchtungsgeist stehenzubleiben. Der praktische Erleuchtungsgeist muß hinzukommen, da die Absicht allein nicht genügt. Man muß einsehen, daß weitere Übung notwendig ist, nämlich die Übung in den Sechs Vollkommenheiten: Geben, rechtes Verhalten, Geduld, Anstrengung, Konzentration und Weisheit. Nachdem man den Wunsch gefestigt hat, diese Praktiken auszuführen, legt man nun das Bodhisattva-Gelübde ab, dies auch tatsächlich zu tun.

Hat man das Gelübde abgelegt und in der Praxis der Sechs Vollkommenheiten Fortschritte gemacht, darf man in die Praxis des Mantra (oder Tantra) eingeführt werden.

Dies jedenfalls ist die traditionelle Weise, wie sie in den bedeutenden Büchern der Vergangenheit beschrieben wird und die zur Anwendung kommt, wenn Zeit und Gelegenheit zum Fortschritt auf diese Weise bestehen. Andernfalls, und das ist heute meist der Fall, ist es möglich, die Mantra-Praxis zu beginnen, wenn man ein hinreichendes Verständnis der drei Aspekte des Weges hat und sich intensiv darum bemüht, diese Einstellungen zu entwickeln, nämlich den Entschluß, vom Kreislauf der Wiedergeburten befreit zu werden, die uneigennützige Absicht, zur Erleuchtung zu gelangen, und die korrekte Einsicht in die Leere. Hat man jedoch die drei Hauptaspekte des Weges nicht verstanden und den Glauben an die Drei Juwelen (Buddha, die Lehre und die geistige Gemeinschaft) nicht in der Tiefe des Herzens, wäre es kaum angebracht, zu sagen, daß man die mantrische Initiation empfangen habe, selbst wenn man einer derartigen Zeremonie beigewohnt haben sollte.

Die Grundlage für den uneigennützigen Erleuchtungsgeist ist es, immer ein gutes Herz und einen guten Verstand zu haben. Jeder von uns kann aus der Kultivierung dieser Eigenschaften Gewinn ziehen. Wir dürfen nicht ärgerlich werden, kämpfen, verleumderisch reden usw. Wer solche Dinge tut, glaubt, dies sei in seinem Interesse, aber er schadet in Wirklichkeit nur sich selbst. Deshalb sollten wir alle alles tun, um einen guten Verstand und ein gutes Herz zu entwickeln. Ich sage das nicht einfach so, auch ich tue, soviel ich kann, um dies zu praktizieren. Jeder muß das Mögliche tun, denn in dem Maße, wie wir dies praktizieren, wird es auch helfen.

Wenn wir dies praktizieren und damit Erfahrung sammeln, werden sich unsere Einstellung zu anderen Menschen und die Art und

Weise, wie wir sie sehen, ändern. Wenn wir dann vor einem Problem stehen, dem wir früher schon einmal begegnet sind, werden wir nicht mit derselben Erregung reagieren wie einst und nicht dieselben negativen Einstellungen entwickeln. Dieser Wandel kommt nicht von außen und ist nicht dasselbe, als wenn wir eine neue Nase oder eine neue Frisur bekommen, sondern er ereignet sich in uns, in unserem Bewußtsein. Manche Menschen können Schwierigkeiten standhalten, andere können es nicht. Der Unterschied liegt in der inneren Haltung begründet.

Werden diese Lehren in die Praxis umgesetzt, vollzieht sich nur langsam ein Wandel. Nach einiger Zeit begegnen wir vielleicht Menschen, die uns sagen, daß wir uns verändert haben. Dies ist ein gutes Anzeichen dafür, daß die Übungen wirksam gewesen sind. Solche Reaktion ist willkommen, zeigt sie doch, daß wir, anstatt anderen Unruhe zu bringen, als gute Mitbürger in dieser Welt handeln. Sie werden vermutlich nicht die Levitation, das Fliegen oder ähnliche Dinge erlernen, aber solche Fähigkeiten sind ohnehin völlig sekundär und zeitigen den entgegengesetzten Effekt, wenn man dabei Unruhe in die Welt bringt. Am wichtigsten ist es, den Geist zu zähmen und zu lernen, ein guter Mensch zu sein. Wenn wir nach dieser Lehre leben, wird das Nirvana Schritt für Schritt näherrükken, wenn wir aber aus Bitterkeit und Haß handeln, entfernt sich das Nirvana immer weiter von uns.

Der Buddhismus betont die Verantwortung des einzelnen Menschen dafür, daß er diese Lehre *anwendet*. Obwohl die buddhistischen Lehren Zuflucht beim Buddha, der Lehre und der geistigen Gemeinschaft darbieten, soll uns das nur helfen, die Möglichkeiten unserer eigenen Praxis voll zu entwickeln. Unter den drei Aspekten der Zuflucht ist die Zuflucht bei der Lehre *(dharma)* die wichtigste, wobei nicht die Lehre im Bewußtseinskontinuum irgendeines anderen gemeint ist, sondern jene, die wir selbst in unserem eigenen Kontinuum entwickeln müssen. Ohne unsere eigene Anstrengung und Übung können die Drei Juwelen – der Buddha, die Lehre und die spirituelle Gemeinschaft – keine Zuflucht gewähren.

Damit schließen wir den Abschnitt über die uneigennützige Absicht, Erleuchtung zu erlangen.

Wir sind jetzt beim letzten der drei Hauptaspekte des Weges angekommen: der korrekten Einsicht in die Leere. Warum ist es wichtig, zur Weisheit zu gelangen, die Leere erfährt?

Dzong-ka-ba sagt:

Hast du die Weisheit nicht, die das wirkliche Sein der Dinge erkennt,
Magst du zwar den Gedanken entwickelt haben, unbedingt diesen Kreislauf zu verlassen, und die uneigennützige Absicht zur Erleuchtung kultiviert haben,
Doch die Wurzel des Kreislaufs kann nicht abgehauen werden.
Deshalb mühe dich, das Entstehen in gegenseitiger Abhängigkeit zu begreifen.

»Das wirkliche Sein der Dinge« bezieht sich auf die Subsistenzweise der Erscheinungen, deren es viele Ebenen gibt. Hier meint Dzong-ka-ba die subtilste Ebene, die letzte Wirklichkeit. Dies ist die letztgültige der beiden Wahrheiten. Es gibt viele allgemeine und relative Subsistenzweisen, d. h. Arten des Seins der Erscheinungen. Die korrekte Einsicht in die Leere jedoch zielt auf die end-gültige Subsistenzweise, die letztgültige Wahrheit.

Ohne die Weisheit, die der letzten Subsistenzweise der Erscheinungen gewahr wird, kann man die Wurzeln des Geburtenkreislaufs noch immer nicht abschneiden, selbst wenn man sich in der Meditation sehr bemüht hat und sowohl den Entschluß zur Befreiung vom Kreislauf gefaßt als auch die uneigennützige Absicht, Erleuchtung zu erlangen, entwickelt hat. Denn die Wurzel des Geburtenkreislaufs ist verbunden mit der Verblendung in bezug auf die wahre Subsistenzweise der Erscheinungen, mit dem Irrtum über die Natur des Menschen und der Erscheinungen. Es ist notwendig, ein Weisheitsbewußtsein zu erlangen, das bei der Beobachtung derselben Objekte eine der irrtümlichen Auffassung direkt entgegengesetzte Erkenntnisweise ermöglicht. Obwohl der bloße Wunsch, den Geburtenkreislauf zu verlassen, oder die uneigennützige Absicht, erleuchtet zu werden, indirekt hilft, können sie doch nicht als direkte Gegenmittel wirken, durch die der Irrtum als Ursache des Geburtenkreislaufs wirklich überwunden werden kann. Dafür bedarf es der Einsicht, durch die Leere erfahren wird.

Bitte beachten Sie, daß Dzong-ka-ba uns mahnt: »Mühe dich, das Entstehen in gegenseitiger Abhängigkeit zu begreifen« und nicht sagt: »Mühe dich, die Leere zu erfahren.« Der Grund ist, daß die Bedeutung des Entstehens in gegenseitiger Abhängigkeit der Bedeutung der Leere innewohnt, sowie auch die Bedeutung der Leere der Bedeutung des Entstehens in gegenseitiger Abhängigkeit innewohnt. Um also anzudeuten, daß Leere als die Bedeutung des Entstehens in gegenseitiger Abhängigkeit verstanden werden soll und umgekehrt, und um uns damit von beiden Extremen freizuhalten, sagt er, daß man sich um die Erfahrung des Entstehens in gegenseitiger Abhängigkeit bemühen solle.

Leere darf nicht mißverstanden werden als Negation von allem, was ist, sondern sie bedeutet Negation inhärenter Existenz. Die Abwesenheit inhärenter Existenz ist mit dem Entstehen in gegenseitiger Abhängigkeit vereinbar. Wenn der Begriff der Leere und der Begriff des Entstehens in gegenseitiger Abhängigkeit nicht mehr aufeinander bezogen werden, so daß Leere dann als Nihilismus fehlinterpretiert wird, heißt das nicht nur, daß man einem Irrtum in bezug auf das Wesen der Leere erliegt, sondern daß diese Anschauung, statt hilfreich zu sein, uns in den großen Fehler des Extrems der Verneinung stürzen würde. Deshalb spricht Dzong-ka-ba ausdrücklich über das Verständnis des Entstehens in gegenseitiger Abhängigkeit.

Weiter:

Wer den Zusammenhang von Ursache und Wirkung aller Erscheinungen des
Kreislaufs der Geburten sowie das Nirvana fehlerfrei erkennt,
Löst den Irrtum, diese Objekte existierten inhärent, gründlich auf.
Er begeht einen Weg, der dem Buddha wohlgefällt.

Wenn wir durch Untersuchung der letztgültigen Subsistenzweise der Erscheinungen zum Verständnis der Nichtexistenz des Objekts, auf das sich der Begriff des Selbst bezieht, kommen, wenn wir also verstehen, daß es keine inhärente Existenz von Personen oder Erscheinungen geben kann, und wenn wir dabei noch in der Lage sind, den Prozeß der Verursachung aller Erscheinungen im Kreislauf der Geburten sowie das Nirvana ohne Fehler zu erfassen, dann haben wir den Weg betreten, der dem Buddha wohlgefällt. Die Lehre von der Leere bedeutet also nicht, daß man sich über die alltägliche Erkenntnis des Zusammenhangs von Ursache und Wirkung in bezug auf weltliche und überweltliche Erscheinungen einfach hinwegsetzen würde, denn diese können offensichtlich helfen oder Schaden verursachen und schon deshalb nicht einfach geleugnet werden. Wenn der Begriff der Leere aber in den richtigen Rahmen gestellt wird, d. h. in die fehlerfreie, klare, der Ordnung entsprechende Anschauung des Prozesses von Ursache und Wirkung – oder anders ausgedrückt: in den Rahmen des Entstehens in gegenseitiger Abhängigkeit –, so kann diese Erfahrung alle fehlerhaften Annahmen in bezug auf die inhärente Existenz der Objekte beseitigen.

Solange diese beiden: Erfahrung der Erscheinungen – die Unfehlbarkeit des Entstehens in gegenseitiger Abhängigkeit – Und die Erfahrung der Leere – die Verneinung inhärenter Existenz – Getrennt zu sein scheinen, hat man noch keine Erfahrung Von dem, was der Buddha Śākyamuni verwirklicht hat.

Scheinen das Verständnis der Erscheinungen als Momente des Entstehens in gegenseitiger Abhängigkeit und das Verständnis der Leere, daß diese Erscheinungen nämlich nicht inhärent existieren, einander auszuschließen oder nicht in Beziehung zueinander zu stehen – so daß etwa das Verständnis des einen nicht das des anderen erleichtert, sondern das andere gar auszuschließen scheint –, hat man noch keine Erfahrung von dem, was der Buddha erfahren bzw. verwirklicht hat. Falls Ihre Erkenntnis der Leere die Einsicht in das Entstehen in gegenseitiger Abhängigkeit abschwächt oder falls Ihre Einsicht in das Entstehen in gegenseitiger Abhängigkeit Ihre Erfahrung der Leere verdünnt, wenn also diese zwei Erfahrungen allenfalls miteinander abwechseln, aber einander widersprechen, haben Sie noch nicht die rechte Einsicht.

Vielmehr:

Wenn beide Erfahrungen gleichzeitig und ohne Wechsel sind,
Wenn aus der Erkenntnis, daß Entstehen in gegenseitiger Abhängigkeit unfehlbar ist,

Letztgültiges Wissen erwächst, das die Scheinerkenntnis inhärenter Existenz auflöst,
Dann ist die Analyse der Ansicht von Wirklichkeit vollständig.
Weisheit, die den Mangel an inhärenter Existenz bzw. die Abwesenheit einer sich selbst setzenden Wesenheit erkennt, entsteht durch die ergebnislose Suche nach dem zuvor bezeichneten Objekt, etwa dem eigenen Körper, wobei man eine Methode der Analyse in Anwendung bringt, wie sie der Siebenfache Verstandesgebrauch vorschlägt.[15] Indem sich schließlich das Subjekt – der denkende Mensch – als Moment im Entstehen in gegenseitiger Abhängigkeit begreift, gewinnt er die Gewißheit, daß er leer in bezug auf inhärente Existenz ist. Wenn nämlich etwas unter dem Einfluß anderer Faktoren steht, ist es von ihnen abhängig, und weil das Subjekt abhängig von etwas anderem ist, erweist es sich als leer in bezug auf Existenz aus sich selbst. Was nach dieser Widerlegung übrigbleibt, ist eine Erscheinung, die in Abhängigkeit von anderen entstanden ist.

Wenn wir einen Menschen, der im Traum erscheint, und einen Menschen, der uns im Wachzustand begegnet, nach der Methode des Siebenfachen Verstandesgebrauchs analysieren, kann in beiden Fällen in gleicher Weise keine sich selbst setzende Wesenheit gefunden werden. Daß ein im Traum erscheinender Mensch und ein wirklicher Mensch unter der Analyse nach dem Siebenfachen Verstandesgebrauch in gleicher Weise unauffindbar sind, heißt aber nicht, daß ein im Traum Erscheinender mit einem wirklichen Menschen identisch wäre. Das würde unserer gültigen Erkenntnis widersprechen, mittels deren wir die täglichen Objekte begreifen; eine konventionell gültige Erkenntnis widerlegt die Behauptung, daß ein im Traum erscheinender Mensch ein wirklicher Mensch sei, während die Behauptung, ein im Wachzustand begegnender Mensch sei ein Mensch, durch die relative und konventionell gültige Erkenntnisweise nicht in Zweifel gezogen wird.

Obwohl der Mensch nicht gefunden wird, wenn man ihn mittels des Siebenfachen Verstandesgebrauchs sucht, wäre es falsch, daraus zu schließen, daß Menschen nicht existieren würden. Einer solchen Annahme würde durch die relative und konventionell gültige Erkenntnis widersprochen. Die relative Erkenntnis weist nach, daß es Menschen gibt, und deshalb müssen Menschen als existent angesehen werden. Weil sie nun aber in der Analyse – wie etwa bei Anwendung des Siebenfachen Verstandesgebrauchs – nicht gefunden werden können, gleichzeitig aber doch existieren, können wir zu dem Schluß kommen, daß Menschen nicht aus sich selbst existieren, sondern unter dem Einfluß oder in Abhängigkeit von anderen Faktoren. Hier wird also deutlich, daß die Leere in bezug auf Existenz aus sich selbst bedeutet, daß etwas abhängig von anderem ist.

Wenn Nāgārjuna und seine Schüler Gründe für die Leere der Erscheinungen anführen, benutzen sie oft das Argument des Entstehens in gegenseitiger Abhängigkeit: daß Erscheinungen in Abhängigkeit von Ursachen und Bedingungen hervorgerufen werden, usw. Wie Nāgārjuna in seiner *Abhandlung über den Mittleren Weg* sagt:[16]

> Weil es keine Erscheinungen gibt,
> Die nicht Momente im Entstehen in gegenseitiger
> Abhängigkeit wären,
> Gibt es keine Erscheinungen,
> Die nicht leer (in bezug auf inhärente Existenz) sind.

Wenn es keine Erscheinung gibt, die nicht ein Moment im Entstehen in gegenseitiger Abhängigkeit ist, gibt es auch keine Erscheinung, die nicht leer in bezug auf inhärente Existenz ist. Āryadevas *Vierhundert* sagt:[17]

> All diese (Erscheinungen) sind nicht selbstmächtig,
> So gibt es auch kein Selbst (das inhärent existierte).

Keine Erscheinung existiert aus sich selbst. Deshalb sind alle Erscheinungen leer in bezug darauf, daß sie durch ihre eigenen Merkmale existent wären. Als Grund dafür, daß die Erscheinungen leer sind, wird nicht angegeben, daß man sie nicht sehen, berühren oder fühlen könnte. Wenn gesagt wird, daß Erscheinungen leer sind, heißt das also auch nicht, daß sie leer wären in bezug darauf, daß sie bestimmte Funktionen nicht ausüben könnten, sondern daß sie leer in bezug auf ihre eigene inhärente Existenz sind.

Wir müssen hinzufügen, daß das Entstehen in gegenseitiger Abhängigkeit nicht bedeutet, daß Erscheinungen *inhärent* in Abhängigkeit von Ursachen und Bedingungen entstehen, sondern daß sie in Abhängigkeit von Ursachen und Bedingungen entstehen wie die Gebilde eines Magiers. Wenn Sie die Bedeutung der Leere und des Entstehens in gegenseitiger Abhängigkeit recht verstehen, können Sie hinsichtlich eines Objekts sowohl seine unleugbare und klare Erscheinung als auch seine Leere in bezug auf inhärente Existenz verstehen. Diese beiden widersprechen einander in keiner Weise. Andernfalls würden Sie ja denken, daß es unmöglich wäre, diese beiden Faktoren – die ungewordene Wirklichkeit der Leere und die gewordene Tatsache des Entstehens in gegenseitiger Abhängigkeit – gleichzeitig und in bezug auf ein Objekt auszusagen. Wenn Sie jedoch die Leere in bezug auf inhärente Existenz vermittels des Argumentes des Entstehens in gegenseitiger Abhängigkeit erkannt haben, ist es ja unmöglich, daß das Verständnis der Erscheinung und das Verständnis der Leere voneinander getrennt werden könnten.

Das Bewußtsein erkennt die Leere in bezug auf inhärente Existenz vermittels der Ausschaltung des Negationsobjekts, in diesem Fall die inhärente Existenz. In diesem Moment erscheint dem Bewußtsein ein bloßer Leerraum, der das Negativum dieser inhärenten Existenz ist. Dies ist eine Abwesenheit, die keine andere positive Erscheinung an ihrer Stelle impliziert. Um Leere recht zu erfassen, muß man das Negationsobjekt ausschalten oder beseitigen, geradeso wie ich zum Beispiel die Blumen hier vor mir beseitigen muß, um ihre Abwesenheit zu erkennen. Wenn wir also von diesem Leerraum sprechen, der eine bloße Negation oder das Negativum von inhärenter Existenz ist, sprechen wir darüber, wie die Leere dem Bewußtsein erscheint – nämlich als bloßer Leerraum, der leer ist in bezug auf das Objekt der Negation. Wir sagen *nicht*, daß es in diesem Moment kein Bewußtsein gäbe oder keine Person, die diese Leere erfährt. Denn in Wirklichkeit beschreiben wir ja, *wie* dies in der Meditation dem Geist des Meditierenden erscheint.

In Kürze: Auf Grund der Tatsache, daß die Erscheinungen Momente im Entstehen in gegenseitiger Abhängigkeit sind, daß sie in Abhängigkeit von anderen entstehen, kommen wir zu der Erkenntnis, daß sie leer sind in bezug auf inhärente Existenz. Wird einmal das Entstehen in gegenseitiger Abhängigkeit als Grund für die

Leere in bezug auf inhärente Existenz angeführt, vermeidet der so sich übende Mensch, daß er in bezug auf die eine Basis (oder das Objekt) in die beiden Extreme verfällt, die in der Annahme der inhärenten Existenz oder der totalen Leugnung der Existenz bestünden.

Wenn Leere verstanden wird auf Grund der Wahrnehmung der Erscheinungen selbst – auf Grund der Wahrnehmung des Entstehens in gegenseitiger Abhängigkeit selbst –, so ist dieses Verständnis der Erscheinung für die Einsicht in die Leere hilfreich. Wenn man Einsicht in die Leere nur auf Grund der Wahrnehmung des Entstehens in gegenseitiger Abhängigkeit erzielt hat, ohne ein weiteres Argument hinzuzuziehen, so daß das Verständnis des einen der Einsicht in das andere keinen Abbruch tut, sondern daß beide vielmehr einander gegenseitig stützen, und wenn weiterhin kein Bedürfnis besteht, zwischen der Erkenntnis der Erscheinungen und der Einsicht in die Leere hin- und herzupendeln, als ob beide nicht in Beziehung stünden, dann ist die Analyse der Gesamtschau vollständig.

So sagt Candrakīrti in seinem *Nachtrag zu Nāgārjunas »Abhandlung über den Mittleren Weg« (Madhyamakāvatāra, dbU ma la 'jug pa)*:[18]

> (Wenn) ein Yogi die Existenz dieses (Wagens) nicht findet,
> Wie könnte man dann behaupten, daß er (inhärent) existiert,
> da er ja auf allen sieben Wegen nichtexistent ist?
> Auf diese Weise gelangt er unmittelbar zur Soheit.
> Deshalb kann hier die Bejahung der Existenz (des Wagens)
> auf diese Weise vollzogen werden.

Die Erscheinungen können nicht aufgefunden werden, wenn man mittels der siebenfachen Weise [des Vernunftgebrauchs] nach ihnen sucht. Und doch setzt man voraus, daß sie existieren. Diese Art der Existenz ist nicht aus des Objekts eigener Kraft abgeleitet, sondern aus der Fremdkraft der Begrifflichkeit. Demzufolge hilft ein vertieftes Verständnis darüber, wie Erscheinungen als existent angenommen werden, ihre letztgültige Natur zu verstehen.

Hat man schon etwas Einsicht in die Leere gewonnen, verfügt aber noch nicht über eine tiefe Erfahrung, dann überlegt man vielleicht, ob die Bewegung von Ursache und Wirkung, von Wirkendem, Wirkung und Objekt der Wirkung innerhalb der Leere überhaupt möglich ist. Zu diesem Zeitpunkt kann man sich ein Bild in einem Spiegel vorstellen, das unter bestimmten Bedingungen als bloße Reflexion entsteht und verschwindet, wenn diese Bedingungen beseitigt sind. Dies kann ein Beispiel dafür sein, wie Funktionalität innerhalb nicht-inhärenter Existenz gedacht werden kann. Oder betrachten Sie Ihre eigene Erfahrung, wie aus der Gegenwart bzw. dem Ausbleiben bestimmter Erscheinungen offensichtlich Hilfe oder Schaden entstehen kann, und stärken Sie damit Ihre Überzeugung hinsichtlich des Entstehens in gegenseitiger Abhängigkeit. Wenn Sie in das Extrem verfallen, die Dinge zu substantialisieren, sollten Sie über die Leere nachdenken. Wenn Sie dazu tendieren, in das Extrem des Nihilismus zu verfallen, sollten Sie mehr über das Entstehen in gegenseitiger Abhängigkeit nachdenken. Wenn Sie beginnen, sich dem Extrem inhärenter Existenz zu nähern, sollten Sie über Leere nachdenken. Durch solchen geschickten Wechsel in der Reflexion über Leere und Entstehen in gegenseitiger Abhängigkeit mittels der Einheit von stabilisierender und analytischer Meditation wird sich Ihr Verständnis sowohl des Entstehens in gegenseitiger Abhängigkeit als auch der Leere in bezug auf inhärente Existenz immer mehr vertiefen, und an einem bestimmten Punkt werden Ihr Verständnis der Erscheinungen und Ihre Einsicht in die Leere gleich werden. Der Text fährt fort:

Weiterhin wird das Extrem der (inhärenten) Existenz ausgeschlossen (durch die Erkenntnis des Wesens) der Erscheinungen (die nur als nominale Bezeichnungen existieren),
Und das Extrem der (totalen) Nichtexistenz wird ausgeschlossen (durch Erkenntnis des Wesens) der Leere (als Abwesenheit inhärenter, nicht aber nominaler Existenz).

Für alle vier buddhistischen philosphischen Hauptschulen wie auch etwa für Sāṁkhya und sogar die nihilistischen Schulen gilt, daß das Extrem der Nichtexistenz – die Fehlidentifikation des Existierenden als nichtexistent – überwunden wird durch die Erscheinung, während das Extrem der Existenz – die Fehlidentifikation des Nichtexistierenden als existent – durch Leere überwunden wird. Jedoch gilt nach der nicht-allgemeinen Ansicht der Konsequenz-Schule des Mittleren Weges auch das Gegenteil: Mittels der Erscheinung wird das Extrem der Existenz vermieden, und mittels der Leere wird das Extrem der Nichtexistenz vermieden. Diese Lehre ist abgeleitet von dem Kardinalpunkt, daß die Bedeutung des Entstehens in gegenseitiger Abhängigkeit die Bedeutung der Leere ist, und daß die Bedeutung der Leere die Bedeutung des Entstehens in gegenseitiger Abhängigkeit ist.

Das Verständnis des Entstehens in gegenseitiger Abhängigkeit ist verschieden in der Nur-Bewußtseinsschule, der Schule der unabhängigen Gründe des Mittleren Weges und der Konsequenz-Schule des Mittleren Weges. Die Nur-Bewußtseinsschule setzt die Bedeutung des Entstehens in gegenseitiger Abhängigkeit nur in bezug auf zusammengesetzte Erscheinungen fest, d. h. solche, die aus Ursachen und Bedingungen entstehen und von ihnen abhängig sind. In der Schule der unabhängigen Gründe des Mittleren Weges wendet man die Bedeutung des Entstehens in gegenseitiger Abhängigkeit auf alle Erscheinungen an, auf unvergängliche und vergängliche, insofern alle Erscheinungen von ihren Teilen abhängen. In der Konsequenz-Schule des Mittleren Weges wird das Entstehen in gegenseitiger Abhängigkeit zusätzlich interpretiert als das Entstehen oder die Feststellung aller Erscheinungen in Abhängigkeit von der Zuneigung oder Bezeichnung durch die Begrifflichkeit. Es gilt, die beidseitige Vereinbarkeit von Entstehen in gegenseitiger Abhängigkeit und Leere zu erkennen. Der Text sagt hierzu:

Wenn in der Leere die Erscheinung von Ursache und Wirkung erkannt wird,
Wird man nicht zu extremen Ansichten verführt werden.

Wenn innerhalb der Sphäre der Leere Ursache und Wirkung in Abhängigkeit von dieser Leere erscheinen in dem Sinne, daß Momente im Entstehen in gegenseitiger Abhängigkeit möglich erscheinen auf Grund der Leere, scheint es, als ob die Momente im abhängigen Entstehen der Ursachen und Wirkungen aus der Leere hervorgehen. Wenn man die Möglichkeit zum abhängigen Entstehen auf der Grundlage der Leere begreift, ist man frei von der Gefahr, in die beiden Extreme zu verfallen.

So hilft gerade auch das Verstehen der Leere, das Extrem der Nichtexistenz zu vermeiden. Wenn man weiterhin erkennt, daß Abhängigkeit von Ursachen und Bedingungen, Teilen oder einem bezeichnenden Bewußtsein inhärenter Existenz widerspricht, so verhilft genau dieses Verständnis des Entstehens in gegenseitiger Abhängigkeit, das Extrem der Verdinglichung der Wirklichkeit zu vermeiden. Wenn einmal die Bedeutung der Leere im Entstehen in gegenseitiger Abhängigkeit begriffen wird, so daß das, was leer in bezug auf inhärente Existenz ist, als der Zusammenhang von Ursache und Wirkung erscheint, kann das Bewußtsein sich nicht mehr in der extremen Ansicht verfangen, daß es verdinglicht, was nicht existiert, oder negiert, was existiert.

Wenn nun diese Einsicht in die Leere zusammen mit dem Entschluß praktiziert wird, vom Kreislauf der Wiedergeburten befreit zu werden, wird dies als Ursache für die Befreiung vom Kreislauf der Geburten wirken. Kultiviert man diese Haltung noch in Verbindung mit der uneigennützigen Absicht, Erleuchtung zu erlangen, wird sie zur Ursache für die vollkommene Erleuchtung eines Buddha. Weil in allen drei Fahrzeugen (dem Fahrzeug der Hörer, dem Fahrzeug derer, die Buddhaschaft für und auf sich selbst gestellt erlangen, und dem Fahrzeug der Bodhisattvas) Einsicht in das Wesen der Leere als allgemeine Ursache für die Erleuchtung gilt, vergleicht man sie mit einer Mutter.

Diejenigen, die Mantra (Tantra) auf besondere Weise üben und für die das Mantra-System ursprünglich gedacht war, müssen zu einer Wirklichkeitsauffassung kommen, die derjenigen der Konsequenz-Schule des Mittleren Weges voll entspricht. Im allgemeinen muß man aber nicht diese philosophische Ansicht vertreten, wenn man sich im Mantra (Tantra) üben will – die philosophische Einsicht kann entweder die Nur-Bewußtseinsschule oder die des Mittleren Weges sein. Mantra kann aber nicht praktiziert werden auf einer Grundlage, die philosophisch niedriger als die eben genannten ist: Die noch undifferenzierte Ansicht, die nur das Nicht-Selbst der Person erkennt – wie von der Schule des Großen Kommentars und den Sūtra-Schulen vertreten –, genügt nicht.

Damit haben wir die Erörterung über die drei Hauptaspekte des

Weges zur Erleuchtung abgeschlossen: den Entschluß, vom Kreislauf der Geburten befreit zu werden, die uneigennützige Absicht, zur Erleuchtung zu gelangen, und die korrekte Einsicht hinsichtlich der Leere. Die außerordentliche Tiefe der größeren Macht des Mantra (Tantra) wird man hauptsächlich durch Vervollkommnung in Konzentration und Weisheit erfahren, wobei sich dann die Praxis auf ebendiese drei Aspekte konzentriert.

Die eigentliche Basis der Praxis ist die uneigennützige Absicht, Erleuchtung zu erlangen, wobei der Entschluß, den Kreislauf der Wiedergeburten zu verlassen, Vorbereitung dafür ist. Die Sechs Vollkommenheiten machen den Übungsweg eines Bodhisattva aus. Unter ihnen sind die Vollkommenheiten der Konzentration und der Weisheit besondere Aspekte der Praxis des Mantra (Tantra). So können also alle Praktiken aller Fahrzeuge – des Kleinen, des Großen und, innerhalb des Großen Fahrzeugs, der Sūtra- und Tantra-Systeme – integriert werden in (1) die Vorbereitungen, (2) den Hauptteil der Übungen für die Bodhisattvaschaft und (3) die Ergänzungen dazu.

Zum Abschluß der Ausführungen über die drei Hauptaspekte des Weges rät Dzong-ka-ba, daß wir diese Wege und ihre Früchte innerhalb unseres eigenen Bewußtseinskontinuums entstehen lassen und verwirklichen müssen, nachdem wir die wesentlichen Punkte der drei Aspekte hinreichend verstanden haben:

Wenn du das Wesentliche der drei Hauptaspekte des Weges,
so wie sie sind, erkannt hast,
Ziehe dich in die Einsamkeit zurück und entwickle die
Kraft der Übung.
Erlange dein letztes Ziel schnell, mein Kind.

Dieses Ziel erreicht man, indem man zunächst die Lehren *hört*, danach über sie *nachdenkt*, wobei falsche Projektionen hinsichtlich jener Inhalte überwunden werden und gültiges Wissen über die Wirklichkeit erlangt wird. Schließlich werden in der *Meditation* alle Zerstreuungen abgestreift, so daß sich das Bewußtsein auf einen Punkt konzentriert. Auf diese Weise wird man den drei Hauptaspekten des Weges gerecht und ihrer Frucht teilhaftig: der Allwissenheit der vollkommenen Buddhaschaft.

Damit schließen wir diese erläuternde Belehrung über die drei Hauptaspekte, die eine große Synthese von Übungen sind, ein großartiger Führer. Wenn Ihnen eine solche Übermittlung der Lehre zuteil wird, empfangen Sie auch einen großen Segen. Wenn Sie sich in diesen Praktiken unablässig üben, werden Sie ihre Wahrheit erfahren.

Es ist außerordentlich wichtig, mit ganzer Kraft eine gute Haltung, ein gutes Herz zu entwickeln. Daraus wird sowohl für Sie als auch für andere, kurzfristig wie auf lange Sicht, Glück folgen.

Selbst und Nicht-Selbst

Harvard-Universität

ICH FREUE MICH SEHR ÜBER DIE GELEGENHEIT, an dieser berühmten Universität und besonders hier im Zentrum für das Studium der Weltreligionen zu sprechen. Bei meiner Ankunft habe ich sofort herzliche Sympathie für Sie alle empfunden. Tiefere menschliche Beziehungen sind sehr wichtig. Bloße Höflichkeit und Diplomatie sind natürlich gut, können aber nicht in die Tiefe dringen. Offenheit, Geradlinigkeit und Aufrichtigkeit reichen viel tiefer.

Wenn wir wirkliche Harmonie und Freundschaft wünschen, müssen wir einander zuerst kennen. Wir müssen einander kennen, sonst ist es schwierig, Vertrauen zu entwickeln und einen Zustand echter Eintracht zu erlangen, ohne die es kaum möglich ist, Frieden zu schaffen. Verbindung von Herz zu Herz ist dabei wesentlich. Heutzutage fehlt es uns oft an echten menschlichen Beziehungen; wir verlieren die Achtung vor dem Wert der Menschlichkeit und betrachten die Menschen, als wären sie Teile einer Maschine.

Wenn wir die Achtung vor dem Wert des Menschen verlieren, so ist das eine höchst unglückliche Entwicklung. Ein Mensch ist viel mehr als bloß etwas Materielles – Geld und Reichtum. Reichtum und Geld sind für das Wohl des Menschen da, und nicht Menschen um des Geldes willen. Konzentrieren wir uns zu stark auf Reichtum und äußeren Fortschritt und vernachlässigen dabei menschliche Werte und Menschenwürde, wird das Resultat Unglück, geistige Unrast, Entmutigung und Depression sein.

Erkennen wir aber: »Ich bin ein Mensch. Ein Mensch kann alles tun!«, so sind diese Entschlossenheit, Mut und Selbstvertrauen wichtige Quellen für Sieg und Erfolg. Ohne Willens- und Entschlußkraft kann man selbst das nicht erreichen, was man eigentlich leicht erreichen könnte. Haben Sie jedoch Willenskraft und vernünftigen Mut – nicht blinde Waghalsigkeit, sondern Mut ohne Stolz –, so werden Ihnen selbst Dinge gelingen, die zu einem bestimmten Zeitpunkt unmöglich schienen, weil Sie sich, inspiriert durch diesen Mut, kontinuierlich darum bemühen. Deshalb ist Entschlußkraft so wichtig.

Wie kann dies entwickelt werden? Nicht durch Maschinen, nicht mit Hilfe von Geld, sondern nur durch unsere innere Stärke, die auf der klaren Erkenntnis des menschlichen Wertes und der Menschenwürde beruht. Denn haben wir einmal erkannt, daß ein Mensch viel mehr ist als Material, viel mehr als einfach nur Geld, dann wird uns die Bedeutung menschlichen Lebens und infolgedessen auch die Bedeutung von heilender Hinwendung und Güte bewußt.

Von Natur her wünschen die Menschen Glück und nicht Leid. So versucht jeder, Glück zu erlangen und Leid zu vermeiden, und jeder hat das Grundrecht, dies zu tun. In dieser Hinsicht sind wir hier alle gleich, ob reich oder arm, gut ausgebildet oder nicht, Menschen aus Ost oder West, Gläubige oder Ungläubige und – unter den Gläubigen – Buddhisten, Christen, Juden, Muslime usw. Unter dem Gesichtspunkt des wirklichen menschlichen Wertes sind wir grundsätzlich alle gleich.

Ich zum Beispiel komme aus dem Osten, genauer aus Tibet. Materiell gesehen ist unsere Situation von der in den Vereinigten Staaten sehr verschieden, doch blicken wir tiefer, so bin ich ein Mensch, Sie sind Menschen – dasselbe. Betrachten wir diesen kleinen Planeten aus der Perspektive des Weltalls, so hat er keine Grenzen, wir sehen einfach *einen* Planeten. Alle Abgrenzungen sind künstlich herbeigeführt. Wir treffen Unterscheidungen auf Grund der Hautfarbe, der Geographie usw., und aus dem Gefühl der Getrenntheit heraus streiten wir dann manchmal miteinander, kritisieren einander und kämpfen sogar. Dabei sind wir im weiteren Sinne alle Brüder und Schwestern.

Sozial gesehen ist diese innere Einstellung, die den Wert anderer erkennt, wesentlich; und gleichzeitig ist sie hilfreich für unser eigenes tägliches Leben – wir können dadurch Geistesstille bewahren und inneren Frieden behalten. Auch wenn im täglichen Leben nicht alles gelingt – wobei es ganz natürlich ist, daß wir einige unserer Ziele nicht erreichen –, werden wir inneren Frieden und Stabilität nicht verlieren. Denn wenn wir uns wirklich für *andere* verantwortlich fühlen, können uns selbst Mißerfolge nicht beunruhigen.

Viele Probleme verschwinden fast völlig durch eine rechte innere Einstellung. Selbst wenn Hindernisse auftreten, können wir ruhig und friedvoll bleiben, wobei die Menschen in unserer Umgebung an dieser ruhigen und friedvollen Atmosphäre teilhaben können. Werden wir jedoch angespannt und ärgerlich, verlieren wir unseren inneren Frieden. Auf Grund starker Emotionen – Ärger und Anhaften an bestimmten Dingen – können wir nicht mehr schlafen und essen, selbst wenn uns gute Speisen vorgesetzt werden. Die Familie, ja sogar die Haustiere, Hunde und Katzen, leiden unter dem, was wir im Affekt tun; vielleicht überwerfen wir uns sogar mit unseren Freunden. Ärger und Haß bringen keinen Frieden hervor. Das kennen wir alle aus eigener Erfahrung.

Richtig betrachtet schaden starke Emotionen wie Ärger und Haß dem eigenen Glück, und weil sie eine negative Atmosphäre schaffen, sind auch die Nachbarn, Freunde und sogar die Eltern davon betroffen und ziehen sich zurück. Deshalb ist für unser eigenes tägliches Leben und für die gesamte Gesellschaft unsere innere geistige Einstellung so außerordentlich wichtig.

Durch hochentwickelte Wissenschaft und Technologie sind wir in der Lage, tief in den Weltenraum vorzudringen. Das ist sehr gut. Seit meiner Kindheit habe ich eine Vorliebe für Wissenschaft und Technologie, sie sind unbedingt notwendig für das Wohl des Menschen. Blicken wir aber nach innen, so ist dort, obwohl unser Kopf nicht gerade groß ist, noch viel Raum zu erforschen. So wäre es wohl der Anstrengung wert, die Hälfte unserer Energie nach außen und die andere Hälfte nach innen zu richten. Denken wir mehr darüber nach: Wer bin ich? Was ist das Wesen des Geistes? Was ist der Nutzen guter Gedanken? Was ist der Nutzen schlechter Gedanken? Stellen Sie diese Art von Untersuchungen an. Denken Sie, denken Sie, denken Sie.

Durch solches Denken können wir deutlich erkennen, daß ein gewisser Aspekt unseres Bewußtseins für die Schwierigkeiten verantwortlich ist und deshalb unter Kontrolle gebracht werden sollte, während ein anderer Aspekt für uns und andere Nutzen bringt und deshalb verstärkt werden sollte. In dieser Weise ist Selbstprüfung sehr wertvoll.

Obwohl meine Erfahrung als buddhistischer Mönch nicht außergewöhnlich ist, kann ich doch aus meiner begrenzten Erfahrung den Nutzen solcher inneren Einstellungen wie Liebe, heilender Hinwendung, Anerkennung der Menschenwürde und des menschlichen Wertes durchaus spüren. Jetzt bin ich vierundvierzig Jahre alt und habe viele Jahre versucht, heilende Hinwendung und Güte zu entwickeln. Ich fühle, daß ich als Resultat dieser Praxis ein glücklicher Mensch bin. Trotz vieler schwieriger Umstände bin ich glücklich. Wäre ich wegen dieser Schwierigkeiten immer betrübt, könnte ich nicht viel bewirken, denn ein trauriger Mensch kann die Wirklichkeit nicht positiv beeinflussen. Jedoch, unglückliche Ereignisse anzunehmen, bedeutet nicht, daß man sich entmutigen lassen sollte. Wir versuchen, diese Schwierigkeiten und Tragödien zu überwinden, aber dabei friedvoll und ausgeglichen zu bleiben.

Aus meiner Erfahrung erzähle ich meinen Freunden, wo immer ich hinkomme, wie wichtig Liebe und heilende Hinwendung sind. Obwohl diese Worte nicht elegant sind, sind sie sinnvoll und wertvoll. Freilich ist es leicht, von Liebe und heilender Hinwendung und Güte zu reden, Worte allein haben aber keine Wirkung. Nur wenn man diese inneren Einstellungen wirklich entwickelt und erfährt, lernt man ihren wahren Wert kennen. Deshalb ist es lohnend, es zu versuchen. Stimmen Sie dem zu, bitte, versuchen Sie es. Wenn nicht, lassen Sie es.

Ursprünglich hatte mein Besuch in diesem Land keinen anderen Zweck, als Gedanken auszutauschen, aber inzwischen hat sich der Zweck dahin erweitert, daß ich das Ideal von heilender Hinwendung und Liebe erläutern und zum tieferen gegenseitigen Verständnis zwischen den verschiedenen Religionen beitragen möchte.

Während der letzten Wochen hatte ich viele Gelegenheiten, Menschen unterschiedlichen Glaubens zu treffen. Gewisse Grundmotivationen oder Grundsätze sind in allen Religionen gleich – Liebe, ein Sinn für Brüderlichkeit und Schwesterlichkeit und als ein letztes Ziel das Glück der menschlichen Gesellschaft. Die verschiedenen, oft gegensätzlichen Philosophien sind Methoden, die auf dasselbe Ziel gerichtet sind. Das Hauptthema ist dasselbe. Mit Achtung und Aufrichtigkeit können wir erkennen, daß alle Religionen sehr gut sind – Wege, durch die unterschiedliche Menschen Frieden erlangen können.

Für meinen Besuch hier sind mir nur noch wenige Tage geblieben. Ich spüre, daß er ein wenig zur Entwicklung von Liebe, Güte und Eintracht beigetragen hat. Und das macht mich sehr glücklich.

Der zweite Teil meines Vortrages ist mehr technischer Natur, denn es geht um das Wesen des Selbst. Deshalb werde ich jetzt durch einen Übersetzer sprechen.

Um in der Meditation heilende Hinwendung – Uneigennützigkeit – zu kultivieren, muß man den Weisheitsaspekt hinzuziehen. Es wird gesagt, daß mit Hilfe von Weisheit heilende Hinwendung grenzenlos werden kann. Der Grund ist folgender: Die leidverursachenden Emotionen verhindern die Entwicklung grenzenloser heilender Hinwendung. Um diese leidverursachenden Emotionen zu überwinden, muß man aber das Wesen der Erscheinungen erkennen, denn die leidverursachenden Emotionen tragen auf die Erscheinungen ein Gut oder Schlecht auf, das das Maß dessen, was wirklich da ist, bei weitem übersteigt; das können wir daran sehen, daß, wenn wir voller Verlangen oder sehr ärgerlich auf ein Objekt schauen, nach geraumer Zeit, wenn sich diese Emotionen gelegt haben, dasselbe Objekt völlig anders erscheint und wir vielleicht in Lachen über uns selbst ausbrechen. Um diese Projektion zu verhindern und somit das Entstehen leidverursachender Emotionen zu unterbinden, müssen wir das Wesen der Erscheinungen korrekt verstehen, d. h. ohne Projektion begreifen. Wir müssen das Fehlen inhärenter Existenz in allen Erscheinungen erkennen.

Diese Subsistenzweise betrifft alle Erscheinungen, auf Grund der Art des Substrats oder des Subjekts ist es jedoch leichter, diese letztgültige Natur der Dinge hinsichtlich der menschlichen Person zu erkennen, als sie an anderen Erscheinungen wahrzunehmen. Will man den letztgültigen Seinsstatus der Dinge feststellen, sollte man also zunächst den letztgültigen Seinsstatus der menschlichen Person ermitteln. Ohne jedoch erkannt zu haben, was die menschliche Person ist, kann man das tiefe Wesen oder die Wirklichkeit der Person nicht erkennen.

Deshalb fragen wir: Was ist die menschliche Person? Was ist das Selbst? Der Buddhismus behauptet Nicht-Selbst; nicht wahr, das Selbst ist doch nicht existent? Aber was heißt das? Würde der Buddhismus behaupten, es gäbe keine Personen, und die Selbste existierten nicht, so gäbe es niemanden, der Nicht-Selbst meditieren könnte, und es gäbe auch niemanden, dem gegenüber man heilende Hinwendung kultivieren könnte. So zeigt unsere eigene Erfahrung, daß es Personen und Selbste gibt.

Wird also die Existenz des Selbst durch Erfahrung bestätigt, was bedeutet dann die Theorie des Nicht-Selbst? Ist das nicht ein eklatanter Widerspruch? Nein. Ich möchte das erläutern. Analysieren Sie, ob es einen Unterschied gibt zwischen der Art und Weise, in der das Ich erscheint, wenn Sie entspannt sind, und der Art und Weise, in der es erscheint, wenn Sie sehr erregt sind. Wenn jemand Sie zum Beispiel fälschlicherweise anklagt: »Du hast diese schreckliche Sache getan!«, und Sie fühlen: »Nein, ich habe das nicht getan« – wie erscheint Ihnen das Ich in jenem Moment? Das gleiche gilt, wenn Sie an einen Gegner denken und empfinden: »Das ist mein Gegner.« Dieser Gegner erscheint Ihrem Bewußtsein, als ob er durch sich selbst existierte, als sich selbst setzende Wirklichkeit, als etwas, auf das man konkret mit dem Finger zeigen kann.

So *scheinen* die Erscheinungen durch sich selbst zu existieren. In Wirklichkeit ist es aber nicht so. Ihr Durch-sich-selbst-Sein, ihre inhärente Selbst-setzung nennt man Selbst, die Nichtexistenz desselben ist Nicht-Selbst. Und diese Nichtexistenz des Selbst trifft auf Personen (die andere Bedeutung von »Selbst«) und andere Erscheinungen in gleicher Weise zu.

Die Person oder das Ich kann dem Bewußtsein sehr verschieden erscheinen. Einerseits erscheint das Ich, als wäre es permanent, einheitlich und aus eigener Kraft bestehend. In dieser Erscheinungsweise scheint das Ich eine von Bewußtsein und Körper getrennte Wirklichkeit zu sein, wobei die Person als Benutzender oder Genießender und Bewußtsein und Körper als das, was benutzt wird, erscheinen. Keine buddhistische philosophische Schule nimmt an, daß eine solche Person existiert. Es gibt Zweifel in bezug auf einige Untergruppen der Schule des Großen Kommentars *(Vaibhāṣika)*, die auszuräumen wären, aber ansonsten gibt es keine.

In einer anderen Erscheinungsweise scheint das Ich seine eigene substantiell existente und sich selbst genügende Wesenheit zu haben, aber von derselben Eigenart wie Bewußtsein und Körper zu sein. Es gibt angeborene und künstliche (oder erlernte) Bewußtseinsformen, die das Ich auf diese Weise wahrnehmen und begreifen.

Wieder in einer anderen Erscheinungsweise scheint das Ich nicht letztgültig, sondern auf Grund seiner eigenen Charakteristika konventionell (relativ) zu existieren. Weiter kann das Ich so erscheinen, als ob es inhärent existierte. Unser grundlegender und ursprünglicher Irrtum in bezug auf das Ich ist ein Bewußtseinsprozeß, in dem das Ich als konkret existierend im Sinne der letztgenannten Erscheinungsweise erscheint. Diese Form des Irrtums betrifft alle Menschen, ob sie nun studiert haben und durch ein philosphisches System beeinflußt sind oder nicht.

All diese Erscheinungen existieren in Wirklichkeit nicht. In den verschiedenen buddhistischen Systemen konstituiert die Nichtexistenz dieser verschiedenen Ebenen des Selbst bzw. dieser Verdinglichung, fortschreitend von den weniger subtilen zu den subtilen Ebenen, Nicht-Selbst.

Was aber ist dann das konventionell und relativ existierende Ich, dem Hilfe und Schaden widerfährt? Innerhalb der buddhistischen Schulen gibt es sehr verschiedene Erklärungen dafür, was die Person ist, der Hilfe und Schaden widerfährt. Einige Systeme sagen, daß das Bewußtsein die Person ist. Andere sagen, daß es der Verstand ist, und wiederum andere meinen, daß es die grundlegende universale Basis des Bewußtseins ist *(ālayavijñāna, kun gzhi rnam shes)*, die von der Verstandesebene des Bewußtseins verschieden ist.

In dem sehr tiefgründigen philosophischen System des Buddhismus, der Konsequenz-Schule des Mittleren Weges *(Prāsaṅgika-Mādhyamika)*, wird die Person nur in Abhängigkeit von den Aggregaten des Bewußtseins und des Körpers bezeichnet. Und da das Bewußtsein subtiler und kontinuierlicher ist als der Körper, wird das Ich oder die Person als bloße, vom Bewußtseinskontinuum abhängige Bezeichnung aufgefaßt.

Nur dieses bloße Ich – ein in Abhängigkeit bezeichnetes Ich – kann als das bestimmt werden, was ohne Nachforschen und ohne jede Analyse einer inneren ursprünglichen Bewußtheit erscheint, wenn wir denken: »Ich gehe«, »Ich bleibe« usw. Weil es in Abhängigkeit bezeichnet ist, ist es abhängig. »Abhängig« und »unabhängig« stehen in einem kontradiktorischen Widerspruch zueinander, sie bilden eine Dichotomie. Als Beispiel: Obwohl Pferd und Mensch einander gegenseitig ausschließen, stehen sie nicht in einem kontradiktorischen Verhältnis, d. h. einer Dichotomie, zueinander, was aber der Fall ist, wenn man Mensch und Nicht-Mensch gegenüberstellt. Auf gleiche Weise bilden auch »abhängig« und »unabhängig« einen kontradiktorischen Widerspruch. Alles, was der Betrachtung unterzogen werden kann, muß entweder das eine oder das andere sein. Eine dritte Kategorie gibt es nicht.

Weil das Ich in Abhängigkeit bezeichnet wird, kann es kein unabhängiges aus sich selbst existierendes Ich geben. Diese Nichtexistenz eines unabhängigen aus sich selbst existierenden Ich nennen wir Nicht-Selbst des Ich. Deswegen, auf Grund der abhängigen Natur einer existierenden Basis, eben des Ich, kann man von seinem Nicht-Selbst sprechen. Darum muß man, um Nicht-Selbst richtig zu verstehen, die Existenz seiner Basis verstanden haben. Da die Abhängigkeit einer besonders existierenden Basis als Argument dafür benutzt wird, daß diese Basis leer in bezug auf inhärente Existenz ist, kann klar erkannt werden, daß Leere nicht mit Nihilismus gleichzusetzen ist.

Erscheint die Bedeutung der Leere in bezug auf inhärente Existenz im Kontext des Entstehens in gegenseitiger Abhängigkeit, so ist das Extrem der äußersten Nichtexistenz vermieden. Wird das Entstehen in gegenseitiger Abhängigkeit als Grund dafür verstanden, daß etwas leer in bezug auf inhärente Existenz ist, vermeidet man das Extrem der Verdinglichung der Existenz. Um die Sicht des Mittleren Weges zu ermitteln, ist es notwendig, von diesen beiden Extremen der völligen Nichtexistenz und der Verdinglichung der Existenz in inhärente Existenz frei zu sein.

So verstehen die unterschiedlichen buddhistischen philosophischen Schulen in sehr verschiedener, mehr oder weniger subtiler Weise das Ich, das als Basis oder Substrat für die Ermittlung des Wesens der Wirklichkeit dient. Die angeborenen Formen falscher Erscheinung, die eine Prüfung und Analyse durch die Vernunft nicht in sich schließen, finden sich sogar bei kleinen Säuglingen. Ein Zeichen dafür, daß die früheren Ebenen der Erscheinung und des Irrtums hinsichtlich des Selbst, und zwar sowohl die angeborenen als auch die erlernten, weniger subtil sind als die späteren, ist die Tatsache, daß bei der Feststellung der Nichtexistenz der früheren die Vorstellung des Selbst nach den späteren, subtileren Erscheinungsweisen durchaus noch anhalten kann – vorausgesetzt, daß sich die Feststellung der Nichtexistenz in bezug auf die weniger subtilen Erscheinungsweisen des Selbst nicht aus anderen Gründen abgeschwächt hat. Wenn man jedoch das Nicht-Selbst in bezug auf die subtileren Ebenen festgestellt hat und die Überzeugungskraft dieses Bewußtseinsprozesses, der diese Einsicht vermittelt hat, sich nicht abgeschwächt hat, können die weniger subtilen Erscheinungsweisen des Selbst überhaupt nicht ins Bewußtsein dringen.

Um die Bedeutung des Nicht-Selbst zu erfassen, muß man sich ganz allgemein in der Methode der analytischen Meditation üben, d. h., eine reflektive Analyse leisten, die sich der Vernunftargumente bedient. Darum werden in Nāgārjunas *Abhandlung über den Mittleren Weg* viele Beweisführungen angeführt, die unter vielen Gesichtspunkten beweisen sollen, daß alle Erscheinungen leer sind in bezug auf Existenz-aus-sich-selbst, d. h., sie sind leer in bezug auf inhärente Existenz. Der Text »Fragen des Kāśyapa-Kapitels« aus dem *Sūtra des Juwelenberges (Ratnakūṭa)* sagt im Zusammenhang der Erörterung über die Drei Pforten zur Befreiung, daß Formen nicht leer sind auf *Grund* der Leere, sondern daß Formen als solche leer sind. Deshalb bedeutet Leere also nicht, daß eine Erscheinung leer ist in bezug darauf, irgendein anderes Objekt zu sein, sondern daß sie selbst leer ist in bezug auf ihre eigene inhärente Existenz. So geht es also nicht um eine Leere von etwas, sondern um eine Selbst-Leere, insofern Objekte leer sind hinsichtlich ihrer eigenen inneren Seinsgrundlage. In ähnlicher Weise sagt das *Herz-Sūtra*: »Form ist Leere; Leere ist Form.« Indem man Form hier als Beispiel nimmt, bedeutet »Form ist Leere«, daß das letztgültige Wesen der Formen ihre wesenhafte Leere in bezug auf inhärente Existenz ist. Da Formen in Abhängigkeit entstanden sind, sind sie leer in bezug auf eine unabhängige, sich selbst setzende Wesenheit.

Daß Leere Form ist, heißt, daß ihr letztgültiges Wesen, Leere als Abwesenheit eines grundlegenden, sich-selbst-setzenden Prinzips derjenigen Dinge, die in Abhängigkeit von anderen Faktoren existieren – diese wesenhafte Leere in bezug auf inhärente Existenz also –, die Formen ermöglicht. Sie sind gleichsam das Spiel der Leere, insofern sie aus ihr in Abhängigkeit von Bedingungen entstehen. Weil Formen das sind, was leer in bezug auf Eigenexistenz ist, weil Formen die Grundlagen der Leere sind, gilt: Leere ist Form. Formen erscheinen, als wären sie Reflexionen der Leere.

Dieses letztgültige Wesen der Formen – die Abwesenheit des Nicht-Abhängens von anderen Faktoren – ist es, wovon die Formen leer sind. Und so sind Formen das Spiel der Leere. Es ist wie bei den zwei Seiten einer Hand: Schaut man von der einen Seite, ist dort die Leere in bezug auf inhärente Existenz, das letztgültige Wesen. Schaut man aber von der anderen Seite, ist dort die Erscheinung, die das Substrat der Leere ist. Sie sind ein Wesen. Deshalb gilt: Form ist Leere, und Leere ist Form.

Indem man die Bedeutung der Leere auf diese Weise meditiert, macht man allmählich Fortschritte auf dem Weg. Der Fortschritt wird in dem Mantra des *Herz-Sūtra* angedeutet: *gate gate pāragate pārasaṁgate bodhi svāhā* (Gegangen, gegangen, zum anderen Ufer gegangen, völlig jenseits gegangen – Erleuchtung, All-Heil!). Das erste *gate* bezieht sich auf den Weg der Ansammlung, das zweite auf den Weg der Vorbereitung. In diesen beiden Stadien stellt man Leere in der Art einer dualistischen Erscheinung fest, nämlich das Weisheitsbewußtsein auf der einen und die Leere, derer man gewahr wird, auf der anderen Seite. »Zum anderen Ufer gegangen« zeigt dann an, daß man von der weltlichen zur überweltlichen Ebene des Weges des Schauens fortgeschritten ist, auf der die dualistische Erscheinung verschwunden ist. »Völlig jenseits gegangen« bezieht sich auf den Weg der Meditation, auf dem man sich wieder und wieder mit der Leere vertraut macht, die man zuerst auf dem Weg des Schauens direkt gesehen hatte. Auf diese Weise gelangt man schließlich in einen Zustand jenseits des Kreislaufs der Wiedergeburten, d. h. zur Ebene der Erleuchtung *(bodhi, byang chub)* – ein Seinszustand und eine Quelle der Hilfe und des Glücks für alle Lebewesen.

Frage: Wenn es kein Selbst gibt, was geht dann von einem Leben zum anderen hinüber?
Antwort: Das bloße Selbst oder bloße Ich – ein Selbst, das nicht inhärent existiert – geht von einem Leben zum nächsten hinüber. Obwohl Bewußtsein in enger Beziehung zur Materie steht, ist doch Bewußtsein eine Wesenheit reiner Lichthaftigkeit und reiner Erkenntnis. Deshalb kann es nicht von der Materie hervorgebracht sein, sondern muß in Abhängigkeit von einem früheren Moment reiner Lichthaftigkeit und reiner Erkenntnis entstanden sein. Deshalb kann das Bewußtseinskontinuum weder Anfang noch Ende haben. Das existierende Selbst oder Ich wird bezeichnet in Abhängigkeit von diesem Bewußtseinskontinuum. Das Selbst, das negiert ist, ist inhärente Existenz.

Frage: Was ist die Rolle der Begierde in der Natur des Selbst?
Antwort: Es gibt zwei Arten von Verlangen: falsche Begierde, die darauf beruht, daß etwas auf ein anderes, das gar nicht existiert, projiziert wurde, und Verlangen, das einen wirklichen Grund hat. Begierde, die durch die leidverursachenden Emotionen hervorgerufen wird, verursacht große Schwierigkeiten, während begründetes Verlangen zur Befreiung und Allwissenheit führen kann. Um unseres täglichen Lebensunterhaltes willen müssen wir begründetes Verlangen recht gebrauchen und gleichzeitig die Begierde kontrollieren, die in unbegründeten Leidenschaften wurzelt.

Frage: Träumen Sie?
Antwort: Natürlich. Jemand, der Yoga übt, hat während des Träumens viel zu tun. Zuerst muß man lernen, den Traum während des Traums als Traum zu erkennen.

Zum Abschluß möchte ich folgendes sagen: Hier sind viele junge Studenten. Die Zukunft hängt von der jungen Generation ab. Wissen ist sehr wichtig, aber noch wichtiger als angeeignetes Wissen ist der Verstand, der dieses Wissen anwendet. Wenn wir unser Wissen gebrauchen und uns dabei etwas in unserem Herzen fehlt – wenn wir also nur das Gehirn benutzen –, vergrößeren wir nur die Schwierigkeiten und Tragödien der menschlichen Gesellschaft. Der menschliche Verstand muß durch ein gutes Herz ausgewogen werden.

Tibetische Ansichten über das Sterben

Universität Virginia

HEUTE MORGEN HABE ICH das Medizinische Zentrum der Universität Virginia besucht, wo man daran arbeitet, das menschliche Leben zu verlängern. Später sprach ich mit Dr. Ian Stevenson über Reinkarnation – wie Menschen aus einem vorigen Leben wiedergeboren werden. Jetzt möchte ich darüber sprechen, wie wir sterben, den Prozeß des Sterbens beschreiben und erläutern, wie wir uns darauf vorbereiten können.

Wir wollen den Tod nicht, und gerade darum hat man sich mit ihm seit alters beschäftigt, und zwar innerhalb und außerhalb der religiösen Systeme. Im Buddhismus ist die erste der Lehren des Buddha die Lehre von den Vier Edlen Wahrheiten, von denen die erste vom Leiden handelt. Es ist wichtig, Leiden zu erkennen. Es gibt drei Arten: das Leiden des Schmerzes, das Leiden des Wandels und das Leiden der allbestimmenden Verursachung der Wiedergeburten. Nachdem man das Leiden erkannt hat, muß man nach seinen Ursachen forschen und diese Ursachen abstellen. Man muß also den Bewußtseinsweg kultivieren, durch den man die Beseitigung der Ursachen des Leidens erzielen kann. Dies sind die Vier Wahrheiten: Leiden, die Ursachen des Leidens, das Aufhören des Leidens und seiner Ursachen und die Wege, die dieses Aufhören ermöglichen.

Die Vier Wahrheiten werden so eingeteilt, daß sie sechzehn Attribute haben, vier für jede Wahrheit. Die vier Attribute des wahren Leidens sind Unbeständigkeit, Leiden, Leere und Nicht-Selbst. Es gibt zwei Arten von Unbeständigkeit – weniger subtile und subtile Unbeständigkeit. Subtile Unbeständigkeit bezieht sich auf etwas, das Wissenschaftler, die Elementarteilchen erforschen, beschreiben können, denn sie nehmen die Erscheinung eines soliden Objekts wie etwa dieses Tisches nicht einfach als gegeben hin. Dieser Tisch scheint derselbe zu sein, der gestern hier war, aber die Wissenschaftler betrachten den Wandel innerhalb der kleinsten Teilchen, aus denen Ojekte zusammengesetzt sind. Die Substanzen, aus denen diese äußeren Objekte zusammengesetzt sind, zerfallen andauernd. Und in ähnlicher Weise zerfallen die inneren Bewußtseinsprozesse, die jene äußeren Objekte beobachten, von Moment zu Moment. Dieser andauernde Zerfall ist die subtile Unbeständigkeit. Weniger subtile Unbeständigkeit ist etwa die Zerstörung eines Objekts oder – in bezug auf den Menschen – der Tod einer Person.

Es bringt große Vorteile, wenn man über den Tod nachdenkt. Wie ich schon sagte: Wenn Leiden erkannt wird, kann man seine Ursachen erforschen und kann ihm vor allem begegnen, ja entgegentreten. Früher oder später wird der Tod kommen. Wir wünschen ihn nicht, aber da wir einmal unter den Einfluß verunreinigter Handlungen und leidverursachender Emotionen geraten sind, wird er mit Bestimmtheit kommen. Wenn man von Anfang an über den Tod nachdenkt und sich vollkommen darauf vorbereitet, kann solche Vorbereitung in der Stunde des Todes wirklich helfen. Und das ist der Sinn des Nachdenkens über den Tod.

Was ich hier erörtere, wird durch die Erklärungen über Wiedergeburt, die Dr. Ian Stevenson von Ihrer Universität gegeben hat, gestützt.[19] Wie? Wenn Sie nur an dieses eine Leben glauben und seine Fortsetzung nicht annehmen, hat es kaum eine Bedeutung, ob Sie sich über den Tod Gedanken machen oder nicht. Meditation über Tod und Unbeständigkeit beruht auf der Theorie der Kontinuität eines Bewußtseins in der Wiedergeburt. Wenn es ein anderes Leben gibt – eine Kontinuität des Bewußtseins in der Wiedergeburt –, kann es nur hilfreich sein, sich auf den Tod vorzubereiten, denn wenn wir vorbereitet sind, werden wir höchstwahrscheinlich im Sterbeprozeß keine Angst empfinden oder in Schrecken geraten und die Situation nicht durch eigene Gedanken komplizieren.

Wenn es zukünftige Leben gibt, dann hängt die Qualität des nächsten Lebens von diesem Leben ab. Wenn Sie jetzt verantwortungsbewußt leben, wird sich das im nächsten Leben positiv auswirken. Ärger, Anhaften usw. verführen uns zu einem ungünstigen Lebensstil, und dies führt zu schädlichen Wirkungen in der Zukunft. Eine Ursache für die Erzeugung dieser unerwünschten Bewußtseinszustände ist die Vorstellung von Dauerhaftigkeit. Es gibt weitere Ursachen, wie etwa die Vorstellung, daß Objekte inhärente Existenz hätten. Wenn Sie aber jetzt in der Lage sind, die Vorstellung von Dauerhaftigkeit langsam aufzugeben, wird das Verhaftet-Sein in diesem Leben schwächer. Wenn Sie beständig der Unbeständigkeit gewahr sind – indem Sie erkennen, daß es die Natur der Dinge ist, ständig zu zerfallen –, werden Sie vermutlich durch den Tod keinen allzu großen Schock erleiden, wenn er dann tatsächlich da ist.

Um den Tod vollständig zu überwinden, muß man die eigenen leidverursachenden Emotionen völlig zum Schweigen bringen. Denn wenn die leidverursachenden Emotionen überwunden sind, hört Geburt auf, und damit endet auch der Tod. Dies zu verwirklichen, bedarf es großer Anstrengung, und um dieses Bemühen in sich zu entwickeln, hilft es, über Tod und Unbeständigkeit zu reflektieren. Besinnt man sich auf Tod und Unbeständigkeit, entsteht der Wunsch, diese zu vermeiden, und das veranlaßt einen, nach Methoden zu fragen, mit denen der Tod überwunden werden kann.

Nachdenken über Tod und Unbeständigkeit führt auch dazu, daß wir uns nicht mehr so ausschließlich mit oberflächlichen Dingen befassen, die sich nur um dieses Leben drehen. Der Tod kommt bestimmt. Wenn man sich sein ganzes Leben über nur für die zeitlichen Dinge dieses Lebens interessiert und sich nicht auf den Tod vorbereitet, dann wird man in der Todesstunde an nichts anderes denken können als an das eigene geistige Leiden und die Furcht und wird keinerlei andere Übung anwenden können. Dies kann ein Gefühl des Bedauerns auslösen. Hat man jedoch oft über Tod und Unbeständigkeit nachgedacht, weiß man, daß der Tod kommt, und bereitet sich allmählich und gelassen darauf vor. Kommt dann der Tod wirklich, wird es leichter sein. Aber dennoch habe ich gelegentlich von Menschen, die im Krankenhaus arbeiten, gehört, daß Menschen, die sich überhaupt nicht um ein zukünftiges Leben gekümmert haben, manchmal leichter sterben als religiöse Menschen, die sich um ihr nächstes Leben sorgen.

Da die Bewußtseinsverfassung zum Zeitpunkt des Sterbens unmittelbare Auswirkungen auf die Kontinuität im nächsten Leben hat, ist es wichtig, jene Bewußtseinsverfassung in Todesnähe durch geistige Praxis zu prägen. Während des gesamten Lebens hat sich viel Gutes und Schlechtes ereignet. Was aber kurz vor dem Tod passiert, hat eine ganz besonders große Kraft bei der Prägung des künftigen Bewußtseins. Deshalb ist es ganz wichtig, den Sterbeprozeß zu studieren und sich darauf vorzubereiten.

Im Bodhisattva-Fahrzeug, und hier besonders im Mantra- (oder Tantra-)Fahrzeug, gibt es Erörterungen, die jene drei Körper eines Buddha im Wirkungsstadium – den [universal-transzendenten] Wahrheits-Körper, den [subtilen] Seligkeits-Körper und den [materiellen] Emanationskörper – mit den drei Prozessen in Verbindung bringen, die wir im Normalstadium durchlaufen – Tod, Zwischenzustand und Wiedergeburt. Dabei werden drei Methoden angegeben, durch die man diese gewöhnlichen Faktoren, die als solche den Faktoren der Erleuchtung entsprechen, nutzbar machen kann. In diesen Erörterungen, die ausschließlich im Höchsten Yoga-Tantra angestellt werden, heißt es auch, daß die Kenntnis des Sterbeprozesses von größter Bedeutung ist.

Anleitungen für die Vorbereitung auf das Sterben findet man im Buddhismus sowohl in den Sūtras als auch in den Tantras, und in den Tantras wiederum in allen vier Klassen: dem Tantra der [kultischen] Handlung, dem Tantra der Vollzugspraxis, dem Yoga-Tantra und dem Höchsten Yoga-Tantra. Was ist das Wesen oder die Natur des Todes? Er ist das Ende oder das Aufhören des Lebens. In Vasubandhus *Schatzhaus der Erkenntnis (Abhidharmakośa, Chos mngon pa'i mdzod)* heißt es, daß Leben die Grundlage für Wärme und Bewußtsein sei, während der Tod das Ende dieser Funktion bedeute. Das heißt also: Wir sind lebendig, wenn dieser zeitliche, grobstoffliche Körper mit dem Bewußtsein verbunden ist. Trennen sich beide, ist das der Tod. Man muß zwischen grobstofflichem, subtilem [feinstofflichem] und äußerst subtilem Körper und Bewußtsein unterscheiden. Der Tod ist die Trennung des Bewußtseins von dem grobstofflichen Körper. Das äußerst subtile Bewußtsein kann sich aber nicht von der äußerst subtilen Ebene des Körperlichen trennen, denn letztere ist nichts anderes als die innere Energie [oft als »Wind« bezeichnet], die Träger dieses Bewußtseins ist.

Es werden verschiedene Umstände des Todes beschrieben. Einer ist, daß man stirbt, wenn die Lebenszeit abgelaufen ist, ein anderer, daß man stirbt, wenn die [als Seinskraft wirkende] positive Bewußtseinsformung verbraucht ist, und ein dritter, daß man durch einen Unfall stirbt. Das letzte wäre der Fall, wenn man etwa trinkt, trunken wird, ein Auto steuert und sich selbst auf der Autobahn tötet.

In Todesnähe gibt es vage Anzeichen dafür, welche Wiedergeburt man annehmen wird. Das Erkennungsmerkmal ist die Art und Weise, wie sich die Wärme im Körper sammelt. Bei einigen Menschen beginnt der Prozeß der Wärmeverdichtung oder des Wärmeverlustes in den oberen Körperpartien. Bei anderen beginnt dieser Prozeß in den unteren Körperpartien. Es ist weniger vorteilhaft, wenn sich die Wärme von oben nach unten bewegt, und es ist ein gutes Zeichen, wenn sie von unten nach oben aufsteigt.

Manche Menschen sterben friedvoll. Andere sterben unter Schrecken. Sterbende nehmen verschiedene angenehme und unangenehme Erscheinungen wahr.

Im Höchsten Yoga-Tantra wird der Tod als Aufhören der weniger subtilen Energieströme begriffen. Weil der Tod mit dem Aufhören innerer Energieströme verbunden ist und diese Energien vom Körper abhängen, ist es wichtig, die Struktur des Körpers zu kennen. Die tantrischen Systeme erklären in diesem Zusammenhang vor allem die Systeme der Kanäle, der inneren Energien und energetischen Kraftkonzentrationen [oft als »Tropfen der Lebenskraft« bezeichnet]. Im Sūtra-System spricht man von achtzigtausend Kanälen, während es im tantrischen System zweiundsiebzigtausend sind. Von diesen sind drei ganz besonders wichtig: der Zentralkanal, der von der Stirn über die Scheitelspitze bis zur Basis der Wirbelsäule verläuft, und die beiden Kanäle zur Rechten und zur Linken. Bei den inneren Energieströmen unterscheidet man verschiedene Arten, zehn sind aber von herausragender Bedeutung: die fünf Hauptenergien und die fünf sekundären Energien. Die wesentlichen Kraftkonzentrationen sind die roten und weißen Lebenssäfte. Alle Wesen sterben insofern auf ähnliche Weise, als der Sterbeprozeß im Aufleuchten des Klaren Lichtes kulminiert. Jeder Sterbende hat aber verschiedene visuelle Erscheinungen, die durch die individuell unterschiedlichen Bewegungsmuster der inneren Energien und Kraftkonzentrationen in den Kanälen verursacht sind. Außerdem verläuft der Sterbeprozeß auf Grund geringfügiger physischer Unterschiede bei jedem Menschen etwas anders.

Im Verlauf des Sterbens lösen sich die fünfundzwanzig Faktoren auf. Man nennt sie die fünfundzwanzig weniger subtilen Objekte, nämlich:

Fünf Aggregate:
körperliche Formen, Empfindung, Wahrnehmung, karmische Bildekräfte und Bewußtseinskräfte

Vier Elemente:
Erde, Wasser, Feuer, Luft

Sechs wahrnehmende Bewußtseinskräfte:
Sehen, Hören, Riechen, Schmecken, Tasten und die Verstandeskraft

Fünf Objekte:
sichtbare Formen, Klänge, Gerüche, Geschmacksobjekte und Berührungsobjekte

Fünf Formen der gewöhnlichen Weisheit:
spiegelgleiche Weisheit, Weisheit der Erkenntnis der Wesensgleichheit, analytische Weisheit, Weisheit der das Ziel erreichenden Handlung und Weisheit, die das Wesen der Erscheinungen durchschaut

Während des Sterbeprozesses zerfallen diese Faktoren nacheinander. Es gibt verschiedene äußere körperliche wie auch innere Anzeichen, an denen man das jeweilige Zerfallsstadium erkennen kann. Diese Folge kann aber nur dann ungestört und der Reihe nach ablaufen, wenn die Elemente des Sterbenden nicht durch Krankheit übermäßig verzehrt worden sind oder die Person nicht plötzlich durch einen Unfall zu Tode kommt. Wer ganz plötzlich bei einem Unfall auf der Autobahn stirbt, hat keine Gelegenheit zu irgendeiner Praxis, denn die acht Zerfallstadien laufen zu schnell ab. Ein solcher Mensch erleidet demnach einen doppelten Verlust, indem er eines zu frühen Todes stirbt und außerdem der Möglichkeit beraubt ist, entsprechend den Stadien der Auflösung die Praktiken auszuüben. Für den aber, der eines natürlichen Todes stirbt, erscheinen die Zeichen nacheinander in richtiger Reihenfolge.

Das erste Stadium ist gekennzeichnet durch die Auflösung des Aggregats der körperlichen Formen. Etwas verallgemeinernd gesagt bedeutet dies, daß durch die Auflösung des Aggregats der körperlichen Formen das erdhafte Element an Kraft verliert, so daß es immer weniger als Basis des Bewußtseins dienen kann. Gleichzeitig damit tritt die Kapazität des Wasserelements im Körper als Basis für das Bewußtsein stärker in Erscheinung. Dieser Prozeß heißt: Auflösung des Erdelements in das Wasserelement. Äußeres Anzeichen für diesen Vorgang ist, daß die Körperglieder schmaler und zerbrechlicher werden und die Frische vom Angesicht weicht. Der Sterbende hat das Gefühl, daß sein Körper unter den Boden sinkt, und das Sehempfinden wird immer unklarer.

In diesem Moment hat man, so das *Guhyasamāja Tantra*, die visuelle Empfindung, eine Luftspiegelung zu sehen, und das ist das entsprechende innere Anzeichen. Im *Kālacakra Tantra* jedoch heißt es, daß man eine Art von Rauch sehen würde. Dieser Unterschied in den Erklärungen rührt daher, daß es feine Verschiedenheiten in der physischen Struktur der Kanäle, Energieströme und Energiekonzentrationen der Ausübenden jener Tantras gibt, und er zeigt sich besonders in der Anzahl von Blütenblättern der Kanalzentren zum Beispiel an der Spitze des Kopfes und in der Gegend des Halses. Beide Tantras sprechen übereinstimmend von sechs Kanalzentren in aller Ausführlichkeit und von vier Zentren in Kürze, aber sie unterscheiden sich in den Angaben über die Anzahl der Blütenblätter bei den jeweiligen Kanalzentren.

Im zweiten Stadium zerfällt das Aggregat der Empfindungen. Dabei nimmt die Kraft des Wasserelements ab, als Basis des Bewußtseins zu dienen, wobei nun das Feuerelement (die Hitze im

Körper) stärker in Erscheinung tritt. Äußere Anzeichen sind die Austrocknung der Körperflüssigkeiten, d. h., der Mund wird trokken, die Augenflüssigkeit vermindert sich, und die Augenbewegung läßt nach. Innerliches Zeichen dieses Stadiums ist nach dem *Guhyasamāja Tantra* die Vision von Raucherscheinungen.

Im dritten Stadium löst sich das Aggregat der Wahrnehmung auf. Dabei nimmt die Kraft des Feuerelements ab, als Basis des Bewußtseins zu dienen, wobei nun diese Funktion stärker auf dem Luftelement liegt. Äußeres Anzeichen ist die Verminderung der Körperwärme. Im Denken des Sterbenden findet auch eine Veränderung statt: Das Gedächtnis für Dinge, die nahestehende Menschen betreffen, verschwindet. Innerliches Zeichen ist die visuelle Erscheinung von leuchtkäferartigen Erscheinungen oder Lichtreflexen.

Im vierten Stadium löst sich das Aggregat der karmischen Bildekräfte auf, und gleichzeitig kann das Luftelement kaum noch als Basis für das Bewußtsein dienen. Äußeres Anzeichen ist der Stillstand des Atems. Die innere visuelle Wahrnehmung verändert sich dergestalt, daß nun die leuchtkäferartigen Lichtreflexe immer subtiler werden und nur als Empfindung eines rötlichen Glühens wie von einer Flamme zurückbleiben. Meistens wird dieser Moment als Eintritt des Todes betrachtet, denn der Herzschlag hat aufgehört, und die Atemfunktionen sind zum Stillstand gekommen. Ein Arzt würde den Betreffenden für tot erklären. Nach unserer Tradition jedoch ist der Betreffende noch im Sterbeprozeß. Er ist noch nicht tot. Die mit den Sinnen verbundenen Bewußtseinskräfte haben zwar aufgehört, aber das mentale Bewußtsein ist durchaus noch da. Das bedeutet aber nicht, daß man noch zum Leben zurückkehren könnte.

Innerhalb des mentalen Bewußtseins gibt es viele Ebenen, die durch unterschiedliche Subtilität gekennzeichnet sind. Die buddhistischen Texte sprechen von einer unterschiedlichen Anzahl von Bewußtseinsebenen, nämlich neun, acht, sechs und einer, wobei man aber meistens sechs Ebenen annimmt. Die Schriftgegründete Nur-Bewußtseinsschule nimmt acht an – die fünf mit den Sinnen verbundenen Bewußtseinskräfte, das mentale Bewußtsein, eine durch Befleckung gestörte mentale Sphäre und einen Geistgrund, der allen zugrunde liegt. Die letzten beiden Begriffe werden auch in anderen Zusammenhängen in unterschiedlicher Bedeutung angewandt, so daß der Gebrauch dieser Begriffe nicht notwendigerweise bedeutet, daß man acht Bewußtseinsebenen im Sinne der Nur-Bewußtseinsschule annimmt.

Abgesehen von dieser Einteilung kann man die Bewußtseinskräfte auch so klassifizieren, daß man von Hauptbewußtseinskräften und mentalen Faktoren spricht, wobei erstere die bloße Erkenntnis der Entität eines Objekts betreffen, während letztere die Unterscheidung der charakteristischen Merkmale eines Objekts zulassen. Die allgemeine Eigenart des Geistes ist reine Lichthaftigkeit und Erkenntnis, die alle Bewußtseinskräfte durchdringt. Des Geistes Wesen ist reine Lichthaftigkeit, die durch nichts getrübt wird; seine Funktion ist es, etwas zu erkennen, und dies beruht auf der Erscheinung irgendeines Objekts.

Für das Entstehen der Bewußtseinskraft des visuellen Sinnes etwa bedarf es dreier Bedingungen: des physischen Sinnesorgans als kraftspendender Bedingung, des Objekts – in diesem Fall eine sichtbare Form, eine Farbe oder eine Gestalt – und eines unmittelbar vorausgehenden früheren Bewußtseinsmoments. Wenn diese drei zusammentreffen, entsteht die Bewußtseinskraft, die eine sichtbare Form erfaßt. Die drei Bedingungen haben unterschiedliche Funktionen: Die Tatsache, daß das Bewußtsein eine Wesenheit von Lichthaftigkeit und Erkenntnis ist, beruht auf der unmittelbar vorausgehenden Bedingung. Daß es sichtbare Form und nicht etwa Klang erfaßt, beruht auf der kraftspendenden Bedingung, eben der sinnlichen Fähigkeit des Sehens. Daß eine Farbe oder eine Gestalt entsteht, beruht auf der Bedingung des beobachtbaren Objekts, dem Objekt selbst. Auf diese Weise entsteht eine weniger subtile [zusammengesetzte] Bewußtseinskraft.

Während des Sterbeprozesses aber haben sich die Grundlagen für diese weniger subtilen sinnlichen Bewußtseinskräfte – das Sehen, das Hören usw. – aufgelöst. Die Folge davon ist, daß die Bewußtseinskräfte, die mit ihrer entsprechenden Basis verbunden sind, ebenfalls aufhören. Innerhalb der Bewußtseinsstruktur, die zurückbleibt, gibt es aber immer noch vier Ebenen unterschiedlicher Subtilität, und deshalb gibt es vier weitere Stadien der Auflösung des Bewußtseins nach den vier früheren Stadien der Auflösung der Elemente. Die weniger subtilen zerfallen zuerst, und die Auflösung beginnt mit den achtzig begrifflichen Vorstellungskomplexen.[20] Diese teilt man in drei Gruppen ein, die jeweils auf die drei subtileren Bewußtseinsebenen Bezug nehmen. Dreiunddreißig haben die Natur eines Bewußtseinszustandes einer [lebhaften] weißen Erscheinung, [21] vierzig haben die Natur eines Bewußtseinszustandes eines [lebhaften] Anwachsens im Rot-Spektrum, und sieben haben die Natur des Bewußtseinszustandes in der Nähe zur Vollendung im schwarzen Lichtbereich. Die Fluktuationsebene der inneren Energie – groß, mittel und klein –, die Träger der drei Gruppen von Vorstellungskomplexen ist, dient der Illustration des Bewegungscharakters der Energie, die mit den drei subtileren Bewußtseinsebenen verbunden ist.

Wenn die achtzig begrifflichen Vorstellungskomplexe zusammen mit ihren Trägerenergien zerfallen, ist inneres Zeichen für dieses Stadium das Aufdämmern einer weißen Erscheinung. Dies ist der Bewußtseinszustand der lebendigen Erscheinung im weißen Spektrum. Man vergleicht dies gern mit einem überaus klaren Herbsthimmel, über den sich nichts als Mondlicht ergießt. Äußere Anzeichen gibt es hier nicht mehr.

Wenn sich der Bewußtseinszustand der lebendigen Erscheinung im weißen Spektrum zusammen mit seiner Trägerenergie auflöst, erscheint eine noch subtilere Bewußtseinsebene, die man Bewußtseinszustand eines lebhaften Anwachsens im Rot-Spektrum nennt. Man vergleicht dies mit einem Herbsthimmel, über den sich nichts als rötliches oder orangefarbenes Sonnenlicht ergießt.

Wenn sich der Bewußtseinszustand eines lebhaften Anwachsens im Rot-Spektrum zusammen mit seiner Trägerenergie auflöst, erscheint eine wiederum noch subtilere Bewußtseinsebene. Das ist der Bewußtseinszustand der Vollendungsnähe im schwarzen Bereich. Man vergleicht dies mit der völligen Dunkelheit an einem klaren Herbsthimmel während der ersten Nachthälfte. In den Anfangsstadien dieser Ebene ist man sich des Geschehens noch bewußt. Dann aber schwindet die Fähigkeit zur bewußten Wachheit, und man tritt in ein Stadium ein, in dem man gleichsam bewußtlos wird.

Wenn sich der Bewußtseinszustand der Vollendungsnähe im schwarzen Bereich zusammen mit seiner Trägerenergie auflöst, erscheint die subtilste aller Geistebenen – das Klare Licht des Todes, der Tod selbst. Man vergleicht dies mit einer vollkommen ungetrübten Morgendämmerung am Herbsthimmel, ohne daß irgendeine andere Erscheinung hinzuträte. Der Geist des Klaren Lichtes heißt Geistgrund, denn er ist die Wurzel aller Bewußtseinsebenen. In bezug auf ihn sind alle anderen Bewußtseinsebenen abgeleitete Erscheinungen. Es ist dieser Geistgrund, der anfangs- und endlos kontinuierlich in jedem Individuum von Leben zu Leben, ja bis in die Buddhaschaft hinein, existiert. Erläuterungen darüber gibt es nur im Höchsten Yoga-Tantra.

Während der Zerfallsphasen ist es wichtig, sich des Prozesses bewußt zu sein. Je bewußter man alle Stadien erlebt, um so größer ist die Fähigkeit, daß man sich nach der Wiedergeburt an das vorige Leben erinnern kann. Das ist wie die Tatsache, daß wir vor dem Schlafengehen am Abend den festen Entschluß fassen können, am nächsten Morgen zu einer bestimmten Zeit aufzuwachen und nach dem Aufwachen etwas Bestimmtes zu tun. Obwohl wir uns während des Schlafes nicht an diese Vorsätze erinnern, wachen wir auf Grund der früheren Intention tatsächlich zur bestimmten Zeit auf und wissen sofort, was wir zuerst tun wollten. In gleicher Weise sollte man während der Phasen des Sterbens, in denen die Bewußtheit anhält, darauf bedacht sein, die geistigen Fähigkeiten bei voller Wachheit zu halten.

Stirbt jemand, dem es körperlich wohlergangen ist und bei dem der Sterbeprozeß keine außergewöhnliche physische Verschlechterung bewirkt, bleibt er in jenem Geisteszustand des Klaren Lichtes für etwa drei Tage. Während dieser Zeit bleibt diese subtilste Form des Bewußtseins noch im alten Körper anwesend. Einige außergewöhnliche Menschen, die durch ihre Praxis in ihrem Leben in der Lage gewesen sind, das Wesen des Geistes zu erfahren, und Praktiken geübt haben, die sich mit den Kanälen, Energien und Kraftkonzentrationen befassen, sind in der Lage, den Sterbeprozeß bewußt zu erleben und die Stadien wiederzuerkennen, so daß sie das Aufdämmern des Klaren Lichtes bei voller Bewußtheit erleben. Durch geistige Kontrolle können sie in diesem Stadium eine Woche oder sogar einen Monat lang verweilen, wie sie es wünschen. Seit der Ankunft der Tibeter in Indien im Jahr 1959 haben sich etwa zehn Fälle dieser Art unter den Exiltibetern ereignet. Selbst in dem heißen indischen Klima sind Menschen zwei Wochen lang in diesem Stadium des Klaren Lichtes geblieben, wie jemand, der schläft – ohne zu atmen, wie ein Leichnam, jedoch ohne zu riechen.

Tritt in dem subtilen Geist des Klaren Lichtes die kleinste Unruhe auf, wird dieses Stadium beendet. Das Bewußtsein verläßt den alten Körper, und der gesamte Prozeß läuft nun in umgekehrter Reihenfolge ab. Man kommt zurück auf die Bewußtseinsebene des Bewußtseinszustandes der Vollendungsnähe im schwarzen Bereich und dann zu den anderen sechs Erscheinungsebenen – lebhaftes Anwachsen im Rot-Spektrum, lebendige Lichterscheinungen im weißen Spektrum, das rötliche Strahlen wie von einer Butterlampe, leuchtkäferartige Erscheinungen oder Lichtreflexe, Raucherscheinungen, Erscheinungen wie Luftspiegelungen. Wenn man im Bereich des Verlangens oder dem Bereich der Form wiedergeboren werden muß, d. h. eine Wiedergeburt annimmt, die ein Zwischenstadium erfordert *(antarābhava, bar do)*, beginnt der Zwischenzustand in dem Moment, da die Bewußtseinsebene des Bewußtseinszustandes der Vollendungsnähe im schwarzen Bereich erreicht ist. Wird man im Bereich der Formlosigkeit wiedergeboren, gibt es keinen Zwischenzustand.

Für jene, die durch einen Zwischenzustand gehen, endet dieser mit der Verbindung zu einem neuen Lebensstadium. In diesem Moment geht man wieder durch die acht Zeichen des Todes hindurch, die in dem Aufdämmern des Bewußtseins des Klaren Lichtes des Todes gipfeln. Wird man in einem Mutterleib wiedergeboren, so geschieht die Verbindung zu dem neuen Leben im Leib der Mutter gleichzeitig mit dem Dämmern des Bewußtseinszustandes der Vollendungsnähe im schwarzen Bereich, das nach der Erscheinung des Klaren Lichtes des Todes im Zwischenzustand einsetzt. So beginnt also das Leben in gewisser Weise mit dem Geist des Klaren Lichtes.

Allgemein gesehen hat das gewöhnliche Leben mit der am wenigsten subtilen Ebene des Bewußtseins zu tun, während der Tod mit der subtilsten Ebene zusammenhängt. Der Zwischenzustand bezieht sich auf eine Bewußtseinsebene mittlere Subtilität. Das ist ganz ähnlich hinsichtlich der vierundzwanzig Stunden eines Tages. Der Wachzustand spielt sich auf der am wenigsten subtilen Ebene des Bewußtseins ab, während der Tiefschlaf die subtilste Ebene berührt. Im Traum befinden wir uns auf einer Ebene mittlerer Subtilität. Wenn ein Mensch in Ohnmacht fällt, kehrt das Bewußtsein zu größerer Subtilität zurück. Jeden Tag also gehen wir durch diese verschiedenen Bewußtseinsebenen hindurch, aber nicht auf derartig umfassende Weise wie im Prozeß des Sterbens.

Zusammenfassend möchte ich sagen, daß es sehr wichtig ist, daß man seinen eigenen Geistgrund erkennt, nämlich den Geist des Klaren Lichtes. Um diese subtilste Geistebene zu erfahren, muß man zunächst das Wesen des Bewußtseins auf der alltäglichen relativen Ebene erfassen. Hat man die Natur des Bewußtseins erkannt, kann man sich auf den Geist selbst konzentrieren und allmählich die Kraft zur Verwirklichung des Wesens des Bewußtseins stärken. Mittels dieser Methode kann man das Bewußtsein bewußt lenken. Die Kraft dieser Bewußtseinskontrolle wiederum hilft, die Entfaltung weniger subtiler Bewußtseinsebenen aufzuhalten, und damit manifestieren sich ganz von selbst die subtileren Bewußtseinsebenen. Wenn man vor dem Tod das subtile Bewußtsein erfahren und verwirklichen kann, wird man dieses subtile Bewußtsein in Weisheit transformieren können – die stärkste Waffe zur Überwindung der Verblendung und des Leidens, das die Verblendung verursacht. Ein Übender muß viel lernen, und die Übung bedarf ausdauernder und langer Praxis.

Frage: Eure Heiligkeit sagten, daß ein Aspekt der Vorbereitung auf den Tod darin besteht, daß man lernt, die verschiedenen Anzeichen des Sterbens zu erfahren, während man noch lebt, damit man auf sie vorbereitet ist, wenn man sie dann in der Todesstunde erlebt. Gibt es nun eine Übung, bei der das Bewußtsein von diesem grobstofflichen Körper während des Lebens getrennt wird? Und sehen Sie dazu eine Parallele, wenn im Westen von Menschen Erfahrungen berichtet werden, die dem Tod sehr nahekommen und die die Empfindung haben, sie würden außerhalb ihres physischen Körpers sein, wobei sie dann vielleicht innerhalb eines subtileren Körpers anwesend sind?

Antwort: Es gibt Fälle, da der grobstoffliche Körper und das Bewußtsein getrennt werden können, weil jemand in einem früheren Leben solche Praktiken erlernt hat – so daß die Begabung dafür in diesem Leben als »Gabe« erscheint –, und es gibt Fälle, die auf entsprechender Praxis in diesem Leben beruhen. Ein *besonderer* Traumkörper ist nicht einfach eine Erscheinung des Bewußtseins, sondern ein wirklicher subtiler Körper, der sich von unserem gewöhnlichen grobstofflichen Körper trennen kann und äußere Erscheinungen erfahren kann, geradeso wie wir auf gewöhnliche sinnliche Weise Erfahrungen machen. Ich kann jetzt nicht im Detail erläutern, ob der grobstoffliche Körper die Atemfunktion beibehält, oder ob er in ein Stadium eingeht, das dem der Tiefenmeditation gleicht und bei dem die grobstoffliche Atemtätigkeit aufhört. In jedem Fall aber kann der subtile Körper überallhin gehen. Da man ja dann nicht durch die Begrenzungen des grobstofflichen Körpers gebunden ist, kann man in die Tiefe des Weltraums und überallhin gehen. Danach kann man sich willentlich wieder mit seinem alten grobstofflichen Körper verbinden. Solche Erscheinungen gibt es sowohl bei Erfahrungen in Todesnähe als auch zu Zeiten sehr schwerer Krankheit.

Frage: Viele von uns haben das *Tibetische Totenbuch* gelesen und sind tief beeindruckt von den friedvollen und zornvollen Gottheiten, denen man im Zwischenzustand begegnet. Die meisten von uns stehen aber nicht innerhalb des Tibetischen Buddhismus und haben weder Initiationen und Erlaubnis zu bestimmten Praktiken empfangen, noch Anweisungen über die entsprechenden Meditationen erhalten. Werden diejenigen von uns dennoch dieselben Gestalten im Zwischenzustand sehen?

Antwort: Ich glaube nicht. Das *Tibetische Totenbuch* beschreibt Erscheinungen von friedvollen und zornvollen Gottheiten für denjenigen, der mit ihnen vertraut geworden ist und entsprechend praktiziert hat, als er noch am Leben war. Wenn ein Übender nicht in der Lage ist, durch Wiedererkennen und den rechten Gebrauch der Stadien des Sterbeprozesses zur Befreiung zu gelangen, versucht einer, der die Übungen des *Tibetischen Totenbuches* vollzieht, die Erscheinung von solchen friedvollen und zornvollen Gottheiten in jeder entsprechenden Periode des Zwischenzustandes zu veranlassen, in Übereinstimmung mit der vorher festgesetzten Praxis zu erscheinen. Dadurch möchte der Übende während des Zwischenzustandes die bewußte Wahrheit vergrößern, damit er das Wesen des Geistgrundes, der lichthaften und erkenntnismäßigen Natur des Geistes, erkennt. Dies ist eine Praxis, die man im Nyingma-System der Großen Vollkommenheit kennt. Die Kraft der früheren Bekanntschaft mit diesen Gottheiten dient der Entzündung der Achtsamkeit, damit man immer wieder die Gelegenheit hat, die Bewußtheit zu erwecken und dadurch die letztliche Natur des Geistes zu verwirklichen.

Frage: Bitte sagen Sie mehr über *rig pa* (grundlegende Geist-Erkenntnis) im Blick auf das tägliche Leben.
Antwort: Es gibt einen Zeitpunkt, da sich der Geistgrund bereits zu einer bewußten Wesenheit ausgeformt hat, die Auffassung von Objekten aber noch nicht eingesetzt hat. Es ist wichtig, daß man sich dieses Elements reiner Erkenntnis bewußt wird. Yogis, die in der Praxis dieser Dinge erfahren sind, sagen, daß dazu Glaube und Achtung für die Lehre sehr wichtig sind. Außerdem muß man die Anweisungen zur Praxis von einem Lama empfangen, der aus dem Schatz eigener Erfahrung schöpfen kann. Bevor man diese grundlegende Natur des Geistes nicht als solche erkennen kann, ist es sehr schwer, eine tiefere Erfahrung zu erlangen. Es hilft uns aber auf dem Weg, wenn wir täglich die Aufmerksamkeit auf unseren Geist lenken und seinen Grundcharakter, seine lichthafte und erkennende Natur, analysieren. Man sollte dies früh am Morgen tun, weil das Bewußtsein zu dieser Zeit klarer ist als sonst.

Frage: Denken Sie, daß es recht und sinnvoll ist, wenn wir im Westen die Übersetzungen des *Tibetischen Totenbuchs* in der Sterbehilfe benutzen, obwohl wir doch nicht formell in diese Praxis eingeführt sind, und kann dies dem Sterbenden helfen, vorausgesetzt, daß die erforderliche Reinheit bei dem, der die Texte liest, vorhanden ist?
Antwort: Allgemein gilt, daß dies schwierig wäre ohne die Vorbereitung der Initiation, Meditation usw. Man muß mit den Lehren unbedingt engstens vertraut sein. Wenn also ein Sterbender die Texte über den Todesprozeß gut kennt, ist es hilfreich, sie zu benutzen. Allgemein gilt weiter, daß es für einen Sterbenden sehr wichtig ist, daß er oder sie auf friedvolle Weise geht. Auf keinen Fall sollte man dazu beitragen, daß bei dem Sterbenden Erregung oder Nervosität aufkommen kann. Man darf nicht so handeln, daß die Person aufgewühlt wird, und von seiten des Sterbenden ist es notwendig, ein kristallklares Denken beizubehalten.

Frage: Wie kann man seine Bewußtheit verstärken?
Antwort: Bevor die weniger subtilen Bewußtseinskräfte zerfallen, muß man eine intensive Wachheit in sich entstehen lassen. In der Meditation soll man mit Bewußtseinsstadien vertraut werden, die denen ähneln, die dem Tod vorausgehen. Ich gehe in meiner meditativen Praxis täglich sechs- oder siebenmal durch die Stadien des Sterbens hindurch. Ob ich schließlich Erfolg haben werde, bleibt abzuwarten, aber zumindest erzeuge ich damit die Voraussetzungen für den Erfolg, nämlich Achtsamkeit und Wiedererkennungskraft. Wenn Sie sich zum Beispiel auf eine Schlacht in einem bestimmten Gebiet vorbereiten würden, müßten Sie eine Landkarte studieren, um zu erkennen, wo die Berge sind, wo der Fluß entlangfließt, wo der See liegt usw., so daß Sie bei der Ankunft in dem Gelände wiedererkennen können, was Sie nun tatsächlich sehen, und wissen, was zu tun ist. Weil Sie vorher vertraut geworden sind mit dem, was auf Sie zukommt, brauchen Sie nun nicht vor der Aufgabe zurückzuschrecken und Angst zu haben.

Bewußtseinswandel durch Meditation

Naropa-Institut Boulder,
und Universität von Colorado, Denver

MEDITATION IST DAS VERTRAUTWERDEN des Bewußtseins mit dem Meditationsobjekt. Dies kann man durch viele verschiedene Meditationsmethoden erreichen. Eine Möglichkeit ist zum Beispiel, daß das Bewußtsein auf eine bestimmte Ebene gebracht wird, die man auch erfährt, wenn heilende Hinwendung oder Weisheit meditiert werden. In einer derartigen Meditation versucht man, das eigene Bewußtsein in ein Bewußtsein von heilender Hinwendung und Weisheit zu transformieren. Heilende Hinwendung und Weisheit sind hier also nicht Meditationsobjekte, sondern die Seinsweise, in die man das eigene Bewußtsein mittels des Vertrautmachens transformiert.

Meditiert man jedoch Unbeständigkeit oder Nicht-Selbst, gelten Unbeständigkeit und Nicht-Selbst als Objekte der Bewußtseinsauffassung, und man meditiert *über* sie. Eine andere Art der Meditation ist etwa die, daß man über die guten Eigenschaften eines Buddha meditiert und sie zu erreichen trachtet. Diese Eigenschaften sind Objekte des Wünschens, und deshalb nennt man dies Wunschmeditation. Noch eine andere Art der Meditation ist jene, in der man verschiedene Ebenen des Weges vor dem inneren Auge entstehen läßt in dem Sinne, daß man sich der verschiedenen Stadien der Geisterfahrung bewußt wird. Dies nennt man reflektive Meditation.

Unter einem anderen Gesichtspunkt kann man Meditation in zwei grundsätzliche Typen unterteilen: analytische und stabilisierende. Allgemein gesprochen ist das stetige Ruhen des Geistes in einem Punkt *(śamatha, zhi gnas)* stabilisierende Meditation, während besonders tiefe Einsicht *(vipaśyanā, lhag mthong)* analytische Meditation ist.

Das Objekt beider Meditationstypen kann entweder das letzte Wesen der Erscheinungen oder irgendeine der vielen Erscheinungen sein. Einsicht in die Leere erscheint meist als Schlußfolgerung der Analyse, die auf verstandesmäßiger Untersuchung der wahren Natur der Erfahrungsobjekte beruht. In der stabilisierenden Meditation hingegen beobachtet der Meditierende die Leere, indem er sich zielgerichtet auf die Bedeutung von Leere konzentriert. Hier wird die Leere vorausgesetzt, und es findet dabei keine weitere Analyse statt. Die Leere ist also Objekt sowohl der analytischen als auch der stabilisierenden Meditation. In gleicher Weise kann man in bezug auf alle Arten von Erscheinungen analytische oder stabilisierende Meditation üben. Die Unterscheidung hängt nicht am Objekt, sondern an der Art und Weise, in der sich das Bewußtsein auf das Meditationsobjekt richtet.

Stetes Ruhen des Geistes in einem Punkt, das im wesentlichen die stabilisierende Meditation ausmacht, wird von Buddhisten wie von Nicht-Buddhisten praktiziert. Im Buddhismus übt man diese Form der Meditation in allen Fahrzeugen. Ich möchte kurz erläutern, wie man das stetige Ruhen des Geistes in einem Punkt erlernen kann.

Unser Bewußtsein ist, so wie wir es jetzt vorfinden, völlig zerstreut und in die Wahrnehmung zahlloser äußerer Objekte verflochten, so daß es sehr kraftlos ist. Unser Denken ist wie Wasser, das völlig diffus in alle Richtungen zerrinnt. Wenn aber Wasser kanalisiert wird, gewinnt es eine große Kraft. Das gleiche gilt in bezug auf unser Bewußtsein.

Wie kann man das Bewußtsein kanalisieren? Im Tantra-Fahrzeug im allgemeinen und im Höchsten Yoga-Tantra im besonderen werden viele Techniken beschrieben. Zuerst will ich aber die Methode erläutern, die allen Fahrzeugen gemeinsam ist. Um das Bewußtsein fest und beständig auf ein Objekt richten zu können, muß man zu Beginn das Beobachtungsobjekt klar erkennen. Der Buddha hat vier Arten von Beobachtungsobjekten unterschieden:

Objekte, durch die das Verhalten gereinigt wird, Objekte, die die Methode betreffen, Objekte, die die Leidenschaften reinigen, und alles durchdringende Objekte.

Schauen wir zum Beispiel die Objekte, durch die das Verhalten gereinigt wird, näher an. Unser Bewußtsein ist immer mit einer oder mehreren der leidverursachenden Emotionen verquickt, deren Macht nachhaltig unser Bewußtsein beeinflußt. Deshalb muß man ein Meditationsobjekt wählen, das die Kraft dieser leidverursachenden Emotionen neutralisiert. Wer etwa hauptsächlich von Begierde gequält wird, wählt als Meditationsobjekt die Häßlichkeit. Die spezifische Kraft der Aufmerksamkeit wird dabei auf den Körper gerichtet. »Häßlichkeit« bezieht sich hier aber nicht notwendigerweise auf verkrüppelte körperliche Formen. Vielmehr scheint ja die Natur unseres Körpers, der aus Blut, Fleisch, Knochen usw. besteht, oberflächlich sehr schön zu sein – indem er eine gute Farbe hat, sich fest und doch weich anfühlt und vieles mehr. Wenn man aber genauer nachforscht, besteht er aus Substanzen wie etwa Knochen. Könnte ich eine Röntgenbrille tragen, würde ich jetzt einen Saal voller Skelette sehen, einschließlich eines Skeletts, das hier vom Podium spricht. Über »Häßlichkeit« zu meditieren heißt also, die Natur unseres physischen Körpers zu erforschen.

Für jemanden, der insbesondere von Haß beherrscht wird, ist das Meditationsobjekt Liebe. Für jemanden, der verwirrt und voller Zweifel ist, wird als Meditationsobjekt die Kette der zwölf Glieder des Entstehens in gegenseitiger Abhängigkeit in bezug auf den Kreislauf der Wiedergeburten empfohlen. Wer vor allem unter dem Einfluß der leidverursachenden Emotion des Stolzes steht, soll die Elemente, aus denen alles zusammengesetzt ist, betrachten. Vertieft man sich nämlich in diese komplizierte Materie, muß man sich schließlich eingestehen, daß man viele Dinge nicht weiß. Und dadurch wird der Stolz abgebaut. Wer zu sehr im begrifflichen Denken gefangen ist, soll die Ein- und Ausatmung beobachten. Dies sind die Objekte, durch die das Verhalten gereinigt wird.

Wie ich schon erwähnte, kann das Beobachtungsobjekt auch die Leere sein. Man kann aber auch eine Blume oder irgend etwas anderes wählen. Auch das eigene Bewußtsein kann Beobachtungsobjekt sein. Ein Buddhist könnte auch über die Gestalt des Buddha und ein Christ über Jesus und das Kreuz meditieren.

Was immer auch das Objekt ist, es geht nicht darum, ein äußeres Objekt mit den Augen anzuschauen, sondern sein Bild vor dem inneren geistigen Auge erstehen zu lassen. Dieses innere Bild nennt man eine »Reflexion«, und das ist das Beobachtungsobjekt.

Wie richtet man nun das Bewußtsein auf das Objekt, nachdem man es erkannt und bestimmt hat? Zu Beginn muß man von einem Lehrer etwas über das Meditationsobjekt hören. Danach gewinnt man eigene Gewißheit darüber, indem man wieder und wieder daran denkt. Meditiert man zum Beispiel über die Gestalt des Buddha, muß man zuerst hören, wie sie beschrieben wird, oder ein Bild oder eine Statue betrachten. Erst wenn man damit ganz vertraut ist, kann das Bild dem Bewußtsein klar erscheinen.

Dann stellt man sich das Objekt so vor, daß es etwa einen Meter in Höhe der Augenbrauen vor einem steht. Es sollte als klar und leuchtend meditiert werden. Diese Leuchtkraft hilft, die eigene Laschheit zu überwinden.

Der vorgestellte Buddha-Körper soll schwer sein. Diese Vorstellung beugt ungewünschter Erregung vor. In dem Maße, wie man die Größe des Objekts reduzieren kann, hilft es, die Bewußtseinskräfte zurückzuziehen und zu kanalisieren. Die körperliche Haltung ist bei dieser Übung auch sehr wichtig (vgl. S. 104 ff.).

Als Beobachtungsobjekte können auch Buchstaben oder Kraftkonzentrationen von Licht an wichtigen Stellen im Körper dienen. Wenn man auf diese Weise meditiert, muß das Objekt winzig sein – je kleiner, desto besser. Hat man aber einmal das Objekt festgelegt, soll man seine Größe während der Meditation nicht verändern. Man muß es so, wie es ist, ganz fest im Bewußtsein verankern, so daß das stetige Ruhen des Geistes auf diesem Punkt durch nichts gestört wird.

Zuerst müssen Sie das Objekt im Bewußtsein erstehen lassen. Dann halten Sie es mit Achtsamkeit fest, so daß Sie es nicht verlieren. Dieses Festhalten durch Achtsamkeit ist Voraussetzung für die Entwicklung der Introspektion.

Ihr Bewußtsein muß zwei Eigenschaften haben, während es auf

das Objekt gerichtet ist: (1) große Klarheit nicht nur des Objekts, sondern auch des Bewußtseins, und (2) das völlig konzentrierte Ruhen des Bewußtseins auf dem Beobachtungsobjekt. Zwei störende Faktoren stehen der Entwicklung dieser Eigenschaften im Wege: Laschheit und Erregung. Laschheit verhindert das Entstehen von Klarheit, und Erregung verhindert die Stabilität, auf das Objekt gerichtet zu bleiben.

Laschheit tritt auf, wenn das Bewußtsein zu entspannt, zu gelöst ist und dadurch der Intensität ermangelt – die Anspannung des Bewußtseins hat nachgelassen. Eine Ursache der Laschheit ist Lethargie – als hätte man einen sehr schweren Hut auf dem Kopf, eine Schwere, die schläfrig macht. Sie müssen dem entgegentreten und das Bewußtsein wieder anspannen.

Ist die Wahrnehmungsweise des Bewußtseins gespannt, ist auch die Gefahr der Laschheit geringer, dafür nimmt aber die Gefahr der Erregung zu. Erregung ist das Sich-Zerstreuen des Bewußtseins auf Grund von Begierde. Zerstreuung kann sich auf jedes Objekt beziehen, während Erregung nur dann entsteht, wenn es sich um ein Objekt des Begehrens handelt. Sie begegnen der Erregung oder jeder anderen Art von Zerstreuung, indem Sie die Wahrnehmungsschärfe des Bewußtseins herabsetzen, es gleichsam weniger straff führen.

Während Sie das Beobachtungsobjekt mit Achtsamkeit festhalten, sollten Sie von Zeit zu Zeit introspektiv ergründen, ob das Bewußtsein unter den Einfluß von Laschheit oder Erregung geraten ist. Finden Sie dabei, daß eine Tendenz zur Laschheit besteht, müssen Sie die Wachheit des Bewußtseins erhöhen. Besteht eine Tendenz zur Erregung, müssen Sie die energetische Ebene des Bewußtseins etwas absenken. Mit zunehmender Erfahrung können Sie die Spannung der Bewußtseinskraft auf einer mittleren Ebene halten.

Wollen Sie die Ebene der Wachheit des Bewußtseins erhöhen, sollten Sie an etwas denken, was Sie erfreut. Um die Spannung abzusenken, sollten Sie an etwas Ernüchterndes denken, zum Beispiel an das Leiden. Wenn Sie die Übungen nach diesen Anweisungen beginnen, sollten Sie am besten kurz, aber häufig meditieren. Und weil es anfangs schwierig ist, das Bewußtsein in einen tiefen meditativen Zustand zu versenken, wenn man in einer geschäftigen und lärmenden Stadt wohnt, sollte man völlige Einsamkeit und Ruhe suchen. Ohne Stille ist es beinahe unmöglich, das voll entwickelte stetige Ruhen des Geistes in einem Punkt zu erreichen.

Wenn Sie auf diese Weise praktizieren, entwickelt das Bewußtsein allmählich immer größere Stabilität, die dann schließlich im stetigen Ruhen des Geistes in einem Punkt gipfelt. Durch die Kraft der stabilisierenden Meditation, in der man das Bewußtsein zielgerichtet auf das Beobachtungsobjekt konzentriert, entsteht geistige Flexibilität. Diese wiederum ermöglicht körperliche Flexibilität. Das damit verbundene körperliche Wohlbefinden steigert sich zu physischer Wonne, die dann zur geistigen Seligkeit führt. Wenn diese Seligkeit geistiger Flexibilität andauernd ist, ruht der Geist vollkommen und stetig in sich selbst. Dieses Stadium, das mit physischer und geistiger Seligkeit verbunden ist, ist das niedrigste unter den Vorbereitungen für die erste der vier Konzentrationsebenen und der vier formlosen Vertiefungen.

Besonders tiefe Einsicht erlangt man auf ähnliche Weise, wenn die Seligkeit geistiger Flexibilität herbeigeführt ist, allerdings nicht durch stabilisierende Meditation, sondern durch die Kraft der Analyse, verbunden mit nachforschender Weisheit. Es gibt weltliche und überweltliche Formen der besonders tiefen Einsicht. Um die weltliche handelt es sich, wenn man eine niedrigere Wirklichkeitsebene als weniger subtil und eine höhere Ebene als friedvoll erkennt. Um überweltliche tiefe Einsicht handelt es sich, wenn es – allgemein gesprochen – um die Vier Edlen Wahrheiten geht. Vom spezifischen Standpunkt der philosophischen Schulen des Großen Fahrzeugs aus betrachtet, geht es bei der überweltlichen besonderen Einsicht um das Nicht-Selbst der Erscheinungen. Um meditative Stabilisierung schneller herbeizuführen, haben die tantrischen Systeme besondere Techniken entwickelt, die alle mit dem Yoga der göttlichen Wesenheiten zu tun haben. Der Weg des Yoga der göttlichen Wesenheiten ermöglicht schnelleres Fortschreiten zur Buddhaschaft, und zwar durch besondere Techniken zur Entwicklung vereinter konzentrierter Bewußtheit und Weisheit, wobei dies die letzten der Sechs Vollkommenheiten sind – Geben, rechtes Verhalten, Geduld, Anstrengung, konzentrierte Bewußtheit und Weisheit –, wie sie in den Schriftsammlungen über die Bodhisattvaschaft beschrieben werden. Wenn Sie nicht über eine Konzentration verfügen, in der das Bewußtsein unbeweglich stabil und klar ist, kann die Fähigkeit der Weisheit nicht so entwickelt werden, daß sie ihr jeweiliges Objekt wirklich in aller Subtilität erkennt. Deshalb muß man sich konzentrieren können. Der Grund dafür, daß darüber hinaus auch noch Weisheit entwickelt werden muß, die Einsicht in die Leere in bezug auf inhärente Existenz hat, ist der, daß durch bloße Konzentration die Fehlauffassung, daß Objekte in und durch sich selbst existieren, nicht ausgeräumt werden kann. Deshalb bedarf es der Einheit von Konzentration und Weisheit.

Nach dem *Vajrapañjara Tantra*, einem erläuternden Tantra der Guhyasamāja-Literatur, gibt es im Tantra-Fahrzeug vier Unterteilungen: das Tantra der [kultischen] Handlung, das Tantra der Vollzugspraxis, das Yoga-Tantra und das Höchste Yoga-Tantra. Von diesen beschreiben die drei niederen Tantras eine Form des Fortschritts auf dem spirituellen Weg durch Yoga mit und ohne Zeichen. Dies sind die Yogas der Nicht-Dualität des Grundes und des Manifesten. Um meditative Stabilisierung zu erreichen, visualisiert man als Beobachtungsobjekt der Meditation die deutliche Erscheinung *des eigenen Körpers* als Körper einer göttlichen Wesenheit. Indem man den eigenen Körper als Körper einer göttlichen Wesenheit visualisiert, stellt man fest, daß er inhärenter Existenz ermangelt, und stellt somit eine Verbindung von Manifestation in göttlicher Form mit tiefer Weisheit, die das letztgültige Wesen dieses Körpers erkennt, her. Solch tiefgründige Erfahrung [der Leere] bei gleichzeitiger göttlicher Erscheinung ist Yoga der Nicht-Dualität des Grundes und des Manifesten.

Im Tantra der [kultischen] Handlung ist die Methode, durch die man sich selbst als göttliche Wesenheit innerhalb des Yogas mit äußeren Zeichen visualisiert, die der sechs Schritte, die auch die sechs göttlichen Wesenheiten genannt werden.

Die erste ist die *letztgültige [transzendentale] göttliche Wesenheit*, d. h. Meditation über die Leere in bezug auf inhärente Existenz, und zwar sowohl hinsichtlich meiner selbst als auch hinsichtlich der göttlichen Wesenheit.

Die zweite ist die *göttliche Wesenheit des Klanges*, d. h. Schauung einer Erscheinung der natürlichen Form der Leere als widerhallende Klänge und Resonanzen des Mantra einer bestimmten göttlichen Wesenheit im Raum.

Die dritte ist die *göttliche Wesenheit des Buchstabens*, d. h., die Klänge des Mantra erscheinen jetzt in der Form von Buchstaben, die auf einer flachen Mondscheibe stehen. Die vierte ist die *göttliche Wesenheit der Form*, d. h. eine Transformation des Mondes und der Buchstaben in den Körper der göttlichen Wesenheit.

Die fünfte ist die *göttliche Wesenheit des Siegels*, d. h. die Segnung wichtiger Körperpartien des göttlichen Körpers mit Gesten der Hände, die man »Siegel« *[mudra]* nennt. Danach imaginiert man ein weißes *Oṁ* an der Scheitelspitze des Hauptes, ein rotes *Aḥ* in der Halsgegend und ein blaues *Hūṁ* im Herzen. Diese drei symbolisieren Körper, Rede und Bewußtsein in erhöhter Form. Man konzentriert sich dann auf diesen göttlichen Körper, der nun alle Eigenschaften oder Zeichen einer göttlichen Wesenheit hat. Dies ist der letzte Schritt, genannt *göttliche Wesenheit des Zeichens*.

Hat man sich selbst erfolgreich als Gottheit visualisieren können, benutzt man nun die Konzentrationstechniken des Bleibens im Feuer und des Bleibens im Klang, um die Entwicklung meditativer Stabilisierung schneller voranzutreiben.[22]

Danach geht man zum Yoga ohne äußere Zeichen über. Dies ist eine Konzentrationstechnik, die nach dem Verklingen des Klanges Befreiung verleiht. Es handelt sich darum, überweltliche tiefste Einsicht zu gewinnen, wobei man die Leere in bezug auf inhärente Existenz betrachtet. Obwohl man an der Praxis des Yoga der göttlichen Wesenheiten immer noch festhält, liegt der Hauptakzent jetzt darauf, Einsicht in die Wesensnatur aller Erscheinungen zu gewinnen [d. h. ihre Leere zu erfahren].

Die Methode im Tantra der Vollzugspraxis ist beinahe dieselbe wie im Tantra der [kultischen] Handlung. Im Yoga-Tantra allerdings ist sie etwas anders. Hier gelten als Grundlagen des Reinigungsprozesses Körper, Rede, Bewußtsein und ihre jeweiligen Handlungen. Als Mittel der Reinigung, d. h. für die Transformation in die erhöhte Form von Körper, Rede, Bewußtsein und ihrer jeweiligen Handlungen, die zum Wirkungsstadium der Buddhaschaft gehören, nennt diese Tantra-Klasse vier Siegel. Diese Praxis verstärkt das stetige Ruhen des Geistes in einem Punkt mittels der Meditation eines winzigen Hand-Symbols – etwa eines Diamantzepters *(vajra)* – an der Nasenspitze. Allmählich vergrößert man die Anzahl dieser Symbole, so daß schließlich der gesamte Körper und der umliegende Raum von jenen winzigen Hand-Symbolen [die unverrückbar in der geistigen Konzentration bleiben] erfüllt sind. Die Wahl des spezifischen Symbols hängt ab von den göttlichen Wesenheiten der fünf Buddha-Linien *[Dhyāni-Buddhas]*, die in ihren Händen jeweils ein genau festgelegtes Symbol tragen. So hält etwa Vairocana ein Rad in der Hand, während das Symbol des Akṣobhya ein Vajra ist. Meditiert man über ein solches winziges Hand-Symbol, kann sich das stete Ruhen des Geistes in einem Punkt gut entwickeln, und zwar, weil das Objekt so klein ist. Außerdem entwickeln sich meditative Flexibilität und Geschicklichkeit, wenn man die vielen Formen des Symbols im Körper und den umgebenden Räumen anordnen und dann wieder im Zentrum versammeln kann.

Die Höchsten Yoga-Tantras erläutern hauptsächlich einen Yoga ununterscheidbarer Seligkeit und Leere. Dabei werden zwei Stufen des Yoga unterschieden: eine Stufe des Hervorbringens, das in Imagination und geistiger Konstruktion besteht, und eine Stufe der Vollendung, wo es keine Imagination und geistige Konstruktion gibt. Auf beiden Stufen bezieht das Höchste Yoga-Tantra die gewöhnlichen Stadien des Todes, den Zwischenzustand und die Wiedergeburt in den meditativen Weg ein, damit sie in die drei Körper eines Buddha transformiert werden – den [Transzendentalen] Wahrheits-Körper, den Seligkeitskörper [subtile Wirklichkeitsebene] und den Emanationskörper [materielle Wirklichkeitsebene].

Im Höchsten Yoga-Tantra werden Techniken zur Meditation über die inneren Kanäle, Energien und Kraftkonzentrationen beschrieben. Die Kanäle werden auf zwei verschiedene Weisen beschrieben: Die eine ist eine physische Beschreibung, während die andere ausschließlich Meditationszwecken dient. Letztere dient der Aufgabe, bestimmte meditative Wirkungen zu erzielen, wobei genaue physische Entsprechungen vernachlässigt werden können. Die meditativen Wirkungen aber stellen sich mit Gewißheit ein, wenn man den Anweisungen genau folgt. Ein Übender meditiert über Kraftkonzentrationen, Licht oder Buchstaben in diesen Kanalzentren. Auf Grund der genauen Lokalisierung der zu meditierenden Zentren und der geistigen Kraft, die bei der Initiation übertragen wird, sowie auch durch vorbereitende Meditationen, die »Annäherung an die Wirklichkeitsebene einer göttlichen Wesenheit« genannt werden, und noch anderer Techniken benutzt man die stabilisierende Meditation, um besonders tiefe Einsicht zu kultivieren, in der die Leere in bezug auf inhärente Existenz erfahren wird. Außerdem ist es auf diese Weise möglich, stetiges Ruhen des Geistes in einem Punkt und besonders tiefe Einsicht gleichzeitig zu erlangen.

Die Technik, sich auf Buchstaben oder Licht in besonders wichtigen Körperzentren zu konzentrieren, dient als Mittel, das Entstehen von Begrifflichkeit mit aller Kraft zu unterbinden. Der Grund, daß man die Macht der Begrifflichkeit brechen muß, liegt darin, daß es im Bewußtsein viele Ebenen gibt, die von sehr wenig subtilen bis zu äußerst subtilen reichen, wobei im Höchsten Yoga-Tantra die subtileren Bewußtseinsebenen transformiert werden in Bewußtseinskräfte der Weisheit, die den spirituellen Weg ermöglichen. Normalerweise lösen sich bei unserem Tod die weniger subtilen Bewußtseinsebenen auf, so daß die subtileren sich manifestieren können. Dies gipfelt in der Manifestation der subtilsten Bewußtseinsebene, dem Geist des Klaren Lichtes, das sich im Tod zeigt. Ein gewöhnlicher Mensch ist sich während dieses Vorgangs seiner selbst nicht bewußt. Er ist wie in einer Ohnmacht. Ein Yogi jedoch, der, während sein Körper als Basis des Bewußtseins noch nicht zerfallen ist, die weniger subtilen Ebenen des Bewußtseins durch Meditationskraft zurückzieht, kann die subtileren Bewußtseinsebenen bei voller Bewußtheit und Klarheit erfahren. Für ihn manifestiert sich schließlich der Geist des Klaren Lichtes, die subtilste Bewußtseinsebene, nachdem er mit aller Kraft die weniger subtilen und auch noch die subtilen Ebenen der Energien und des Bewußtseins zurückgezogen hat. Kann man diesen Geist des Klaren Lichtes erfahren und für den Prozeß des geistigen Weges nutzen, nähert man sich besonders schnell und intensiv dem Ziel. Um das Bewußtsein zu dieser Reife zu bringen, so daß diese Ebenen des Weges praktiziert werden können, muß man zuerst die Stufe des Hervorbringens üben und meistern.

Dies ist nur eine kurze Darstellung. Es ist sehr nützlich, den Sinn dieser Stadien zu begreifen und zu verstehen, wie man sie in Sūtra und Tantra erlangen kann.

Die zwei Wahrheitsebenen

Universität von Kalifornien, Berkeley

ES GIBT VERSCHIEDENE MÖGLICHKEITEN, die Grundstruktur der buddhistischen Lehre darzustellen. Eine der wichtigeren Möglichkeiten lautet: Grundlagen sind die zwei Ebenen der Wahrheit – die gewöhnliche relative und die letztgültige absolute; die *Wege*, die von ihnen abhängen, sind Methode und Weisheit; die *Früchte* dieser Wege sind die beiden Buddha-Körper, nämlich der Form-Körper, um anderen helfen zu können, und der Wahrheits-Körper, der die Erfüllung des eigenen Lebenssinnes ist. Im Buddhismus kennt man keinen besonderen Buddha, der immer ein Buddha gewesen und anfangslos erleuchtet gewesen wäre. Buddhas sind Menschen, die wie wir selbst ursprünglich ein verunreinigtes Bewußtsein hatten und diese Verunreinigungen Schritt für Schritt bis zu dem Punkt beseitigt haben, wo sie sich selbst in Wesen transformieren konnten, die alle guten Eigenschaften angenommen und alle schlechten beseitigt haben.

Der Grund für ihre Fähigkeit, dies zu verwirklichen, ist die Tatsache, daß das Wesen des Geistes reine Lichthaftigkeit und Erkenntnis ist. Der Geist hat die Fähigkeit, unter dem Aspekt bzw. in der Eigenschaft jedes beliebigen Objekts erscheinen zu können, vermöge der Tatsache, daß das Objekt seine Eigenschaften auf ihn überträgt, wobei der Geist eine Wesenheit reiner Klarheit und Erkenntnis, zur Erfahrung fähig, ist. Das Bewußtsein zerfällt jeden Augenblick. Es hat mehrere Ursachen oder Voraussetzungen, die wir in substantielle Ursachen und begleitende Umstände unterteilen. Als eine Wesenheit bewußter Erfahrung muß das Bewußtsein jedoch eine substantielle Ursache haben, die ihm [wegen des sofortigen Zerfalls] unmittelbar vorausgeht, nämlich ein früheres Bewußtseinsmoment. Denn eine Wesenheit, die reine Lichthaftigkeit und Erkenntnis ist, kann nicht äußere materielle Elemente als substantielle Ursache haben oder von ihnen hervorgebracht sein. Und umgekehrt kann eine innere Bewußtseinskraft nicht als substantielle Ursache für äußere Elemente in Betracht kommen. Weil jedes Bewußtseinsmoment ein vorangehendes Bewußtseinsmoment als substantielle Ursache verlangt, gibt es keine andere Möglichkeit, als anzunehmen, daß das grundlegende Kontinuum des Geistes anfangslos ist. Einige spezifische Bewußtseinsausprägungen oder -modifikationen (wie etwa der Wunsch nach einem Automobil) haben einen Anfang und ein Ende, während andere (wie etwa die Verblendung, den Dingen inhärente Existenz zuzusprechen) hinsichtlich ihrer Kontinuität anfangs- und endlos sind. Der Geist von Lichthaftigkeit und Erkenntnis kann jedoch keinen Anfang und kein Ende haben. Deshalb gilt: Obwohl das Bewußtsein von Augenblick zu Augenblick zerfällt, ist sein Kontinuum anfangslos.

Wenn das also die Struktur des Bewußtseins ist, müssen wir fragen, wie es transformiert werden kann. Der Grund dafür, daß das Bewußtsein in fehlerhaften Zuständen erscheint, ist die Verblendung oder die Unklarheit hinsichtlich der Subsistenzweise der Erscheinungen. Um die Verblendung zu überwinden, muß man daher Wissen über diese Subsistenzweise erlangen. Um aber ein solches Bewußtsein, das die Natur der Erscheinungen erkennt, zu erzeugen, muß man verstehen, was die Objekte sind, die es zu erkennen gilt. Es gibt zwei Arten von Objekten unterschiedlichen Status zu erkennen: gewöhnliche Objekte, die bloße Erscheinungen sind, und die letztgültige Seinsweise dieser Objekte. Die ersteren sind Objekte, die durch Bewußtseinskräfte gefunden werden, die gewöhnliche Dinge in ihrer Relativität unterscheiden, während letztere Objekte sind, die durch Bewußtseinskräfte gefunden werden, die die letztgültige [absolute] Subsistenzweise unterscheiden. Erkenntnis in bezug auf die ersteren nennt man gewöhnliche oder relative Wahrheit *(saṃvṛtisatya, kun rdzob bden pa)*, Erkenntnis in bezug auf letztere nennt man letztgültige oder absolute Wahrheit *(paramārthasatya, don dam bden pa)*.

Die Lehre von den zwei Wahrheitsebenen wird in verschiedener Weise sowohl in nicht-buddhistischen als auch in den niederen und höheren buddhistischen philosophischen Schulen gelehrt. Innerhalb der buddhistischen Schulen wird das Nicht-Selbst der Erscheinungen von einigen angenommen, von anderen nicht. Ich werde hier nicht die Annahmen jener beiden Schulen behandeln, die das Nicht-Selbst der Erscheinungen nicht akzeptieren – das sind die Schule des Großen Kommentars *(Vaibhāṣika)* und die Sūtra Schule *(Sautrāntika)*, sondern ich möchte kurz die Lehren über die zwei Wahrheitsebenen der Nur-Bewußtseinsschule *(Cittamātra)* und der Schule des Mittleren Weges *(Mādhyamika)* erläutern.

Die zwei Wahrheitsebenen werden in der Nur-Bewußtseinsschule im Zusammenhang mit den drei Existenzweisen erörtert. Von fremder Kraft bestimmte oder abhängige Existenzweisen *(paratantrasvabhāva)* sind die Substrate. Eingebildete und durch Projektion aufgetragene Existenzweisen *(parikalpitasvabhāva)* sind die Negationsobjekte, die in bezug auf jene abhängigen Existenzweisen verneint werden. Die letztgültig wirklichen Existenzweisen *(pariniṣpannasvabhāva)* sind die Leere, die abhängige Existenzweisen in bezug auf eingebildete Existenzweisen haben. Letztgültig wirkliche Existenzweisen sind Leerheiten des Wesensunterschiedes zwischen Subjekt und Objekt. Sie sind absolute Wahrheiten.

In der Nur-Bewußtseinsschule ist jede Erscheinung desselben Wesens wie das Bewußtsein, das die Erscheinung wahrnimmt. Es gibt keine Objekte als Wesenheiten außerhalb des Bewußtseins, das sie wahrnimmt. In dieser Schule bedeutet der Begriff »Selbst« im Blick auf die Ansicht vom Nicht-Selbst ein äußeres Objekt, das als vom wahrnehmenden Bewußtsein verschiedene Wesenheit existiert. Ein solches Selbst ist die eingebildete und projizierte Existenzweise, deren die Erscheinungen leer sind, die sie nicht haben. Daß die Erscheinungen in bezug auf ein solches Selbst leer sind, ist die letztgültig wirkliche Existenzweise. Damit nimmt die Nur-Bewußtseinsschule also an, daß alle Erscheinungen sich gleichsam im Bewußtsein erschöpfen.

Innerhalb der Schule des Mittleren Weges erläutern die Philosophen die Lehre von den zwei Wahrheitsebenen auf unterschiedliche Weise; aber ich werde mich jetzt im wesentlichen auf das System des Buddhapālita stützen. Er erklärt Formen, Klänge usw. nicht als gleichen Wesens mit dem Bewußtsein – wie es die Nur-Bewußtseinsschule tut –, sondern als Wesenheiten, die vom Bewußtsein zu unterscheiden sind. Darüber hinaus sagt Buddhapālita, daß diese Erscheinungen nicht nur vom Bewußtsein, das sie wahrnimmt, verschieden sind, sondern daß auch die Art und Weise, ihr Wesen zu bestimmen, von derjenigen der Nur-Bewußtseinsschule verschieden ist. Vielmehr hat ihr Wesen keine inhärente oder wahre Existenzbegründung.

Was bedeutet dann aber diese Abwesenheit von inhärenter oder wahrer Existenz in Buddhapālitas System? Man kann es am besten verstehen, wenn man das Gegenteil erörtert: inhärente Existenz. Was für Erscheinungen auch immer uns erscheinen mögen, sie scheinen objektiv, in ihrer eigenen Weise, in und durch sich selbst zu existieren. Obwohl sie so erscheinen, als würden sie aus sich selbst existieren, stellen wir in der Analyse, die klären soll, ob sie so sind, wie sie erscheinen, fest, daß wir sie nicht auffinden können. Wenn man ein Objekt in seine Teile zerlegt, kann man das Ganze nicht finden. Es gibt also keinen Weg, das Ganze in der Analyse darzustellen.

Nun existiert aber nichts, das Objekt des Wissens sein könnte und ohne Teile wäre. Alle physikalischen Objekte haben raumbezogene Teile. Selbst wenn wir die Quarks betrachten, die Protonen in einem Kern enthalten, stellen wir fest, daß sie einen bestimmten Raum in Anspruch nehmen und demzufolge raumbezogene Teile haben. In den *Zwanzig Versen (Viṃśatikā)* argumentiert der Philosoph der Nur-Bewußtseinsschule, Vasubandhu, sehr ausführlich, um zu zeigen, daß selbst die kleinsten Teilchen Teile haben müssen, die raumbezogen sind und in Relation zu anderen Teilen ihrer Umgebung stehen. Er beweist damit, daß es keine Dinge geben kann, die keine Teile haben.

Daraus schließt Vasubandhu, daß äußere Objekte nicht existieren können. Mittels des Arguments, daß äußere Objekte in der

Analyse nicht auffindbar sind, schließt er weiter, daß sie nicht existieren. Für die Schule des Mittleren Weges ist die Existenz von Objekten, die keine Teile haben, ebenfalls ausgeschlossen. Die bloße Tatsache, daß äußere Objekte in der Analyse nicht auffindbar sind, führt aber hier nicht zu dem Schluß, daß sie nicht existierten, sondern daß sie nicht wirklich begründet sind. Daß etwas nicht in letztgültiger Analyse gefunden werden kann, heißt also, daß es nicht nicht-existiert, sondern daß es nicht wirklich existiert.

Die Erscheinungen existieren. Daß sie sich offensichtlich als hilfreich oder schädlich erweisen können, ist zureichender Grund dafür, daß sie existieren. Sie existieren aber nicht so, wie sie für uns zu existieren scheinen, d. h. sie sind leer in bezug auf die Existenzweise, in der sie erscheinen. Daß Erscheinungen unter letztgültiger Analyse nicht gefunden werden können, zeigt an, daß sie nicht wirklich oder inhärent existieren.

Sind Erscheinungen leer in bezug auf die konkrete Existenzweise, in der sie erscheinen, ist klar, daß alle Erscheinungen im Kontext und Wesen der Leere in bezug auf inhärente Existenz existieren. So benutzen wir zum Beispiel dieses Lesepult, ohne nachzuforschen und seine Existenz zu analysieren. Die Feststellung: »Ein Lesepult ist hier«, ohne daß Nachforschung und Analyse angestellt würden, ist ein Bewußtseinsakt, der eine gewöhnliche relative Wahrheit durch Unterscheidung feststellt. Das auf diese Weise gefundene Objekt – das Lesepult – ist eine gewöhnliche relative Wahrheit.

Wenn Sie aber mit der bloßen Erscheinung des Lesepults nicht zufrieden sind und den Status seines Wesens ergründen wollen, kann dieser Status in der Analyse nicht gefunden werden. Wenn Sie Farbe, Gestalt und alle Eigenschaften, die das Objekt als Lesepult konstituieren und auf diese Weise das Substrat des Lesepults sind, das von ihnen abhängt, unterscheiden, können Sie kein Lesepult finden.

Die Bewußtseinskraft, die auf diese Weise sucht, weil der Suchende mit der bloßen Erscheinung des Objekts, der nur konventionellen Ebene, nicht zufrieden ist, forscht nach der letztgültigen Existenzweise, nach dem Wesen des Objekts. Was findet diese Bewußtseinskraft in der Analyse? Sie findet die Nicht-Auffindbarkeit des Lesepults. Wenn man nach dem Lesepult sucht, wenn also das Lesepult Substrat der Analyse ist, ist die Nicht-Auffindbarkeit des Lesepults seine letztgültige Natur. Es ist eine Qualität, die letztgültige Qualität, des Objekts, d. h. seine letztliche Existenzweise bzw. die Subsistenzweise des Objekts.

Wenn also Buddhapālita diese Lehre der Leere erläutert, sagt er nicht, daß die Erscheinungen leer in bezug darauf wären, daß sie bestimmte Aufgaben erfüllen könnten, sondern er sagt, daß sie in gegenseitiger Abhängigkeit entstanden und darum leer in bezug auf inhärente Existenz sind. Abhängig voneinander oder nicht-abhängig voneinander zu sein, sind explizit kontradiktorische Aussagen. Es handelt sich um eine Dichotomie in dem Sinne, daß, wenn etwas nicht das eine von beiden ist, es das andere sein muß, und ist es einmal als eins von jenen beiden erkannt, kann es nicht das andere sein. [Das bedeutet, daß eine Erscheinung unter gleichen Bedingungen nicht beides gleichzeitig sein kann.] Ein Beispiel dafür ist »menschlich« und »nicht-menschlich«. Alles ist notwendigerweise entweder menschlich oder nicht-menschlich und kann nicht beides zugleich sein. Mensch und Pferd sind auch Gegensätze, aber sie sind nur konträr [weil es auch ein Drittes gibt], was hingegen im Falle von »menschlich« und »nicht-menschlich« nicht der Fall ist. Weil nun also »abhängig« und »nicht-abhängig« kontradiktorisch sind, wird gesagt, daß eine Sache, die abhängig ist, in jedem Fall leer ist in bezug auf Unabhängigkeit.

Will man darüber sprechen, wie diese Leere dem Bewußtsein erscheint, müssen wir zuerst erläutern, was wir unter Bewußtsein verstehen. Alle Verstehensobjekte sind in die zwei Ebenen der Wahrheit eingeschlossen, und die Bewußtseinsfunktionen, die jene Objekte auffassen, liegen auf verschiedenen Ebenen. Es gibt solche, die offensichtliche Objekte auffassen, ohne dabei auf Zeichen und Begründungen angewiesen zu sein. Man nennt sie die direkt wahrnehmenden Bewußtseinskräfte. Andere begreifen ein Objekt, das nicht direkt zugänglich ist, auf Grund von Zeichen und Begründungen. Sie sind schlußfolgernde Bewußtseinskräfte.

In bezug auf Zeichen und Begründungen, die im Schlußverfahren verwendet werden, hat Dharmakīrti drei Hauptunterscheidungen gemacht: Kausalität [wobei von der Wirkung auf die Ursache geschlossen wird, *phala hetu*], Identität [die auf der Inhärenz eines Merkmals im Objekt beruht, *svabhāva hetu*] und Negation [bei der die Nichtwahrnehmung eines Merkmals einen entsprechenden Schluß zuläßt, *anupalabdhi hetu*]. Negationen unterteilt man in zwei Untergruppen: Negation der Erscheinungen und Negation der Erscheinungsbedingungen. Unter letzteren gibt es Argumente, die auf die Abwesenheit inhärenter Existenz schließen lassen, wie etwa die Unauffindbarkeit einer Erscheinung zwischen oder getrennt von den Aspekten ihrer Bezeichnungsbasis. Auf Grund eines solchen Arguments schließt man gültig auf die Leere in bezug auf inhärente Existenz.

Im Zusammenhang mit solchen Argumenten legt man zuerst die Konsequenzen *(prasaṅga)* dar, die von einer falschen Voraussetzung ausgehen, um den Selbstwiderspruch aufzudecken und damit den falschen Begriff zu überwinden. Wie die Konsequenz-Schule *(Prāsaṅgika)* aber weiter darlegt, können Konsequenzen als solche gültige Erkenntnis einer These vermitteln [d. h. nicht nur negativ, sondern positiv wirken]. Wie dem auch sei, in Abhängigkeit von solchen Beweisen kommt man zur nicht-inhärenten Existenz aller Erscheinungen, d. h. der wahren Subsistenz der Phänomene, der letztgültigen absoluten Wahrheit.

Die Leere eines Objekts in bezug auf inhärente Existenz, die man auf diese Weise festgestellt hat, ist ein negatives Phänomen, wenn man die Unterscheidung aller Erscheinungen in positive und negative voraussetzt. Ob eine Erscheinung positiv oder negativ ist, leitet man nicht bloß von dem Wort her, das diese Erscheinung ausdrückt, sondern daher, wie sie einem begrifflichen Bewußtsein, das sie erfaßt, erscheint. So ist zum Beispiel das Wort »Leere« ein negativer Begriff, und Leere ist ein negatives Phänomen. Das Wort »Wirklichkeit« *(dharmatā, chos nyid)* jedoch ist kein negatives Wort. Wenn aber seine Bedeutung dem Bewußtsein erscheint, muß sie auf negativem Wege erscheinen – so nämlich, daß ein Negationsobjekt, die inhärente Existenz, ausdrücklich ausgeschlossen wird –, und deshalb handelt es sich um ein negatives Phänomen.

Bei diesen negativen Phänomenen, die dem Bewußtsein durch die explizite Ausschließung eines Negationsobjekts erscheinen, gibt es zwei Arten – solche, die irgend etwas implizieren, das an die Stelle der Negation ihres entsprechenden Negationsobjekts tritt, und solche, die das nicht implizieren. Jene nennt man affirmative Negativa, und diese nennt man nicht-affirmative Negativa. Im Falle einer letztgültigen Wahrheit, der Leere, erscheint, wenn sie als Objekt für das Bewußtsein erscheint, nur eine bloße Leere, die nichts weiter als die Negation ihres Negationsobjekts, inhärente Existenz, ist. Kein positives Phänomen ist impliziert, das an diese Stelle treten würde. Deshalb ist eine letztgültige Wahrheit, die Leere, ein nicht-affirmatives Negativum.

Das bedeutet, daß für ein Bewußtsein, das in aller Tiefe dieses nicht-affirmative Negativum erfährt, das Auffassungsobjekt nichts weiter als diese Ausschließung des Negationsobjekts, d. h. nichts weiter als dieses Fehlen inhärenter Existenz, ist. Solange sich die Art und Weise der Auffassung nicht verschlechtert, erscheint nichts anderes als diese Leere, die im Fehlen inhärenter Existenz besteht.

Wenn Sie diese Erfahrung im meditativen Gleichgewicht gemacht haben, scheinen allerdings in der Periode danach die Erscheinungen wieder inhärent zu existieren wie zuvor. Die in der Meditation erzeugte Kraft der Gewißheit in bezug auf die Leere erzeugt aber eine Anschauung, unter der die Erscheinungen wie Illusionen erscheinen, da sie ja inhärent zu existieren scheinen, obwohl man weiß, daß das falsch ist. Weil nun weiterhin Begierde, Haß und so weiter unter dem Eindruck der fälschlichen Annahme von inhärenter Existenz entstehen, dient die illusionshafte Wahrnehmung der Erscheinungen – und Illusion beruht auf dem Konflikt von Erscheinung und wahrem Wesen der Erscheinungen – dazu, diese ungünstigen leidverursachenden Bewußtseinszustände unter Kontrolle zu bringen. Dieselbe Wahrnehmung verhilft auch heilsamen und tugendhaften Bewußtseinsimpulsen zum Durchbruch, weil diese nämlich nicht die Fehlannahme, daß die Erscheinungen inhärent existieren, voraussetzen.

Auf der Grundlage letztgültiger absoluter Wahrheit entwickelt sich Weisheit. Auf der Grundlage relativer Wahrheiten werden heilende Hinwendung und Güte zu anderen meditiert. Diese zwei, Weisheit und heilende Hinwendung, müssen in Einheit gesehen und ausgeübt werden. Dies ist der Weg der Einheit von Weisheit und Methode.

Um das Weisheitsbewußtsein zu vervollkommnen, genügt Weisheit, die vom Hören und Denken kommt, nicht; die aus der Meditation entspringende Weisheit muß hervorgebracht werden. Ein Weisheitsbewußtsein, das Leere beobachtet – ein Bewußtseinszustand, der aus der Meditation erwächst –, ist selbst eine meditative Stabilisierung, d. h. die Einheit von stetigem Ruhen des Geistes in einem Punkt und besonders tiefer Einsicht. Im Tantra werden darüber hinaus viele spezielle Techniken beschrieben, die ein solches Weisheitsbewußtsein immer vollkommener ausprägen helfen. Die diesbezügliche Hauptübung besteht darin, daß ein und dasselbe Bewußtsein ein von göttlichen Wesenheiten erfülltes Mandala betrachtet und gleichzeitig ihre Leere in bezug auf inhärente Existenz erfährt. Auf diese Weise sind die Manifestationsebenen: Erscheinung der göttlichen Wesenheiten und der transzendente Grund – die Erfahrung der Leere oder die Verwirklichung der Soheit, vollständig in einem Bewußtsein anwesend.

Die Prägung im Bewußtseinskontinuum oder das Resultat, das aus diesem tantrischen Yoga der Einheit von Methode der heilenden Hinwendung und Weisheit der Leere folgt, ist die Erzeugung der zwei Buddha-Körper. Der Form-Körper [oder Emanationskörper, *Nirmāṇa-kāya*], die physische Manifestation eines Buddha, ist die Prägung durch den Yoga der Imagination des Mandala, das auf relative Wahrheiten bezogen ist. Der Wahrheits-Körper *[Dharma-kāya]*, der erhöhte Geist eines Buddha, ist die Prägung durch das Weisheitsbewußtsein, das die absolute Wahrheit erfährt. Die Wurzel für unsere Fähigkeit, diese beiden Körper eines Buddha zu entwickeln, sind die äußerst subtile Energie und das äußerst subtile Bewußtsein, das wir bereits jetzt in unserem Bewußtseinskontinuum haben. Dies nennt man die Buddha-Natur.

Frage: Im Höchsten Yoga-Tantra gibt es die Übung, in der Meditation Leere und Seligkeit gleichzeitig zu erfahren. Was ist der Zweck dieser Seligkeit?

Antwort: Um die subtileren Bewußtseinsebenen, die Leere wahrnehmen, zu erfahren, muß man die Funktion der weniger subtilen Bewußtseinsebenen zur Ruhe bringen. Wenn ein Bewußtsein voller Seligkeit ersteht, wird unsere Bewußtheit subtiler. So benutzt man die stärksten Erfahrungen von Seligkeit, um die weniger subtilen Bewußtseinsebenen zur Ruhe zu bringen. Dieses Bewußtsein voller Seligkeit selbst ist es, das dann die Leere in bezug auf inhärente Existenz erfährt.

Einheit der Alten und Neuen Übersetzungsschulen

UMA, Boonesville, Virginia

DIES IST MEHR ODER WENIGER eine persönliche Rechenschaftslegung. Seit langem habe ich die feste Überzeugung, daß Nying-ma *(rNying-ma)*, Sa-gya *(Sa-skya)*, Ga-gyu *(bKa'-rgyud)* und Ge-luk *(dGe-lugs)* alle die Einheit von Ṣūtra und Tantra repräsentieren und sich hinsichtlich ihrer Ansicht über die Leere von der Konsequenz-Schule *(Prāsaṅgika)* herleiten. Daher hatte ich die Hoffnung und auch großes Interesse, mehr über Weltanschauung, Meditationspraxis und Verhaltensregeln dieser verschiedenen Schulen zu erfahren, und so habe ich entsprechende Studien getrieben.

Obwohl in Indien von alten und neuen Systemen nie die Rede war, wurde in Tibet die Darstellung des Tantra in die Alte und die Neue Tantra-Übersetzungsschule geteilt, und zwar in Abhängigkeit davon, wann die Schriften übersetzt wurden. Nying-ma ist die alte, Sa-gya, Ga-gyu und Ge-luk umfassen die neue Schule und beruhen auf den Übersetzungen von Rin-chen-sang-bo (*Rin-chen-bzang-po*, 958–1055).[23]

Die neueren Schulen unterscheiden sich in bezug auf das Sūtra-System kaum voneinander, hinsichtlich Tantra (auch Mantra genannt) gibt es jedoch geringe Unterschiede. Allerdings können terminologische Unterschiede hier Differenzen vortäuschen, wo es gar keine gibt, wenn man die Dinge nicht detailliert genug untersucht. In ihrer Grundstruktur unterscheiden sich die Schulen aber nicht voneinander.

Die Ga-gyu-Linie leitet sich ab von Dak-bo-hlar-je (*Dag-po-lha-rje*, 1079–1153), seinem Lama Mi-la-re-ba (*Mi-la-ras-pa*, 1040–1123) und Mi-la-re-bas Lama Mar-ba (*Mar-pa*, 1012–96). Mar-bas wichtigste persönliche Schutzgottheit war Guhyasamāja in der Überlieferung durch Nāropa. Ebenso enthält im Ge-luk-Orden Dzong-ka-bas (*Tsong-kha-pa*, 1357–1419) Lehre über die fünf Stufen im Vollendungsstadium im Höchsten Yoga-Tantra die wesentlichen Instruktionen des Nāropa über das *Guhyasamāja Tantra*, wie sie Mar-ba überliefert hat, als Quelle. Außerdem stammen viele andere wichtige Lehren sowohl der Ga-gyu- als auch der Ge-luk-Schulen von Mar-ba, so etwa das *Cakrasaṁvara Tantra*, die Erlangung langen Lebens, das *Hevajra Tantra* und die Bewußtseinsübertragung. Daher ist die Basis und Grundstruktur der Tantra-Darstellung in der Ga-gyu- und der Ge-luk-Schule größtenteils gleich, obwohl Klarheit und Länge der Erörterungen manchmal unterschiedlich sind.

Die philosophische Ansicht über die Leere studierte der Übersetzer Mar-ba unter Anleitung des Maitrīpāda, der in seinen *Zehn Versen über die Soheit (Tattvadaśaka, De kho na nyid bcu pa)* sagt:[24]

Weder Aspektarier noch Nicht-Aspektarier –
Und sogar Mādhyamikas, die sich nicht mit der
Rede des Guru schmücken, sind nur mittelmäßig.

Er sagt hier, daß weder wahre noch falsche Vertreter der Aspektarier der Nur-Bewußtseinsschule eine letztgültige Sicht haben und daß selbst solche Philosophen der Schule des Mittleren Weges, die nicht mit den wesentlichen Instruktionen des Guru geschmückt sind, nur Mittelmaß sind. In einem Kommentar zu diesem Vers identifiziert Maitrīpādas Schüler Sahajavajra den »Guru« als den ruhmreichen Candrakīrti und macht damit deutlich, daß Maitrīpāda die wesentlichen Instruktionen Candrakīrtis für notwendig erachtet hat, wenn die Ansicht als vollkommen gelten soll. Daraus folgt, daß Maitrīpādas Philosophie – und demzufolge auch Mar-bas – die der Konsequenz-Schule des Mittleren Weges des Candrakīrti ist.

Überdies singt Mi-la-re-ba, der Schüler Mar-bas, in seinem »Lied an die fünf Schwestern des Langen Lebens« *(Tshe ring mched lnga)*:[25] Obwohl Buddhas, der Wahrheits-Körper, Seinsgründe, Wege, ja selbst Leere nicht im letztgültigen Sinn existieren, so habe doch der Buddha gesagt, daß auf der relativen Bewußtseinsebene alles durchaus existiere. So mahnt Mi-la-re-ba, daß man sowohl das Entstehen in gegenseitiger Abhängigkeit auf der Ebene relativer Wahrheiten als auch die Nicht-Auffindbarkeit selbst der Leere im absoluten Sinn nicht durcheinanderbringen darf. Mit dieser Unterscheidung der zwei Wahrheitsebenen entspricht Mi-la-re-ba der korrekten Ansicht der Konsequenz-Schule des Mittleren Weges. Weil der Ge-luk-ba-Orden ebenfalls dieser Schule folgt, unterscheiden sich also Ga-gyu und Ge-luk in ihren philosophischen Ansichten keineswegs.

Die Sa-gya-Schule weicht in der Betonung und Wahl der Terminologie geringfügig von den eben besprochenen Schulen ab, stimmt aber in ihrer allgemeinen Denkstruktur und systematischen Entwicklung der Philosophie mit ihnen überein. So bemerkt etwa Kedrup – einer der zwei Hauptschüler Dzong-ka-bas, des Begründers der Ge-luk-Schule – in seinen *Vermischten Werken*, daß zwar die Argumentationsmethoden über den Mittleren Weg bei Dzong-ka-ba und Ren-da-wa (*Red-mda'-ba*, 1349–1412, Dzong-ka-bas Sa-gya-Lehrer) voneinander abweichen, daß sie aber inhaltlich dieselbe Sache aussagen. In der Ausdrucksweise unterscheiden sie sich, nicht aber in ihren grundlegenden Gedanken. So gilt in fast jeder Hinsicht, daß Ga-gyu, Sa-gya und Ge-luk in ihren Grundgedanken die gleichen philosophischen Ansichten vertreten, indem sie nämlich alle die Konsequenz-Schule des Mittleren Weges repräsentieren.

Die Schule, bei der es schwierig ist, solche Ähnlichkeiten aufzuzeigen, ist die Nying-ma-Schule der Alten Übersetzung. Sehr allgemein gesprochen, können alle Übungen in solche der Ansicht, der Disziplin und der Meditation unterteilt werden. Hinsichtlich Disziplin und Meditation gibt es zwischen den Alten und Neuen Übersetzungsschulen kaum Unterschiede, mit Ausnahme kleiner und unbedeutender Abweichungen in der Didaktik, was sich von der Behandlung des Ritus bis hin zur Begründung des Weges auswirkt. Betrachtet man aber die philosophischen Ansichten, so scheinen diese zumindest auf den ersten Blick weitgehender voneinander abzuweichen, da die Terminologien sehr verschieden sind.

Selbst Dzong-ka-ba (der Begründer von Ge-luk) hat anerkannt, daß die Wurzeln der Nying-ma gültig seien und mit der Realität übereinstimmen. Er empfing die Nying-ma-Lehren der Großen Vollkommenheit durch den großen Meister von Hlo-drak, Nam-ka-gyel-tsen *(Lho-brag Grub-chen Nam-mkha'-rgyal-mtshan).* Diesen Nying-ma-Lehrer hat Dzong-ka-ba zu einem seiner Lamas erwählt und sein Lehren gerühmt. Statt nach Indien zu reisen, um Klarheit über strittige Punkte der Lehre zu erhalten, gelangte Dzong-ka-ba durch ihn zur Gewißheit über die Lehre. Dzong-ka-bas Biographie bestätigt, daß dies so gewesen ist.[26]

In der Tat, bevor sich die Neuen Übersetzungsschulen in Tibet entfalteten, gab es viele große Gelehrte und Meister wie zum Beispiel die fünfundzwanzig Schüler des kostbaren Meisters Padmasambhava – König Tri-song-de-dzen (*Khri-srong-lde-brstan*, geb. 742) und so weiter –, die es in ihrem einen Leben zur Meisterschaft brachten, und zwar allein auf Grund der Nying-ma-Tradition. Zu dieser Zeit hatten sich die Schulen der Neuen Übersetzung noch nicht einmal herausgebildet. Auch heute findet man Menschen, die auf dem Nying-ma-Weg größte spirituelle Höhen erreicht haben. So kann man zu Recht sagen, daß die Große Vollkommenheit der Nying-ma-Schule unbedingt als reines System der tiefen Praxis des Höchsten Yoga-Tantra betrachtet werden muß.

In Ke-drups *Vermischten Werken* wird die Frage der Abwertung der Nying-ma-Lehre von der Großen Vollkommenheit aufgeworfen, wobei der Fragende wissen möchte, ob dies eine reine Lehre sei. In seiner Antwort stellt Ke-drup dar, daß die Abwertung der Lehre von der Großen Vollkommenheit der Schule der Alten Übersetzung mit dem äußerlichen Verhalten einiger Tantriker (māntrikas), die diese Lehre praktizieren, zusammenhänge. Er hebt hervor, daß die Übung der Großen Vollkommenheit zu den höheren Ebenen des Höchsten Yoga-Tantra zählt und daß ganz offensichtlich viele, die dieser Lehre gefolgt sind, hohe Stufen der Vollkommenheit erreicht haben. Er fügt hinzu, daß tibetische Übersetzer die originalen Sanskritmanuskripte des betreffenden *Tantra Verborgenen*

Wesens (Guhyagarbha, gSang snying) und andere Schriften in Magadha in Indien gesehen hätten, und schließt, daß eine Abwertung dieser Lehre zur Wiedergeburt in schlechten Daseinsbereichen führen würde. Der Abschnitt in Ke-drups *Vermischten Werken* liest sich so:[27]

Frage: Die Schule der Alten Übersetzung des Geheimen Mantra [Tantra] ist bereits von früheren Gelehrten widerlegt worden, und auch heute gibt es viele, die jene Lehren geringschätzen. Wie ist es damit?

Antwort: Die Übersetzungen der Lehren des Geheimen Mantra während der Periode der ersten Ausbreitung des Buddhismus in Tibet nennt man die Alten *(rNying ma)*, und die Übersetzungen während der zweiten Ausbreitung werden als Neue *(gSar ma)* bezeichnet. Der Grund für die häufige Abwertung der Alten ist der, daß in der Zeit, als die Lehre auf Grund der Verfolgungen durch (König) Lang-dar-ma (*gLang-dar-ma*, 803–42) vom Untergang bedroht war, einige Tantriker unziemliches Verhalten in sexuellen Praktiken an den Tag legten. Auch heute gibt es viele verheiratete (Praktiker) mit aufgestecktem langen Haar (im Stil eines Laien-Tantrikers). Die Verspottung der (Nying-ma-) Lehre scheint auf Schlußfolgerungen zu beruhen, die man aus dem Verhalten jener Personen gezogen hat.

Die Dinge sind in Wirklichkeit jedoch ganz anders. Anfangs haben nämlich die hervorragenden religiösen Könige Übersetzer (nach Indien) geschickt, die vertrauenswürdig waren, wie etwa Vairocana und Ma-nyek *(rMa-snyegs)*, die fünf Mönche und andere. Sie nahmen scheffelweise Gold als Opfergaben mit. Dort empfingen sie die Lehren des unübertroffenen Geheimen Tantra, wie etwa die Große Vollkommenheit, von Personen, die als Gelehrte und Meister einen untadeligen Ruf hatten, und übersetzten sie dann. Darüber hinaus ergingen dann Einladungen an *Padmasambhava, Vimalamitra, Buddhaguhya* und andere, nach Tibet zu kommen, wo sie die Lehren, die zu den tiefsten Lehrinhalten des höchsten Fahrzeugs gehören, tatsächlich verbreiteten. Wir haben gültige Kenntnis davon, daß durch die Praxis dieser Systeme ungezählte Menschen (vom Kreislauf der

Wiedergeburten) Befreiung fanden und zur Meisterschaft des Weges gelangten.

Außerdem existieren bis heute im Kloster Sam-ye *(bSam yas)* viele Kopien indischer Texte der Alten Übersetzungsschule, und tibetische Übersetzer, die nach Indien gereist waren, haben berichtet, daß indische Ausgaben des *Tantra Verborgenen Wesens*, der *Fünf Schrift-Sūtras (T. Lung gi mdo lnga)* und andere Texte in Magadha existieren. Wer also diese tiefen Lehren des höchsten Großen Fahrzeugs abwertet, (sammelt) Ursachen für (die Wiedergeburt in der) Hölle an.

Hiermit bezeichnet Ke-drup die Große Vollkommenheit als eine einzigartige und äußerst tiefgründige Form der Praxis des Höchsten Yoga-Tantra. Daraus können wir mit Gewißheit schließen, daß es sich um eine reine Lehre handelt.

Viele Gelehrte der vier Hauptschulen des tibetischen Buddhismus (Nying-ma, Sa-gya, Ga-gyu und Ge-luk) haben bezeugt, daß alle vier Schulen den gleichen Grundgedanken folgen. In der Ge-luk-Schule sagt der Erste Panchen Lama, Lo-sang-chö-gyi-gyel-tsen (*bLo-bzang-chos-kyi-rgyal-mtshan*, 1567(?)–1662), im Grundlagentext zu seinem *Großen Siegel*, daß alle Schulen, obwohl sie verschiedene verbale Bezeichnungen benutzen, auf dieselben Grundgedanken zurückgeführt werden können, wenn sie ein erfahrener Yogi analysiert. So sagt der Erste Panchen Lama:[28]

Obwohl es viele verschiedene Bezeichnungen der Namen (in den Systemen) der ursprünglichen Einheit, des kleinen Falles,
Des fünffachen, gleichen Geschmacks, der vier Buchstaben,
Der Befriedung, des Exorzismus, der großen Vollendung,
Der Lehren über die Ansicht der Schule des Mittleren Weges usw. gibt,
So werden sie doch alle auf denselben Gedanken zurückgeführt,
Wenn sie von einem erfahrenen Yogi analysiert werden,
Der die Schriften kennt und argumentieren kann.

Immerhin haben aber einige Ge-luk-Lamas wie etwa der Dritte Panchen Lama, Lo-sang-bel-den-ye-she (*bLo-bzang-dpal-ldan-ye-shes*, 1737–80), behauptet, daß der Erste Panchen Lama aus politischen Gründen so gesprochen habe, obwohl er eigentlich gar nicht der Meinung gewesen sei, daß die Grundgedanken der verschiedenen Schulen gleich seien. Ihre Begründung für diesen Verdacht ist die, daß im Nying-ma-System die Große Vollkommenheit ein affirmatives Negativum *(paryudāsapratiṣedha, ma yin dgag)*, im Ge-luk-System hingegen ein nicht-affirmatives Negativum *(prasajyapratiṣedha, med dgag)* ist und daß deshalb die beiden Schulen nicht von derselben Sprache sprechen könnten. Dies hat zu vielen Meinungsverschiedenheiten zwischen Gelehrten geführt, wobei sie einander widerlegten und ihre eigenen Positionen darstellten.

In Ga-gyu und Sa-gya finden wir viele explizite Widerlegungen, die sich gegen das System der Großen Vollkommenheit richten, und obwohl man sie auch in späteren Ge-luk-Werken finden kann, werden in den Schriften des Dzong-ka-ba, auf denen ja Ge-luk fußt, die Begriffe »Nying-ma« oder »Große Vollkommenheit« nicht einmal erwähnt. Jene, die Widerspruch laut werden ließen, haben ganz bestimmte Punkte widerlegt, die von bestimmten Personen vorgebracht worden waren, aber ihr Stil kann leicht den unglückseligen Eindruck erwecken, daß die Große Vollkommenheit als Ganzes widerlegt werden sollte – und das ist ein ebenso irreführendes wie trauriges Fehlurteil.

Meiner Meinung nach unterliegt es keinem Zweifel, daß der Erste Panchen Lama gemeint hat, was er schrieb, daß nämlich alle vier Schulen über dieselbe Sache reden. Und es ist auch unbestreitbar, daß viele, die nach den Nying-ma-Lehren der Großen Vollkommenheit geübt haben, sehr hochqualifizierte Yogis geworden sind. Kann aber ein Yogi durch einen bestimmten Weg vollkommene Verwirklichung erlangen, dann ist dieser Weg rein. Ich habe viel darüber nachgedacht, *wie* diese beiden Darstellungen auf dieselbe Sache zurückgehen könnten. Und obwohl ich diesbezüglich einige Einsichten gewonnen habe, kann ich sie nicht mit vollständiger Klarheit und Präzision darlegen. Es bedarf weiterer Analyse, trotzdem möchte ich Ihnen meine Gedanken vorstellen. Sie stützen sich im wesentlichen auf das Werk des Nying-ma-Meisters Do-drupchen Jik-me-den-be-nyi-ma (*rDo-grub-chen 'Jigs-med-bstan-pa'i-nyi-ma*, 1865–1926), dessen Darlegungen der Schlüssel für meine Analyse sind.

Was ist der Bezugsrahmen für den Ausspruch des Ersten Panchen Lama, daß alle Systeme letztlich den gleichen Gedanken entwickeln? Es wäre zu simpel zu sagen, daß die Ansichten des Mittleren Weges und der Großen Vollkommenheit des Nying-ma-Systems gleich seien. Denn wie die Konsequenz-Schule des Mittleren Weges nach Candrakīrti meint, wird die Ansicht des Mittleren Weges sogar von denjenigen vertreten, die das Kleine Fahrzeug praktizieren,[29] während die Große Vollkommenheit auch im Sūtra-Aspekt des Großen Fahrzeugs nicht zu finden ist, und noch weniger im Kleinen Fahrzeug. Nach der Nying-ma-Klassifizierung gibt es bekanntlich neun Fahrzeuge. Drei davon sind Sūtra-Fahrzeuge – das der Hörer, das der Alleinverwirklicher *(pratyekabuddha)* und das der Bodhisattvas. Dann folgen drei äußere tantrische Systeme – Kriyā, Upa und Yoga-Tantra – und schließlich die drei inneren tantrischen Systeme – Mahāyoga, Anuyoga und Atiyoga. Die Große Vollkommenheit ist nun weder in den drei äußeren tantrischen Systemen noch im Mahāyoga oder Anuyoga der inneren tantrischen Systeme zu finden. Es ist eine Praxis, die ausschließlich an der Spitze aller Fahrzeuge, dem großen Atiyoga, vorkommt. So kann man denn wirklich nicht sagen, daß das System der Großen Vollkommenheit als Gipfel aller dieser neun Fahrzeuge mit dem System des Mittleren Weges in der Deutung Nāgārjunas identisch wäre. Denn das System des Mittleren Weges wird ja auch von jenen Hörern und Alleinverwirklichern praktiziert, die zu der Ebene derer gelangt sind, die »In den Strom Eingetaucht« sind (d. h. jene, die die Wahrheit der Leere in bezug auf inhärente Existenz direkt erfahren haben). So sind die Ansichten der Großen Vollkommenheit und des Mittleren Weges überhaupt nicht vergleichbar. Ein Vergleich der Großen Vollkommenheit mit der Entwicklung der Philosophie der Schule des Mittleren Weges im allgemeinen wäre zu weit gespannt.

Wenn also der Vergleich zwischen diesem höchsten aller tantrischen Systeme in Nying-ma und der Ansicht der Schulen der Neuen Übersetzung nicht auf Grund der Sūtra-Erläuterungen der Schule des Mittleren Weges geführt werden kann, ergibt sich die Frage, was als Basis für den Vergleich mit der Großen Vollkommenheit dienen könnte. In den Höchsten Yoga-Tantras wie etwa dem *Guhyasamāja Tantra*, die in den Schulen der Neuen Übersetzung praktiziert werden, gibt es eine Methode der Kultivierung der Anschauung der Schule des Mittleren Weges, die auf einer spezifischen Bewußtseinsform beruht, nämlich der ursprünglichen Weisheit der großen Seligkeit. Wenn man diese Bewußtseinsform mit der Großen Vollkommenheit der Schule der Alten Übersetzung der Nying-ma parallelisiert, setzt man den Vergleich an der richtigen Stelle an.

Die Erläuterungen zum *Guhyasamāja Tantra* durch die Schulen der Neuen Übersetzung teilen die Argumentation in zwei Teile ein – objektive und subjektive Ansichten. Die objektive Ansicht bezieht sich auf die Ansicht als Objekt, d. h. auf die Leere in bezug auf inhärente Existenz, die als Objekt des Weisheitsbewußtseins erscheint. Diesbezüglich unterscheidet sich das *Guhyasamāja Tantra* nicht im geringsten von Nāgārjunas System des Mittleren Weges. Sie unterscheiden sich aber beträchtlich in bezug auf die subjektive Ansicht, d. h. das Bewußtsein, das Leere erfährt. Das *Guhyasamāja*-System sagt, daß im Vollendungsstadium die Leere mittels eines energetisch angehobenen und subtileren Bewußtseins erfahren werden muß, das »dem Wesen der Wirklichkeit immanenter Geistgrund des Klaren Lichtes« genannt wird. Die Schule des Mittleren Weges hingegen spricht diesbezüglich von einem Bewußtsein, das viel weniger subtil als der Geist des Klaren Lichtes ist.

Nach Dam-tsik-dor-je *(Dam-tshig-rdo-rje)*, einem Mongolen von Kalka, wird die Ansicht der Großen Vollkommenheit, wenn sie gelehrt wird, ebenfalls in die zwei Kategorien des Objektiven und des Subjektiven eingeteilt. Jene kann in der Terminologie der Schule der Neuen Übersetzung, die eben erläutert wurde, als das objektive Klare Licht verstanden werden, d. h. als die Leere, die Objekt des Weisheitsbewußtseins ist. Die subjektive Seite ist ein subtiles Weisheitsbewußtsein, eine Art Geistgrund, und nicht eine gewöhnliche weniger subtile Bewußtseinsform. In der Großen Vollkommenheit bezieht sich der Begriff »Ansicht« meistens nicht auf die Leere als Objekt, sondern auf das Subjekt, das Weisheitsbewußtsein, und mehr oder weniger auf die Einheit von Objekt (Leere) und Subjekt (das Weisheitsbewußtsein, das Leere erfährt).

Dieser [dem Wesen des Menschen] immanente Geistgrund des Klaren Lichtes nimmt sowohl in den Systemen des Höchsten Yoga-Tantra der Schulen der Neuen Übersetzung als auch im Nying-ma-System der Großen Vollkommenheit eine ganz zentrale Stellung ein und ist deshalb die geeignete Vergleichsbasis für die Alten und Neuen Übersetzungsschulen.

Die Behandlung des Objekts (Leere) als Ansicht und auch des Subjekts (Weisheitsbewußtsein) als Ansicht ist keine besondere Eigenart der tantrischen Systeme, sondern findet sich in ähnlicher Weise auch in der Behandlung der Leere als absoluter Wahrheit und des Bewußtseins, das Leere erfährt, als damit übereinstimmendem Absoluten in der Schule der unabhängigen Gründe im Mittleren Weg. Dies wird von den Alten und Neuen Übersetzungsschulen akzeptiert. In der Großen Vollkommenheit jedoch ist die subjektive Ansicht, d. h. das Bewußtsein, das Leere zum Objekt hat, nicht die gewöhnliche oder wenig subtile Bewußtseinsform, wie sie im Fahrzeug der Vollkommenheit des Großen Fahrzeugs beschrieben wird, sondern eine subtile Bewußtseinsform. Es handelt sich um tiefe Einsicht *(rig pa)*, das Klare Licht *('od gsal)*, den dem Wesen der Wirklichkeit immanenten Geistgrund des Klaren Lichtes *(gnyug ma lhan cig skyes pa'i 'od gsal)*, der das letztgültige Wesen *(gnas lugs)* aller Dinge ist.

Unter dem Gesichtspunkt der zwei Wahrheitsebenen, wie sie in der Schule des Mittleren Weges verstanden werden, würde man diese äußerst subtile Bewußtseinsform des Klaren Lichtes in diesem Fall aber als ein damit *übereinstimmendes* Absolutes, d. h. ein Relatives, das in sich nicht eine absolute Wahrheit ist, betrachten. Denn für die Schule des Mittleren Weges ist eine tatsächliche absolute Wahrheit ein Objekt, das von einem die letztgültige Wahrheit der Erscheinungen – also Leere – suchenden Bewußtsein gefunden wird. Hingegen ist ein Objekt, das von einem Bewußtsein gefunden wird, das ein relatives Objekt – also alles außer Leere – unterscheidet, eine relative Wahrheit. Die beiden Wahrheitsebenen jedoch, wie sie in den Texten der Großen Vollkommenheit erscheinen, entsprechen nicht denen der Schule des Mittleren Weges, denn sie beruhen nicht auf der Unterscheidung von Subjekt und Objekt in der

Erfahrung der Wirklichkeit, sondern stimmen mit dem einzigartigen Verständnis der zwei Wahrheitsebenen im Höchsten Yoga-Tantra überein.

Der Nying-ma-Meister Do-drup-chen spricht am Anfang seines Textes *Allgemeine Bedeutung des »Tantras Verborgenen Wesens« (gSang snying spyi don)*[30] von den »zwei besonderen Wahrheiten«. Er beschreibt sieben besondere letztgültige [absolute] Wahrheiten – die Grundlagen, den Weg und die Frucht, die wiederum in fünf Kategorien unterteilt wird. Das Grundprinzip dieser Lehre ist der Geist-Vajra, der Grundlage sowohl aller Erscheinungen im Kreislauf der Wiedergeburten als auch des Nirvana ist. In der Interpretation des Höchsten Yoga-Tantra durch die Schulen der Neuen Übersetzung ist dieser Geist-Vajra bekannt als dem Wesen der Wirklichkeit immanenter Geistgrund des Klaren Lichtes und wird als »letztgültige [absolute] Wirklichkeit« bezeichnet. In der Großen Vollkommenheit des Nying-ma-Systems ist dieser Geistgrund die letztgültige Wahrheit, und seine Manifestationen oder Erscheinungen als reine und unreine Phänomene werden als gewöhnliche oder relative Wahrheiten bezeichnet. Relative Wahrheiten sind demnach wenig subtile und zufällige Erscheinungen, während sich letztgültige [absolute] Wahrheit auf das bezieht, was grundlegend und der Wirklichkeit immanent ist, nämlich den Geist-Vajra, der immer existiert. Das ist die einzigartige Darstellung der zwei Wahrheiten im System der Großen Vollkommenheit.

Obwohl die Begriffe – letztgültig [absolut] und gewöhnlich [relativ] – in der Großen Vollkommenheit und der Schule des Mittleren Weges dieselben sind, ist ihre Bedeutung verschieden, und wir müssen sie sorgfältig unterscheiden. Der Bedeutungsunterschied ist nicht ohne Parallele, denn selbst innerhalb der Schule des Mittleren Weges wird der Begriff »letztgültig [absolut]« auf verschiedene Weise gebraucht. So spricht etwa Maitreyas *Sublimes Kontinuum des Großen Fahrzeugs (Uttaratantra, rGyud bla ma)* von einer letztgültigen und einer gewöhnlichen Zuflucht, und seine *Unterscheidung des Mittleren und der Extreme (Madhyānta-vibhaṅga, dbUs mtha' rnam 'byed)* beschreibt das Letztgültige auf dreierlei Weise. Dort ist das *objektive* Letztgültige die Leere. Das *praktische*

Letztgültige ist das Weisheitsbewußtsein im meditativen Gleichgewicht. Und das *erlangte* Letztgültige ist das Nirvana.

Aber auch die Schulen der Neuen Übersetzung gebrauchen die Begriffe »letztgültig« und »gewöhnlich« auf durchaus unterschiedliche Weise. So sprechen sie zum Beispiel in ihrer Interpretation der fünf Stufen des Höchsten Yoga-Tantra von Stufen der Vollendung der letztgültigen Wahrheit und der gewöhnlichen Wahrheit in einem Sinne, der von ihrem eigenen Gebrauch dieser Begriffe in bezug auf die Schule des Mittleren Weges abweicht. Wie schon in der Großen Vollkommenheit, so enthält auch hier diese Lehre ein spezifisches Verständnis der beiden Wahrheitsebenen. Das subjektive Klare Licht (d. h. die äußerst subtile Bewußtseinsebene des Klaren Lichtes, die als vierte der fünf Stadien im Stadium der Vollendung gilt) wird mit dem Begriff »letztgültige Wahrheit« bezeichnet. Gemäß der Unterscheidung der zwei Wahrheitsebenen in der Schule des Mittleren Weges wäre dies jedoch eine gewöhnliche [relative] Wahrheit, denn es wäre hier nur eine *damit übereinstimmende* letztgültige Wahrheit, nicht jedoch eine tatsächliche.

So betrachtet man also im System des Höchsten Yoga-Tantra der Schulen der Neuen Übersetzung den Geistgrund, der Grundlage aller Erscheinungen im Kreislauf der Geburten und des Nirvana ist, als letztgültige Wahrheit oder als Wesen der Erscheinungen *(dharmatā, chos nyid)*. Derselbe Sachverhalt wird manchmal aber auch als »Klares Licht« *(ābhāsvara, 'od gsal)* oder als »das, was keine Teile hat« *(asamskṛta, 'dus ma byas)*, bezeichnet. Im Nying-ma nennt man genau diesen Sachverhalt »Geist-Vajra«. Das ist nicht das Bewußtsein, das dem grundlegenden Wissen bei der Unterscheidung in grundlegendes Wissen *(rigpa)* und Geist *(sems)* gegenübergestellt wird, sondern die Wirklichkeit reiner Lichthaftigkeit und reiner Erkenntnis, der allem zugrunde liegende Geist selbst. Dies ist die letztliche Wurzel für alle Bewußtseinsebenen, in Ewigkeit unzerstörbar, unveränderlich und von der Natur eines unzerbrechlichen Kontinuums wie ein Vajra (oder Diamant). So wie die Schulen der Neuen Übersetzung einen anfangs- und endlosen Geistgrund annehmen, spricht die Nying-ma-Tradition von einem Geist-Vajra, der weder Anfang noch Ende hat und sich ununterbrochen durch das Wirkungsstadium der Buddhaschaft hindurchzieht. Diese Wirklichkeit gilt als »permanent« in dem Sinne, daß sie immer währt. Und deshalb wird sie als permanenter Geist vorgestellt. Dieser Geist ist permanent nicht in dem Sinne, daß er nicht etwa von Moment zu Moment zerfallen würde, sondern in dem Sinne, daß sein *Kontinuum* nicht unterbrochen ist. Dies steht in Analogie zu der Aussage, die Maitreyas *Schmuck der Klaren Geisterfahrung (Abhisamayālaṁkāra, mNgon rtogs rgyan)* enthält, daß die erhöhten Handlungen eines Buddha als permanent zu betrachten seien, insofern sie unerschöpflich sind. Außerdem ist dieser Geist nicht-hervorgebracht in dem Sinne, daß er nicht zufällig und neu aus der Verbindung von Ursachen und Bedingungen hervorgegangen ist (da sein Kontinuum immer existiert hat).

Im selben Sinne sagt der Ge-luk-Gelehrte und Meister Norsang-gya-tso (*Nor-bzang-rgya-mtsho*, 1423–1513), daß alles, was existiert, notwendigerweise zusammengesetzt *(saṁskṛta, 'dus byas)* ist, obwohl sein Begriff allgemeiner ist, als es die gewöhnliche Bedeutung von »zusammengesetzt« nahelegt. Er behauptet nicht, daß alle Erscheinungen, einschließlich derer, die permanent sind, auf Grund des Zusammentreffens von Ursachen und Bedingungen entstehen, sondern daß alle Erscheinungen konditional existieren, d. h. in Abhängigkeit von ihren Teilen und einem begriffsbildenden Bewußtsein, das sie als solche bezeichnet. Ähnlich wird dieser Geistgrund der Nying-ma-Tradition als »nicht-hervorgebracht« bezeichnet, weil er nicht [und niemals] *neu* entsteht. Hier handelt es sich also ebenfalls um einen Begriff, der im weiteren Sinne gebraucht wird.

In der Nying-ma-Tradition ist der Geist-Vajra die letztgültige Wahrheit. Dies ist nicht so, weil diese letztgültige Wahrheit etwa ein Objekt wäre, das vom Bewußtsein bei der Unterscheidung und Auffindung der Leere gefunden worden wäre, wie man das in der Schule des Mittleren Weges tut. Es handelt sich vielmehr um den Geistgrund des Klaren Lichtes, der anfangs- und endlos ist und Grundlage sowohl aller Erscheinungen im Kreislauf der Geburten als auch des Nirvana ist. Er ist dem Wesen nach der [Transzendentale] Wahrheits-Körper *[dharma-kāya]* des Wirkungsstadiums der

Buddhaschaft. Da er jenseits aller zufälligen [kontingenten] Erscheinungen ist, handelt es sich um letztgültige [absolute] Wahrheit. Sein Spiel, die Manifestationen oder seine weniger subtilen Formen sind gewöhnliche [relative] Wahrheiten.

Das *Wesen (ngo bo)* dieses Geistgrundes ist wesentlich rein *(ka dag)* oder, um in den Begriffen der Schule des Mittleren Weges zu sprechen, von Anfang an und ursprünglich leer in bezug auf inhärente Existenz. In dem Bereich dieser Natur reiner Lichthaftigkeit und Erkenntnis erscheinen alle reinen und unreinen Erscheinungen als Spiel oder Manifestationen einer spontanen Natur. Alle solche Phänomene, die erscheinen und sich ereignen, sind durch diese Natur *(rang bzhin)* der Spontaneität *(lhun grub)* charakterisiert. Den ungetrübten Glanz dieses Geistgrundes nennt man »heilende Hinwendung« *(thugs rje)*, weil seine Wirkung die heilenden Handlungen eines Buddha sind, die eben auf der wesentlich reinen Wesenheit und spontanen Natur des Geist-Vajra beruhen.

Von Anfang an ursprünglich rein und spontanen Wesens, ist der Geist-Vajra die Grundlage aller Erscheinungen des Kreislaufs der Geburten und des Nirvana. Selbst wenn man ein Lebewesen ist und ungeachtet der damit verbundenen vielen guten und schlechten Bewußtseinsbildungen wie offenkundiger Begierde, Haß und Verwirrung, bleibt der Geist-Vajra selbst völlig frei von der Verunreinigung durch alle diese Beschmutzungen. Wasser kann sehr schmutzig sein, aber sein Wesen bleibt klar – seine Natur ist von dem Schmutz nicht betroffen. Ähnlich bleibt der Geistgrund selbst, die Basis der Erscheinung aller Gebilde, durch die Verschmutzung völlig unberührt, ewig und all-gut *(samantabhadra, kun tu bzang po)*, gleichgültig welche und wie starke leidverursachende Emotionen als Spiel dieses Geist-Vajra erzeugt werden.

Die erhöhten Qualitäten des Wirkungsstadiums der Buddhaschaft wie etwa die zehn Kräfte und die vier Furchtlosigkeiten sind substantiell in diesem Geist-Vajra gegenwärtig, und ihre Manifestation wird nur durch die Wirkung gewisser Bedingungen verhindert. Deshalb wird gesagt, wir seien von Anfang an erleuchtet und mit einem vollkommen guten Geistgrund begabt.

Wenn man diese Soheit, absolute Wahrheit oder den Geistgrund erkennt und alle Erscheinungen des Kreislaufs der Geburten wie auch das Nirvana als sein Spiel begreift, versteht man sofort, daß alle reinen und unreinen Erscheinungen nur nominal existieren, wie die Texte der Schule des Mittleren Weges sagen. Man versteht, daß alle Erkenntnisobjekte, die erscheinen und sich ereignen, kontingent und wesenlos sind, daß sie uns so erscheinen, als hätten sie ihre eigene autonome Natur, woraus wir meinen, ableiten zu können, sie seien inhärent existent, während doch in Wirklichkeit diese Erscheinungen von Anfang an nicht durch sich selbst existieren. Weiterhin erkennt man, daß diese Fehlauffassung dazu führt, daß wir uns in verschiedene gute und schlechte Handlungsweisen verstrikken, wodurch gewisse karmische Prägungen im Bewußtsein hervorgerufen werden, die nur zu einer noch tieferen Verstrickung in den Kreislauf der Geburten führen. Wer jedoch diese Erscheinungen als Phänomene des Spiels des Geistgrundes erkennen kann, ohne dabei von dieser Grundebene des Bewußtseins abgelenkt zu werden, gerät nicht unter den Einfluß relativer Begrifflichkeit. Wenn wir unsere eigene Wesensgrundlage selbst erkennen und ihre Bedeutung direkt, kontinuierlich und andauernd in meditativem Gleichgewicht ergreifen, sind wir Buddhas, wenn wir auch in den alltäglichen Belangen der Welt handeln.

Ähnlich heißt es in den Schulen der Neuen Übersetzung, daß, wenn das Klare Licht erscheint, der große Yogi ruht. In der Terminologie der Schulen der Neuen Übersetzung ausgedrückt, sind alle Ideengebäude, die Verhaltensweisen verursachen, durch die karmische Potentiale angehäuft werden, Bewußtseinsformen, die sogar noch weniger subtil sind als die Bewußtseinskräfte der Erscheinung, des Anwachsens und der Nähe zur Vollendung,[31] und diese müssen aufhören, bevor der Geist des Klaren Lichtes auftauchen kann. Haben wir aber den Geist des Klaren Lichtes nur punktuell erzeugt und sind nicht in der Lage, darin zu bleiben, entstehen wiederum die Bewußtseinskräfte der Nähe zur Vollendung, des Anwachsens und der Erscheinung, so daß die achtzig begrifflichen Vorstellungskomplexe[32] wieder entstehen, auf deren Grundlage wieder verunreinigte Handlungen entstehen, durch die erneut karmische Potentiale angehäuft werden. Das ist es, was Schaden verursacht. Wenn aber sowohl die achtzig begrifflichen Vorstellungskomplexe als auch die drei Bewußtseinskräfte der Erscheinung, des Anwachsens und der Nähe zur Vollendung aufhören und wir stetig im Klaren Licht bleiben, können leidverursachende Emotionen und Vorstellungskomplexe nicht entstehen. Wenn wir in diesem Stadium bleiben können, stehen wir jenseits des Bereichs des Netzes der Begrifflichkeit, und auch die stärksten leidverursachenden Emotionen können nicht als Störung eindringen. Das ist die wahre Ruhe.

Soweit die Darlegungen der Schulen der Neuen Übersetzung. In der Terminologie der Nying-ma-Systeme versteht man, wenn man die Realität oder Subsistenzweise des Geist-Vajra begriffen hat, alle Erscheinungen des Kreislaufs der Geburten und das Nirvana als das, was durch die Kraft des Geist-Vajra entstanden ist, als sein Spiel. Damit erkennt man, daß diese Phänomene nicht durch sich selbst existieren, sondern durch die Kraft dieses Geistgrundes. Ebenso wie in Nāgārjunas *Perlenschnur (Ratnāvālī)*[33] der Kreislauf der Geburten als Irrtum bezeichnet wird, weil er in Abhängigkeit von einer irrtümlichen Ursache – der Verblendung – entsteht, so sind, obwohl der Geistgrund in sich selbst kein Irrtum ist, die Erscheinungen des Kreislaufs der Geburten und das Nirvana das Spiel dieses Geistgrundes, erscheinen uns aber nicht als solches und sind deswegen als irrtümliche Phänomene anzusehen. Indem man das erkennt, bedarf es keines weiteren Arguments für die Feststellung, daß die Erscheinungen nur nominal existieren. Do-drup-chen sagt, daß wir, wenn wir alle erscheinenden und sich ereignenden Objekte der Erkenntnis als Spiel dieses Geistgrundes erkennen, damit notgedrungen die Position der Konsequenz-Schule viel besser verstehen, daß diese Erscheinungen nur durch die Kraft der Begrifflichkeit existieren.

Im System der Großen Vollkommenheit gibt es eine Übung, alle Erscheinungen des Kreislaufs der Geburten sowie das Nirvana als Spiel und Eigenglanz des Geistes zu betrachten, wobei man die Bewußtheit des Wesensgrundes des Geistes aufrechterhält. Obwohl es hierzu kaum Ausführungen über die Eliminierung des Negationsobjekts – inhärente Existenz – und über die Erkenntnis der Erscheinungen als nominale Bezeichnungen gibt, so ist dies doch gleichsam miterkannt, wenn all diese Erscheinungen als bloße Manifestationen oder als Spiel dieses Geistgrundes des Klaren Lichtes erkannt werden. Und so sind in dieser Übung alle wichtigen Punkte der Ansicht über die Leere, wie wir sie in den Schulen der Neuen Übersetzung und ihrer Darstellung der Schule des Mittleren Weges finden, enthalten.

In der Konsequenz-Schule des Mittleren Weges wird diese Erkenntnis so dargestellt, daß Erscheinungen nur durch die Kraft nominaler Übereinkunft und nicht-inhärent existieren. Im Ge-luk-System und anderen Interpretationen wird während der Meditation nur die Abwesenheit inhärenter Existenz als Objekt der eigenen Auffassungskraft vorgestellt, nichts sonst – das reine Negativum der inhärenten Existenz, die Negationsobjekt ist. Der Übende trachtet danach, in der Meditation zu verweilen, ohne dieses Objekt zu verlieren. Ein Bewußtsein, das diese Bedeutung feststellt, muß den Aspekt der Verwirklichung eines nicht-affirmativen Negativums haben, denn es handelt sich um eine Negation, die kein anderes Positivum an die Stelle des Negierten stellt. Es ist ein Grundlehrsatz des Systems des Mittleren Weges, daß Leere ein nicht-affirmatives Negativum ist. So erläutert etwa Bhāvaviveka diesen Sachverhalt sehr klar in seinem Kommentar zum ersten Vers des ersten Kapitels von Nāgārjunas *Abhandlung über den Mittleren Weg*, wo Nāgārjuna darüber spricht, daß die Dinge weder durch sich selbst, noch durch anderes, noch durch beides, noch ohne Ursache entstanden sind. Buddhapālita und Candrakīrti sagen ebenfalls dasselbe.

Im System der Großen Vollkommenheit jedoch meditiert man über den Geistgrund des Klaren Lichtes und betrachtet konzentriert den Faktor reiner Lichthaftigkeit und Erkenntnis. Somit hat diese meditative Geisteshaltung nicht den Aspekt eines nicht-affirmativen Negativums. Bevor er in dieses Stadium gelangt, d. h. in einer »Durchbruch« genannten Einführungsphase in den Geistgrund, analysiert der die Große Vollkommenheit Übende, woher dieser Geist kommt, worin er Bestand hat und wohin er geht. Im Verlauf dieser Praxis vollzieht man – geradeso wie auch in den Texten der Schule des Mittleren Weges – die Erkenntnis, daß der Geist von den Extremen begrifflicher Gedankenbildungen entleert ist. Und genau das ist die Erkenntnis, daß der Geist keine inhärente Existenz hat. Später, wenn der Übende über den Geistgrund, das Klare Licht, das frei von Entstehen, Bleiben und Gehen ist, meditiert, ist deutlich, daß dies Meditation über ein affirmatives Negativum ist, da ja der Geistgrund erscheint, jedoch so verstanden wird, daß seine Leere in bezug auf inhärente Existenz evident ist.

In dem Durchbruch-System der Nying-ma-Schule wird Leere hauptsächlich in bezug auf den Geist interpretiert, während im System des Mittleren Weges Leere hauptsächlich in bezug auf die Person interpretiert wird, wobei hier die Unterscheidung aller Erscheinungen in Personen, d. h. diejenigen, die Objekte benutzen, und Objekte, die benutzt werden, in Anwendung kommt. Die Praxis der Leere im Durchbruch-System ist deshalb so stark mit dem Geist verbunden, weil man im Nying-ma-System größtes Gewicht auf den Geist selbst, den Erkenntnisgrund, den Geistgrund legt. In seinem *Leuchten-Handbuch der Praxis*, einem Kommentar über die fünf Stadien im *Guhyasamāja Tantra*, das zu den grundlegenden Tantras der Klasse der Höchsten Yoga-Tantra der Schulen der Neuen Übersetzung und besonders des Ge-luk-Ordens gezählt wird, sagt Āryadeva bei der Erörterung des dritten der fünf Stadien – genannt »mentale Isolation« –, daß man nicht zur Befreiung gelangen kann, wenn man nicht das Wesen des Geistes erkennt. Er sagt nicht, daß Befreiung unmöglich wäre, wenn man nicht die Natur der Person oder eines äußeren Keimlings kennt. In der Tat gibt es keinen Unterschied zwischen der Leere des Geistes und der Leere der Person oder eines Keimes hinsichtlich der Tatsache, daß es um nichts als die Ausschließung inhärenter Existenz geht. Weil er aber hier Tantra erläutert und innerhalb desselben das Stadium der mentalen Isolation im Höchsten Yoga-Tantra, betont er den Unterschied, der sich aus dem Bewußtsein ergibt, das die Leere erfährt. Genauso wie Āryadeva Gewicht auf die Natur des Geistes legt, tut es auch die Durchbruch-Praxis der Nying-ma-Tradition, in der man über den Geist mit der Erkenntnis, daß dieser durch die Abwesenheit inhärenter Existenz gekennzeichnet ist, meditiert.

Im Nying-ma-System gibt es keine klaren und detaillierten Ausführungen darüber, ob diese Verbindung von Geist und Leere ein affirmatives Negativum oder ein nicht-affirmatives Negativum ist. Einige Nying-ma-Gelehrte haben jedoch gesagt, daß es sich um ein affirmatives Negativum handele. Deshalb wird manchmal behauptet, daß es keine Möglichkeit gebe, daß jene, die bejahen, daß die Ansicht ein nicht-affirmatives Negativum sei, mit denen übereinstimmen könnten, die meinen, es handle sich um ein affirmatives Negativum. Die Angelegenheit ist aber nicht so einfach.

Selbst in den Sūtra-Erläuterungen über Meditation findet man zwei Grundtypen: (1) Meditation als objektiver Aspekt, wie zum Beispiel, wenn man über Vergänglichkeit meditiert, und (2) Meditation des Subjekts, wobei das Subjekt einen anderen Typ von Subjekt erzeugt, was etwa der Fall ist, wenn man Liebe kultiviert. Wenn wir im Nying-ma-System über den Geistgrund »meditieren«, dann findet der Geist selbst die grundlegende Natur des Geistes und erhält sie in der Meditation aufrecht, was belegt, daß wir es hier mit dem zweiten Typ der Meditation zu tun haben. Wenn dieser Geistgrund sich selbst identifiziert, ist er einfach manifest. Da man vor dem Herangehen und Identifizieren des Wesens dieses Geistgrunds die Leere des Geistes in bezug auf inhärente Existenz durch die Praxis des Durchbruchs bereits festgestellt hat, in der man ja beobachtet hat, woher der Geist kommt, worin er besteht und wohin er geht, erscheint der Geist so, daß er durch die Leere in bezug auf inhärente Existenz qualifiziert ist. Obwohl man dies als Meditation über ein affirmatives Negativum bezeichnen kann, handelt es sich jedoch nicht um ein affirmatives Negativum im Sinne einer illusionsgleichen Erscheinung – eine Verbindung von Erscheinung und Leere –, die in der Schule des Mittleren Weges mittels einer weniger subtilen Bewußtseinsform meditiert wird. Vielmehr vollzieht sich hier die Meditation auf einer viel subtileren Bewußtseinsstufe. Je mehr die Vertrautheit mit dem Geistgrund anwächst, desto mehr nimmt der Komplex der Begrifflichkeit allmählich ab, und das heißt, daß das Bewußtsein immer subtiler wird, bis sich schließlich das Klare Licht manifestiert.

Selbst in den Schulen der Neuen Übersetzung heißt es, daß die Leere in bezug auf inhärente Existenz erscheint, wenn sich das

Klare Licht manifestiert. Nach der Interpretation des Ge-luk-Gelehrten und Meisters Nor-sang-gya-tso erscheint die Leere, wenn das Mutter-Klare-Licht[34] selbst einem ganz gewöhnlichen Menschen in dessen Tod erscheint, aber sie ist nicht ermittelt. Denn im Tod eines jeden Wesens, selbst eines Insekts, schwindet die wenig subtile dualistische Erscheinungswelt. Es verschwinden also nicht die Erscheinung inhärenter Existenz oder relative Phänomene als solche, sondern nur die *am wenigsten subtilen, groben* Erscheinungen hören auf. Darum wird gesagt, daß im Moment des Aufleuchtens des Klaren Lichtes im Tode die Leere erscheint, daß aber die betreffende Person diese Leere nicht feststellen kann, es sei denn, es handelt sich um einen sehr hochentwickelten Yogi, weil die Leere eben nicht auf Grund der Ausschaltung des Negationsobjekts, d. h. der inhärenten Existenz, erscheint. Wenn jedoch der Geist sich selbst erkennt und dies im Falle einer Person geschieht, die Leere bewußt festgestellt hat, kann es keinen Zweifel geben, daß in dem Moment, da für diese Person alle dualistischen Erscheinungen schwinden, der Geist mit der Leere eine ununterscheidbare Wesenheit bildet, d. h., daß ein Verschwinden der dualistischen Erscheinungswelt in die Leere hinein vollkommen verwirklicht ist.

In der Praxis der Großen Vollkommenheit ist es so, daß, wenn ein Yogi immer vertrauter mit der Meditation über die Verbindung von Leere und Erscheinung [auf Grund von und] in bezug auf eine subtile Bewußtseinsebene wird – wobei die Erscheinung Moment an der Leere des Geistgrundes ist und der Geist so verstanden wird, daß er durch die Leere in bezug auf inhärente Existenz gekennzeichnet ist –, allmählich die Erscheinung begrifflicher Wirklichkeitskomplexe in der Sphäre des Geistgrundes verschwindet. Dadurch kann sich schließlich das sehr subtile Klare Licht manifestieren. So ist es ganz offensichtlich, daß alle Faktoren, die eine Kultivierung der Ansicht der Leere ausmachen, wie sie in den Sūtra- und Tantra-Texten der Schulen der Neuen Übersetzung dargestellt werden, in der Meditation der Großen Vollkommenheit enthalten sind.

Das ist die Art und Weise, wie die absolute Wahrheit, der Geistgrund, in der Lehre von der Großen Vollkommenheit des Nying-ma-Ordens meditiert wird. In den Schulen der Neuen Übersetzung ist die Gleichzeitigkeit von Verwirklichung des Seinsgrundes und Manifestation der sechs operativen Bewußtseinskräfte (Bewußtseinskraft des Sehens, Hörens, Riechens, Schmeckens, Tastens und des mentalen Bereichs) nicht möglich. Hier müssen zuerst alle weniger subtilen Bewußtseinsebenen aufgelöst sein, man muß sie loslassen, als ob sie außer Gefecht gesetzt seien. Nur dann wird der Geistgrund hüllenlos erscheinen. Hier ist es also unmöglich, daß weniger subtile und subtile Bewußtseinsebenen, die durch die Auffassung von Objekten konstituiert sind, gleichzeitig erscheinen.

In der Schule der Alten Übersetzung der Großen Vollkommenheit jedoch ist es möglich, daß man an das Klare Licht herangeführt wird und zu seiner Erfahrung gelangt, ohne daß die sechs operativen Bewußtseinskräfte verschwinden müßten. Selbst wenn eine leidverursachende Emotion in der Begegnung mit einem Objekt, auf das wir fälschlicherweise ein Gut oder Schlecht projizieren, das gar nicht in ihm liegt, erzeugt wird, ist diese leidverursachende Emotion der Natur nach selbst eine Wesenheit reiner Lichthaftigkeit und Erkenntnis. Da der Geist des Klaren Lichtes den allgemeinen Charakter des Geistes, nämlich reine Lichthaftigkeit und Erkenntnis, hat, kann die Grundgegebenheit des Klaren Lichtes selbst inmitten eines wenig subtilen und leidverursachenden Bewußtseinszustandes, wie etwa Begierde oder Haß, identifiziert werden. Wie Do-drup-chen sagt, durchdringt die Grundgegebenheit der reinen Lichthaftigkeit und Erkenntnis alle Bewußtseinsformen und kann selbst im Entstehen einer starken leidverursachenden Emotion wiedererkannt werden, ohne daß die sechs operativen Bewußtseinskräfte aufhören müßten, tätig zu sein.

Auf ähnliche Weise spricht das *Kālacakra Tantra* von der Möglichkeit, eine leere Form, d. h. eine Erscheinung des Geistgrundes, entstehen zu lassen, ohne daß der Geistgrund selbst aktualisiert werden würde. Es heißt, daß ein Kind, das nichts von buddhistischen Lehrsätzen weiß, einfach spielend eine leere Form erfolgreich hervorbringen kann. Während eine leere Form notwendigerweise eine Erscheinung des subtilen Geistgrundes ist, ist es nicht notwendig, die sechs operativen Bewußtseinskräfte auszuschalten und den subtilsten Geistgrund zu manifestieren, damit sich solch eine Erscheinung ereignen kann. Dies ist wieder ähnlich in der Lehre der Großen Vollkommenheit, in der es nicht notwendig ist, die sechs operativen Bewußtseinskräfte auszuschalten und den subtilsten Geist des Klaren Lichtes zu manifestieren, damit man der Grundgegebenheit reiner Lichthaftigkeit und reinen Erkennens gewahr werden kann. Wenn aber ein Yogi entweder die Große Vollkommenheit oder das *Kālacakra Tantra* praktiziert und eine hohe Ebene der Meisterschaft erlangt, kommen die sechs operativen Bewußtseinskräfte zum Stillstand, und der subtilste Geist manifestiert sich wie bei dem Geheimen-Tantra-Weg der Schulen der Neuen Übersetzung. Der Unterschied ist der, daß in der Praxis der Großen Vollkommenheit, wenn mit der Erkenntnis des Geistgrundes begonnen wird, ein solches Aufhören der sechs operativen Bewußtseinskräfte unnötig ist. Vielmehr läßt der Yogi die weniger subtilen Bewußtseinskräfte auf sich beruhen und identifiziert das Klare Licht.

Hat man dies erreicht, muß man zielgerichtet die Vorstellungen von Gut und Schlecht ausräumen. Welche Vorstellung nun auch immer aufkommen mag, sie hat keine trügerische Macht über den Übenden, der völlig unbeirrt auf den einen Punkt reiner Lichthaftigkeit und Erkenntnis konzentriert bleiben kann. Dadurch lassen die Bedingungen nach, die zum Entstehen unzutreffender mentaler Operationen – nämlich falscher Projektionen auf die Erscheinungen – führen, und begriffliche Konstruktionen können sich nicht mehr entfalten und verlieren immer mehr an Stärke. So ist die Lehre von der Großen Vollkommenheit tatsächlich ein einzigartiges System, um die philosophische Anschauung, Meditation und das Verhalten für jemanden darzustellen, der an den Geistgrund herangeführt worden ist und ihn auch erkannt hat.

Demzufolge gibt es also verschiedene Arten der Übung zur Erkenntnis des Geistgrundes, nämlich: (1) die Interpretation des *Guhyasamāja Tantra* durch die Schulen der Neuen Übersetzung, (2) die *Kālacakra*-Lehre über die leere Form usw. und (3) die Lehre von der *Großen Vollkommenheit* des Nying-ma-Ordens. Nach den Schulen der Neuen Übersetzung übt der Tantriker in einem sehr hohen Stadium der Praxis des Geheimen Tantra spezifische Techniken mittels eines sexuellen Partners, durch die Jagd auf Tiere usw. Obwohl einfach erklärt werden kann, warum man einen Partner einbezieht, nämlich um Begierde in den Weg einzubeziehen und dabei subtilere Bewußtseinsprozesse einzuführen, die dann die Leere erfahren lassen, kann die Jagd auf Tiere nicht auf diese Weise erklärt werden. Der Zweck solcher unüblicher Praxis ist auf jene beschränkt, die ihre Vertrautheit mit dem Geistgrund auf solch eine hohe Ebene gebracht haben, daß sie größtes Vertrauen in diese Praxis haben können. Die solches üben, befinden sich jenseits des Bereiches der Begrifflichkeit. Für sie ist keine Wirklichkeit nur gut *oder* schlecht. Nur im Rahmen eines solch hochqualifizierten Stadiums kann Ärger auf dem Weg benutzt werden, und zwar mit einer Motivation der heilenden Hinwendung. So ist die Grundlage dieser Praxis in den Schulen der Neuen Übersetzung dieselbe wie im System der Großen Vollkommenheit.

Diese wichtige vereinigende Lehre wird dadurch erhellt, daß die Erörterungen über die Ansicht der Realität in der Schule des Mittleren Weges, *Guhyasamāja*, *Kālacakra*, den Mutter-Tantras wie dem *Cakrasaṁvara*, der Großen Vollkommenheit und Do-drup-chens Schlüsselinterpretationen zusammengebracht werden. Es ist jedoch ebenfalls ganz wesentlich, einen erfahrenen Meister in dieser Angelegenheit zu konsultieren. Die Grundlagen für meine Erläuterungen stammen von den Lehren des hochqualifizierten Nying-ma-Gelehrten und Meisters Do-drup-chen Jik-me-den-be-nyi-ma. Dieser ungewöhnliche Lama war der Schüler des Jam-yang-kyen-dze-wang-bo (*'Jam-dbyangs-khyen-brtse-dbang po*, 1820–92), der eine Inkarnation des Königs Tri-song-de-dzen *(Khri-srong-lde-brtsan)* und ein erstaunlicher Lama war, nämlich frei von jedem Vorurteil hinsichtlich der Ansichten der Nying-ma, Sa-gya, Ga-gyu und Ge-luk. Noch nicht zwanzigjährig, war Do-drup-chen bereits mit vielen Texten des Mittleren Weges, der Vollkommenheit der Weisheit, der Gültigen Erkenntnis und der Interpretationen des *Kālacakra Tantra* und des *Guhyasamāja Tantra* der Schulen der Neuen Übersetzung sowie auch mit der Großen Vollkommenheit, seinem eigenen besonderen Spezialgebiet, vertraut.

Mir war schon früher in Dzong-ka-bas Erläuterung der verborgenen Bedeutung der ersten vierzig Silben der Einführung zum *Guhyasamāja Tantra* ein Zitat aus Nāgārjunas *Die Fünf Stadien (Pañcakrama, Rim pa lnga)* aufgefallen: »Alles ist wie die meditative Stabilisierung der Illusion.« Mit diesem Zitat meint Dzong-ka-ba, daß alle umliegenden Gegebenheiten und Wesen das Spiel bloßer Energie und des Geistes sind. Da ich hierin den Nachklang einer sehr tiefen Einsicht verspürt hatte, benutzte ich diesen Satz als Grundlage für die Untersuchung dieser verschiedenen entsprechenden Lehrsysteme. Die Lektüre von Do-drup-chen war, als ob er mir das Haupt zur Bestätigung streichelte, und das gab mir Vertrauen, daß meine Einsicht nicht unbegründet war. Ich kann aber nicht beanspruchen, in dieser Sache endgültige Klarheit zu haben. Ich vermute nur, wie die Dinge liegen müßten. Man muß sich in der Schule des Mittleren Weges, dem *Guhyasamāja Tantra* und dem *Kālacakra Tantra* auskennen und darf nicht versäumen, Do-drup-chens *Allgemeine Bedeutung des Tantras Verborgenen Wesens* zu studieren.

Soviel ist deutlich, daß die Argumentationsmethoden der Epistemologen *(Prāmāṇika)*[35] und der Vertreter des Mittleren Weges *(Mādhyamika)* nicht genügen, um den Praxisvollzug der hohen Ebenen im Geheimen Mantra zu erklären, sei es nun nach den Alten oder Neuen Übersetzungsschulen. So werden etwa im Guhyasamāja-System gewisse Formen als Wege bezeichnet,[36] und die erhöhte Weisheit des wirklichen Klaren Lichtes der vierten Stufe (des Vollendungsstadiums) kann gleichzeitig als Gegenwehr sowohl gegen die erworbenen als auch gegen die ursprünglichen leidverursachenden Hindernisse wirken.[37] Derartige Dinge können ohne ein Wissen über die subtileren Energien und die Bewußtseinsformen, die sie tragen, wie es im Höchsten Yoga-Tantra beschrieben wird, nicht erklärt werden. Die Verfahrensweisen der Epistemologen und der Vertreter des Mittleren Weges reichen also nicht aus. Und ähnlich ist es sogar innerhalb der Schulen der Neuen Übersetzung für jemanden, der nur das Guhyasamāja-System studiert hat, schwierig, die Strukturen der Kanäle und Energien zu akzeptieren, die im Kālacakra-System gelehrt werden, oder die damit verknüpfte Argumentationskette, der die leere Form als Ursache zur Erzeugung der höchsten unveränderlichen Seligkeit dient, woraufhin die einundzwanzigtausendsechshundert materiellen Faktoren im Körper von den einundzwanzigtausendsechshundert weißen und roten Kraftkonzentrationen aufgesogen werden, was zur Folge hat, daß die einundzwanzigtausendsechshundert Latenzen der Emission ausgeschaltet werden, woraus die Verwirklichung der Buddhaschaft folgt. Nur auf Grund der schlüssigen Erklärung eines qualifizierten und erfahrenen Lama, daß dies ein gültiger Weg ist, der wirklich in bestimmten Tantras gelehrt wird, vermag ein Mensch, der dem Studium eines anderen Systems verpflichtet ist, eine derartige Lehre zu akzeptieren.

In ähnlicher Weise unterscheidet sich die Darstellungsweise der Großen Vollkommenheit in bezug auf die Wege usw. etwa in Longchen-bas (*kLong-chen-pa Dri-med-'od-zer*, 1308–63) *Schatzhaus des Höchsten Fahrzeugs (Theg pa'i mchog rin po che'i mdzod)* geringfügig von derjenigen der Schulen der Neuen Übersetzung. Weil diese Darstellungen für sehr unterschiedliche Menschen bestimmt waren und da alle auf der allgemeinen buddhistischen Grundlage der zwei Wahrheitsebenen beruhen, handelt es sich bei ihren Unterschieden um bloß sekundäre Differenzen. Deshalb kann man eine besondere Darstellungsweise nicht einfach deshalb für fehlerhaft erklären, weil sie nicht mit der Darstellungsweise übereinstimmt, die einem selbst vertraut ist.

Aber auch weil es in der physischen Verfassung der Yogis Unterschiede gibt, erklären Guhyasamāja, Kālacakra und das System der Großen Vollkommenheit jene Strukturen der Kanäle und die Ordnung der Erscheinungen, die sich auf ihrer Grundlage ereignen, auf verschiedene Weise. So zählt man etwa im Guhyasamāja zweiunddreißig Blütenblätter der Kanäle oder Speichen im Cakra an der Scheitelspitze und sechzehn im Hals-Cakra, während es im Kālacakra-System genau umgekehrt ist. In den Stadien der Auflösung [im Tod] erscheint im Guhyasamāja die Luftspiegelung vor dem Rauch; im Kālacakra-Tantra ist es genau umgekehrt, wobei bei jenem zehn Zeichen, bei diesem aber nur acht unterschieden werden. Ähnliche Unterschiede gibt es auch im Vergleich mit dem System der Großen Vollkommenheit.

Die verschiedenen Systeme repräsentieren überwiegend unterschiedliche Techniken für die Manifestation des Geistgrundes des Klaren Lichtes. Im Guhyasamāja-System gibt es den Yoga der inneren Energien. Im Cakrasaṁvara-System kennt man die Erzeugung der vier Seligkeitszustände. Das Hevajra-System legt Wert auf die Entwicklung innerer Hitze, die man »hitzige Frau« *(caṇḍāli, gtum mo)* nennt. Das Kālacakra-Tantra verlangt die Praxis der Konzentration auf leere Form. Eine Besonderheit der Großen Vollkommenheit besteht darin, daß der Yogi hier den Geistgrund des Klaren Lichtes erscheinen lassen kann, nicht, indem er sich logischen Bewußtseinstrainings usw. bedient, sondern indem er in Verbindung mit verschiedenen äußeren und inneren Bedingungen ein nicht-begriffliches Bewußtseinsstadium erlangt und aufrechterhält. Eine ähnliche Praxis lehrt auch das System des Großen Siegels *(Mahāmudrā, Phyag rgya chen po)* des Ga-gyu-Ordens.

Hinsichtlich der Erkenntnis des Klaren Lichtes im System der Großen Vollkommenheit ist noch folgendes zu sagen: Wenn man zum Beispiel ein Geräusch hört, gibt es zwischen dem Moment des akustischen Eindrucks und der bewußten Registrierung des Geräuschs einen Augenblick, in dem das Bewußtsein in bezug auf jede Begriffsbildung leer ist. Dieses Bewußtseinsstadium ist jedoch ganz verschieden vom Schlaf sowie auch der meditativen Stabilisierung. Das Objekt dieses Bewußtseinsstadiums ist ein Reflex jener Wesenheit, die reine Lichthaftigkeit und Erkenntnis ist. In einem solchen Augenblick erkennt man das Grundwesen des Geistes. Jene, die sich in der Philosophie der Schulen der Neuen Übersetzung üben, die sehr häufig von der Definition des Bewußtseins als »das, was lichthaft und erkennend ist«, sprechen, müssen dies aber auch in wirklicher Erfahrung erkennen. Bloße begriffliche Definitionen, Unterscheidungen und Illustrationen sind ungenügend. Man muß die direkte Erfahrung suchen, und dafür ist die Lehre der Großen Vollkommenheit äußerst wertvoll. Sie führt zur Wirklichkeit dieses Wesens reiner Lichthaftigkeit und Erkenntnis hin.

In den Lehren der Großen Vollkommenheit heißt es, daß man nicht durch einen selbst-erzeugten Bewußtseinszustand erleuchtet werden kann. Vielmehr muß der Geistgrund aufgefunden werden, woraufhin alle Erscheinungen als Spiel dieses Geistes verstanden werden, und dann muß die konzentrierte kontinuierliche Feststellung dieses Sachverhalts herbeigeführt werden. Bei einer derartigen Praxis bedarf es keiner Wiederholung von Mantras, der Textrezitation usw., denn man übt etwas Größeres. Die anderen Praktiken sind selbst-erzeugt. Sie verlangen Anstrengung. Wenn man aber den Geistgrund auffindet und die Praxis darin aufrechterhält, handelt es sich um ein spontanes Geschehen, das keiner Anstrengung bedarf. Praktiken, die Anstrengung verlangen, werden vom Bewußtsein vollzogen, während spontane Praktiken, die keine Anstrengung erfordern, vom Geistgrund ausgehen.

Die Lektüre von Büchern ist dafür unzureichend. Man muß alle vorbereitenden Übungen nach dem Nying-ma-System durchlaufen und muß zusätzlich die besonderen Lehren von einem qualifizierten Nying-ma-Meister sowie seinen Segen empfangen. Der Übende muß aber auch positive Bewußtseinsformungen *(puṇya)* gespeichert haben. Der bedeutende Jik-me-ling-ba (*'Jigs-med-gling-pa*, 1729/30–98) selbst verbrachte drei Jahre und drei Mondphasen[38] mit größter Intensität in Retraite, bis sich die Sphäre des Geistgrundes manifestierte. Es kam nicht einfach von allein. Und auch Dodrup-chen hat intensiv an sich gearbeitet. Überall in seinen Schriften betont er, daß jemand, der sich in die spontane Praxis ohne Anstrengung begibt, sehr intensiv die vorbereitenden Übungen vollziehen muß, in den Geistgrund durch einen Lama mit wirklicher Erfahrung eingeführt werden muß und auf Grund der völligen Entsagung unablässig und zielgerichtet meditieren muß. Nur dadurch, so mahnt er, kann man die Sphäre des Geistgrundes erkennen.

Einige Leute jedoch verstehen die Lehre falsch, daß die Wiederholung eines Mantra, die Meditation über göttliche Wesenheiten usw. nicht notwendig sind, und meinen, die Übung der Großen Vollkommenheit sei leicht, und das ist wirklich töricht. Sie ist ganz und gar nicht leicht. Jemand, der die philosphische Ansicht der Schule des Mittleren Weges nicht kennt und nicht über Erfahrung verfügt, zur Erleuchtung zu gelangen, würde sie vermutlich für sich als viel zu schwierig empfinden. Mit einem solchen Hintergrund jedoch kann man große Fortschritte erzielen.

Als Frucht einer solchen vollkommenen Praxis erreichen wir die Einheit von Wahrheits- und Emanationskörper eines Buddha. Nach dem Guhyasamāja-System ist dieses Resultat abhängig von der Praxis der Einheit des gewöhnlichen illusionären Körpers mit dem letztgültigen Klaren Licht. Im Kālacakra-System erreicht man dasselbe in Abhängigkeit von der Einheit der leeren Form und unveränderlicher Seligkeit. In der Großen Vollkommenheit erlangt man diese Frucht durch Vereinigung von philosophischer Einsicht und Meditation oder Durchbruch und Überspringen.[39] Das Wesen all dieser Wege kommt zusammen in dem grundlegenden ursprünglichen Geistgrund des Klaren Lichtes. Selbst die Sūtras, die Grundlage für Maitreyas Kommentar in seinem Text *Sublimes Kontinuum des Großen Fahrzeugs* sind, nehmen denselben Geistgrund als Basis für ihr Denken bei der Diskussion um die Buddha-Natur oder das Wesen des So-Gegangenen *(Tathāgatagarbha, De bzhin gzhegs pa'i snying po)* an, obwohl die volle Form der Praxis hier nicht beschrieben wird – dies geschieht nur in den Systemen des Höchsten Yoga-Tantra.

Das ist die Vergleichsbasis, wo sich diese verschiedenen Systeme treffen. Wenn wir das sektengebundene Denken überwinden, können wir sehen, wie diese Schulen im selben Grund des Denkens wurzeln und tiefe Erfahrung wachrufen.

Anmerkungen

1 XXVII. 30: *gang gis thugs brtse nyer bzung nas // lta ba thams cad spang ba'i phyir // dam pa'i chos ni bstan mdzad pa // gau tam de la phyag 'tshal lo //;* Sanskrit: *sarvadṛṣṭiprahāṇāya yaḥ saddharmamadeśayat / anukampāmupādāya taṁ namasyāmi gautamaṁ,* beide wie in *Mūlamadhyamakakārikās de Nāgārjuna avec la Prasannapadā Commentaire de Candrakīrti,* publiée par Louis de la Vallée Poussin, Bibliotheca Buddhica IV (Osnabrück: Biblio Verlag, 1970), S. 592.

2 Das *Vajrapañjara Tantra* sagt:
Tantra der [kultischen] Handlung ist für Anfänger.
Yoga ohne Handlungen ist für die über ihnen.
Der höhere Yoga ist für sehr hochstehende Wesen.
Der Höchste Yoga ist für die über ihnen.
Vgl. Tsong-ka-pas *Tantra in Tibet* (London: George Allen and Unwin, 1977), S. 151.

3 Die hier zugrunde gelegte englische Übersetzung von Dzong-ka-bas Text stammt (mit leichten Veränderungen) von: Geshe Sopas und J. Hopkins' Übersetzung in: *Practice and Theory of Tibetan Buddhism* (London: Rider and Co., 1976).

4 *khyod kyis ji snyed bka' stsal pa // rten 'brel nyid las brtsams te 'jug // de yang mya ngan 'da 'phyir te // zhi 'gyur min mdzad khyod la med //, P6016, Bd. 153, 38.1.1–38.1.3.*

5 Die *Vierhundert*, Kap. XII. 13: *zhi sgo gnyis pa med pa dang //* (Varanasi: Pleasure of Elegant Sayings, 1974), Bd. 18, 140.7. Sanskrit: *advitīyam śivadvāram,* in: Karen Lang, *Āryadeva on the Bodhisattva's Cultivation of Merit and Knowledge* (Ann Arbor: University Microfilms, 1983), S. 638.
Dieser Text wird in Candrakīrtis *Commentary on (Āryadeva's)* »Four Hundred« *(Bodhisattvayogācāracatuḥśataka-tīkā, Byang chub sems dpa'i rnal 'byor spyod pa bzhi brgya pa'i rgya cher 'grel pa)* behandelt, auf den Seiten 190b. 1–191a. 6 von Bd. 8 (Nr. 3865) des *sDe dge Tibetan Tripiṭaka – bsTan ḥgyur preserved at the Faculty of Letters, University of Tokyo.* Tokyo 1979. Es wird diskutiert in Gyel-tsaps *Explanation of (Candrakīrti's) »Four Hundred«, Essence of the Good Explanations (bZhi brgya pa'i rnam bshad legs bshad snying po),* Pleasure of Elegant Sayings Printing Press, Sarnath 1971, S. 9.

6 Für eine Beschreibung der Ebenen des Vollendungsstadiums vgl. Geshe Kelsang Gyatsos *Clear Light of Bliss* (London: Wisdom Publications, 1982).

7 Die *Vierhundert*, Kap. VIII. 12: *gang la 'di skyo yod min pa // de la zhi gus ga la yod //* (Varanasi: Pleasure of Elegant Sayings, 1974), Bd. 18, 122.2. Sanskrit: *udvego yasya nāstīha bhaktis tasya kutaḥ śive,* Lang, S. 609.

8 *Commentary on (Dignāga's) »Compendium of Valid Cognition«*, Kap. II: *sdug bsngal 'khor ba can phung po //* (Varanasi: Pleasure of Elegant Sayings, 1974), Bd. 17, 56.7. Sanskrit: *duḥkham saṁsāriṇaḥ skandhāḥ,* wie in: Swami Dwarikadas Shastri, *Pramāṇavārttika of Acharya Dharmakirtti* (Varanasi: Bauddha Bharati, 1968), Bd. 3, 54.8.

9 V. 1: *srid pa'i rtsa ba phra rgyas drug* (Varanasi: Pleasure of Elegant Sayings, 1978), Bd. 26, 205.2.

10 *Commentary on (Dignāga's) »Compendium of Valid Cognition«*, Kap. II: *sems kyi rang bzhin 'od gsal te // dri ma rnams ni blo bur ba //* (Varanasi: Pleasure of Elegant Sayings, 1974), Bd. 17, 63.11. Sanskrit: *prabhāsvaramidaṁ cittam prakṛtyāgan-tatro malāḥ,* wie in: Swami Dwarikadas Shastri, *Pramāṇavārttika of Acharya Dharmakirtti* (Varanasi: Bauddha Bharati, 1968), Bd. 3, 73.1.

11 *Eintritt in das Leben zur Erleuchtung,* V. 109cd: *sman dpyad bklags pa tsam gyi ni // nad pa dag la phan 'gyur ram //;* Sanskrit: *cikitsāpāṭhamātreṇa rogiṇaḥ kiṁ bhaviṣyati,* beide in: *Bodhicaryāvatāra* (Hg. Vidhushekhara Bhattacharya), Bibliotheca Indica Bd. 280 (Calcutta: The Asiatic Society, 1960), S. 79–80.

12 *Eintritt in das Leben zur Erleuchtung,* VI. 14 ab: *goms na sla bar mi 'gyur ba'i // dngos de gang yang yod ma yin //;* Sanskrit: *na kiṁcidasti tadvastu yadabhyāsasya duṣkaram,* beide in: *Bodhicaryāvatāra* (Hg. Vidhushekhara Bhattacharya), Bibliotheca Indica Bd. 280 (Calcutta: The Asiatic Society, 1960), S. 83.

13 I. 28: *sdug bsngal 'dor 'dod sems yod kyang // sdug bsngal nyid la mngon par rgyug // bde ba 'dod kyang gti mug pas // rang gi bde ba dgra ltar 'joms //;* Sanskrit: *duḥkhamevābhidhāvanti duḥkhaniḥsaraṇāśyā // sukhecc'ūyaiva saṁmohāt svasukhaṁ ghnanti śatruvat,* beide in: *Bodhicaryāvatāra* (Hg. Vidhushekhara Bhattacharya), Bibliotheca Indica Bd. 280 (Calcutta: The Asiatic Society, 1960), S. 9.

14 *Commentary on (Dignāga's) »Compendium of Valid Cognition«*, Kap. II: *brtse ldan sdug bsngal gzhom pa'i phyir // thabs rnams la ni mngon sbyor mdzad // thabs byung de rgyu lkog*

gyur pa // de 'chad pa ni dka' ba yin //, (Varanasi: Pleasure of Elegant Sayings, 1974), Bd. 17, S. 54.14. Sanskrit: *dayāvān duḥkhahānārthamupāyeṣvabhiyujyate / parokṣopeyataddhetostadākhyānaṁ hi duṣkaram*, beide in: Swami Dwarikadas Shastri, *Pramāṇavārttika of Acharya Dharmakirtti* (Varanasi: Bauddha Bharati, 1968), Bd. 3, 50.3.

15 Dies ist eine Untersuchung darüber, ob die Person und der Geist-Körper inhärent dieselbe Entität sind oder nicht, ob die Person inhärent von Geist und Körper abhängt, ob Geist und Körper inhärent von der Person abhängen, ob die Person inhärent Geist und Körper besitzt, ob die Person die Gestalt des Körpers hat und ob die Person eine Zusammensetzung aus Geist und Körper ist. Vgl. Jeffrey Hopkins' *Meditation on Emptiness* (London: Wisdom Publications, 1983), I. Kap. 3 und 4 sowie II. Kap. 5.

16 XXIV. 19: *gang phyir rten 'byung ma yin pa'i // chos 'ga' yod pa ma yin pa // de phyir stong pa ma yin pa'i // chos 'ga' yod pa ma yin no //;* Sanskrit: *apratītya samutpanno dharmaḥ kaścinna vidyate / yasmāttasmādaśūnyo 'hi dharmaḥ kaścinna vidyate*, beide in: *Mūlamadhyamakakārikās de Nāgārjuna avec la Prasannapadā Commentaire de Candrakīrti*, publiée par Louis de la Vallée Poussin, Bibliotheca Buddhica IV (Osnabrück: Biblio Verlag, 1970), S. 505.

17 P 5246, Bd. 95 139.2.7, XIV. 23. *'di kun rang dbang med pa ste // des na bdag ni yod ma yin //*, in: *Madhyamakāvatāra par Candrakīrti*, publiée par Louis de la Vallée Poussin, Bibliotheca Buddhica IX (Osnabrück: Biblio Verlag, 1970), S. 279. Der Sanskrit-Text ist nicht vorhanden. Eingeklammerter Zusatz aus Candrakīrtis Kommentar (P 5266, Bd. 98 270.3.6).

18 VI. 160: *rnam bdun gyis med gang de ji lta bur // yod ces rnal 'byor pas 'di'i yod mi rnyed // des de nyid la'ang bde blag 'jug 'gyur bas // 'dir de'i grub pa de bzhin 'dod par bya //*. Die einge-

klammerten Zusätze stammen von Dzong-ka-bas *Erleuchtung des Denkens (dGongs pa rab gsal)*, 218.14–19 (Dharamsala: Shes rig par khang Edition, o. J.).

19 Vgl. seine vier Bände von *Fällen vom Typ der Wiedergeburt*, publiziert durch die University Press of Virginia, Charlottesville.

20 Vgl. *Death, Intermediate State, and Rebirth in Tibetan Buddhism* (London: Rider and Co., 1979), S. 38–41.

21 Der ursprüngliche Begriff »ausstrahlend« bedeutet hier: lebendig, lebhaft und nicht: strahlend von einem Ort zu einem anderen.

22 Für eine Beschreibung dieser Praxis vgl. Tsong-ka-pas *The Yoga of Tibet* (London: George Allen und Unwin, 1981).

23 Die Daten entstammen Snellgrove und Richardsons *Cultural History of Tibet* (New York: Praeger, 1968) oder E. Gene Smiths Eintragungen im Kartenkatalog der Kongreßbibliothek.

24 P3080, Bd. 68 275.3.1. Sahajavajras Kommentar heißt *Tattvadaśakaṭīkā (De kho na nyid bcu pa'i rgya cher 'grel pa)*, P3099, Bd. 68 297.4.6ff. Erwähnung von »Nāgārjuna, Āryadeva, Candrakīrti usw.« an der Stelle 299.1.6. und spezifische Erläuterung der wesentlichen Instruktionen an der Stelle 299.2.2, 299.5.3, 300.1.2 und 300.2.3. Dieser Text wird mit denselben Bemerkungen zitiert in: *The Presentation of Tenets (Grub mtha'i rnam bzhag)* von Jang-gya Rol-be-dor-je (*lCang-skya Rol-pa'i-rdo-rje*, geb. 1717), 297.20 (Sarnath: Pleasure of Elegant Sayings Press, 1970).

25 Dies ist ein Lied an die fünf nicht-menschlichen Versucherinnen. Für den tibet. Text vgl. *The Complete Biography of Milarepa (rJe btsun mi la ras pa'i rnam thar rgyas par phye pa mgur 'bum)* (o.O., 1971), 347.15–8.11. Englische Übersetzung von Garma C. C. Chang, The Hundred Thousand Songs of Milarepa (Hyde Park: University Books, 1962), S. 325.

26 Für eine Kurzbiographie von Hlo-drak Ken-chen Nam-ka-gyel-tsen (*Lho-brag mKhan-chen Nam-mkha'-rgyal-mtshan,* 1326–1401) vgl. *Lebensbeschreibungen der Lehrer des Stufenwegs (Lam-Rim),* auch: *Biographies of eminent gurus in the transmission lineages of the teachings of the Graduated Path (Byang chub lam gyi rim pa'i rgyan mchog phul byung nor bu'i phreng ba)* von Tse-chock-ling Yong-dzin Ye-she-gyel-tsen (*Tshe-mchog-gling Yongs-'dzin Ye-shes-rgyal-mtshan,* 1713 bis 1793), 640.5-9-2 mit wiederholter Erwähnung an der Stelle 731.6 ff. Jene Lehre, die Dzong-ka-ba durch Nam-ka-gyel-tsen in einer visionären Begegnung mit Vajrapāṇi zuteil wurde, ist übersetzt in: Robert Thurman, *Life and Teachings of Tsong Khapa* (Dharamsala: Library of Tibetan Works and Archives, 1982), S. 213–30. Seine Gesammelten Werke sind publiziert in zwei Bänden als *Collected Writings of Lho-brag Grub-chen Nam-mkha'-rgyal-mtshan* (New Delhi: Tshering Dargye, 1972). Nam-ka-gyel-tsen wird gelegentlich als Ga-dam-ba *(bKa'-gdams-pa)* behandelt, doch gibt es eine mündliche Überlieferung, daß er ein Nying-ma-ba ist, und es steht außer Zweifel, daß die Lehren über die philosophische Schau, die Dzong-ka-ba von ihm empfangen hat, in der einzigartigen Terminologie des Systems der Großen Vollkommenheit der Nying-ma abgefaßt sind.

27 *mKhas grub dge legs dpal bzang po'i gsung thor bu'i gras rnams phyogs gcig tu bsdebs pa,* The Collected Works of the Lord Mkhas-grub rJe dGe-legs-dpal-bzaṅ-po (New Delhi: 1980), 125.1–6.3.

28 2b.2. Der Erste Panchen Lama (1567?–1662) gibt kurze Beschreibungen dieser Systeme in seinem Kommentar *Very Brilliant Lamp, Extensive Explanation of the Root Text of the Great Seal in the Traditions of the Precious Ge-luk Ga-gyu (dGe ldan bka' brgyud rin po che'i bka' srol phyag rgya chen po'i rtsa ba rgyas par bshad pa yang gsal sgron me),* 12 a.2–11 b.2 in der Ausgabe von Gangtok, 1968.

29 Hier ist Bezug genommen auf die Praxis der Hörer und Alleinverwirklicher in der Konsequenz-Schule des Mittleren Weges, nicht darauf, wie ihre Praxis in den sogenannten Schulen des Niederen Fahrzeugs oder der Hörer beschrieben wird, wobei diese die Schulen des Großen Kommentars und der Sūtras sind.

30 Erste Eintragung im Band Ga seiner Gesammelten Werke.

31 Für eine Diskussion dieser zunehmend subtileren und fundamentaleren Bewußtseinsebenen, die man auch im Sterben erfährt, vgl. Lati Rinbochay und J. Hopkins, *Death, Intermediate State, and Rebirth in Tibetan Buddhism* (London: Rider, 1979), S. 38–46.

32 Dies sind die achtzig Formen begrifflicher Bewußtseinskräfte, eingeteilt in drei Gruppen, welche die Natur der drei entsprechenden tieferen Bewußtseinsebenen haben: lebendige Erscheinung im weißen Spektrum, lebhaftes Anwachsen im Rot-Spektrum und Vollendungsnähe im schwarzen Bereich, die oben erwähnt wurden. Vgl. Lati Rinbochay und J. Hopkins, *Death, Intermediate State, and Rebirth in Tibetan Buddhism* (London: Rider, 1979), S. 38–42.

33 Kapitel I. 29:
Die mentalen und physischen Aggregate entstehen
Aus dem Konzept des Ich, das in Wahrheit falsch ist.
Wie könnte das, was aus einer falschen Saat
Gewachsen ist, wahr sein?
Vgl. Nāgārjuna und Kaysang Gyatsos *Precious Garland and the Song of the Four Mindfulnesses* (London: George Allen and Unwin, 1975), S. 21.

34 Das Mutter-Klare-Licht ist der Geist des Klaren Lichtes des Todes selbst. Das Sohn-Klare-Licht ist jenes, manifestiert durch die Kultivierung des Yoga-Weges. Ein erfahrener Yogi kann das Mutter-Klare-Licht des Todes nutzen, um die Leere in bezug auf inhärente Existenz zu erfahren, und dies nennt man dann Treffen des Mutter-Klare-Lichtes und des Sohn-Klare-Lichtes. Vgl. Lati Rinbochay und J. Hopkins, *Death, Intermediate State, and Rebirth in Tibetan Buddhism* (London: Rider, 1979), S. 47–48.

35 Die Prāmāṇikas *(Tshad ma pa)* sind im wesentlichen jene, die Dignāga und Dharmakīrti, den Sautrāntikas, die Vernunftgründen folgen, und den Cittamātrins, die Vernunftgründen folgen, anhängen. Man kann sie »Epistemologen« nennen, weil ihr Hauptanliegen die gültige Erkenntnis *(pramāṇa, tshad)* ist, was der Grund für ihren Namen ist.

36 In den Sūtra-Systemen sind Wege hauptsächlich Bewußtseinsformen, die, wenn sie im Bewußtseinskontinuum erzeugt werden, zu einem höheren Stadium führen. Rechte Rede, die in einigen Systemen als Form gilt, wird auch als Weg betrachtet. Hier, im Guhyasamāja, wird der illusionäre Körper selbst als drittes der fünf Stadien im Vollendungsstadium betrachtet und ist somit ein Weg. In keinem der Sūtra-Systeme wird der Körper selbst als Weg betrachtet.

37 Im System des Sūtra Großen Fahrzeugs (Vollkommenheits-Fahrzeug genannt) bedarf es einer Periode zahlloser Äonen, bis ein Bodhisattva die inneren trübenden Hindernisse überwinden, d.h. die habituelle Konzeption, daß Erscheinungen inhärent existieren, sowie die daraus folgenden getrübten Bewußtseinsstadien durchbrechen kann. Im Höchsten Yoga-Tantra werden sie in dem einen Augenblick überwunden, da man die Leere mit dem sehr subtilen Geist des Klaren Lichtes erfährt, was möglich ist, weil dieser Geist über außerordentliche Kraft verfügt.

38 Eine Mondphase ist ein zunehmender und ein abnehmender Mond. So handelt es sich also um drei Jahre und einundeinhalb Monate. Viele haben *lo gsum phyogs gsum* mißverstanden als drei Jahre und drei Monate.

39 Überspringen bezieht sich auf eine Art des Fortschritts auf dem Wege vermittels des spontanen, positiven Charakters des Geistes. Vgl. Khetsun Sangpo, *Tantric Practice in Nyingma* (London: Rider, 1982), S. 222.